雲大拾英

文勋署

刘兴育 著

云南大学出版社

图书在版编目（CIP）数据

云大拾英 / 刘兴育著. —昆明：云南大学出版社，2010
ISBN 978-7-5482-0281-3

Ⅰ.①云… Ⅱ.①刘… Ⅲ.①云南大学—校史 Ⅳ.①G649.287.41

中国版本图书馆CIP数据核字（2010）第230053号

责任编辑：宋　武
封面题字：张文勋
装帧设计：刘　雨

刘兴育　著

出版发行：云南大学出版社
印　　装：昆明市五华区教育委员会印刷厂
开　　本：787mm × 1092mm　1/16
印　　张：21.25
字　　数：295千
版　　次：2010年12月第1版
印　　次：2010年12月第1次印刷
书　　号：ISBN 978-7-5482-0281-3
定　　价：50.00元

社　　址：昆明市翠湖北路2号云南大学英华园内
邮　　编：650091
电　　话：（0871）5033244　5031071
网　　址：http://www. ynup. com
E-mail：market@ynup. com

序

我用周末的两天时间读完刘兴育老师送来的《云大拾英》文稿，欣喜地看到，这是一部弥足珍贵的云大校史资料。

《云大拾英》的内容，有些是第一次发表，有些是对他文的匡正和完善。其中有对周总理视察云大的准确时间的考证，有对董泽校长、华秀升校长、何瑶校长、熊庆来校长和李广田校长的治校方略的介绍，有对刘文典等大师和部分著名教授的治学之道和为人行事的描述，有对云大政治活动和民主运动史实的回顾，有对校史上若干故人、故事、故物的考察和叙述。文本有很强的史实性和可读性。翻阅此书，不同的人会从不同的角度得到启示。刘兴育老师以求真务实的工作态度和严谨缜密的工作方法，通过艰苦细致的调研、采访和分析论证，成就了一项具有较高史料价值、学术价值和教育价值的校史研究成果。

云南大学建校 88 年来，取得了辉煌的成就，积累了丰富的经验，形成了优良的传统，留下了许多可书、可讲的故事。今天的云南大学，正在全力建设区域性高水平研究型综合大学，挺进全国高校 50 强，新的奋斗目标需要我们在把握今天和面向未来的同时，经常回过头去，从历史中寻找智慧，借鉴经验，在继承与创新中推动云大实现新的发展，从而使我们的思路更清晰，方法更可行，心力更一致，毅力更顽强，也使我们少走弯路，顺利发展。衷心感谢我校的校史工作者和所有为校史尽过力的人们，他们为云大人记住过去和弘扬传统提供了切实的帮助。

希望我们的老师、同学和校友能抽时间看看校史和相关资料，相信你会从中得到知识、经验、智慧和力量。

刘绍怀
2010.8.8

目　　录

学苑英华

激情岁月

东陆印象

春风化雨

周总理视察云南大学

1955年4月10日是周总理视察云南大学的日子。岁月催人，当年见到过周总理的学生如今已是年过古稀的老人，然而提及此事仍是兴奋不已。中国香港《当代诗》编委、香港散文诗学会副会长林子，是当年见过周总理的学生之一。她深情地回忆到：那是星期天中午一两点钟，她正在球场上打篮球，忽见许多同学都涌向学校的北门城墙缺口处，挤得水泄不通，后面还有人在呼喊："周总理来了，周总理来了！"这突如其来的喜讯让她兴奋不已，抱着球就冲了过去。她看见周总理穿着一件黑色的中山服，络腮胡好像刚刮过，右手弯曲在腰际，就像在照片里看到的周总理一样。他精神抖擞，非常健康，同行的还有陈毅副总理等人。同学们不断高呼："周总理好，周总理好！"总理微笑着向大家挥手致意："祝同学们学习好，工作好，身体好！"

周总理走进映秋院学生宿舍，在进楼右边一间大宿舍看了一下，转出来又看了楼梯边一间较小的宿舍。周总理一边看一边说："你们住得挤了点，房里的光线也不太好。"同学们说："总理，别看了，这座宿舍楼太旧了，空气也不大好，还是到外边校园看看吧。"总理微笑着说："好吧，我们到外面走走。"总理边走边询问尾随在后的同学："每月伙食费是多少？身体状况如何？学生每周有多少学习时间？"周总理视察了学校的教室、宿舍和食堂，看望师生后乘车从校园的北后门离开。

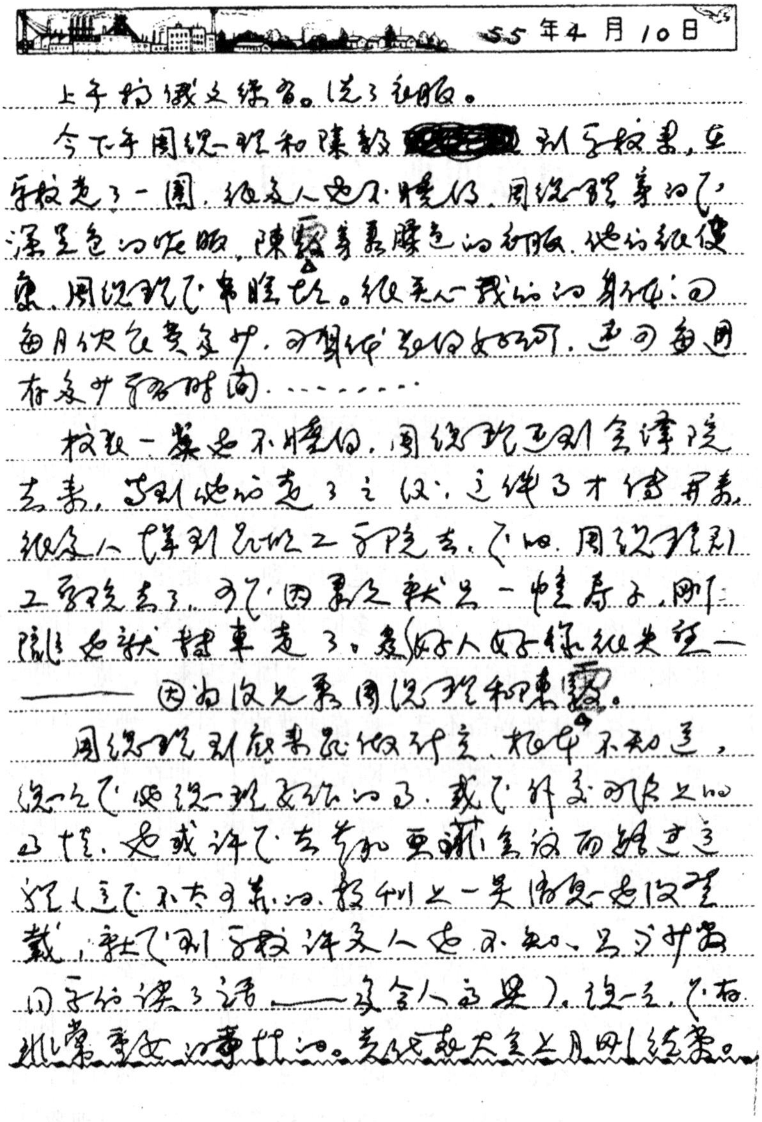

胡开亮日记中记录下周总理来云大

见到总理的同学兴奋了好几天，未见到的同学十分懊悔。邻近院校的学生听到这个消息后，也络绎不绝地到云大询问："总理穿什么颜色的衣服？他乘坐的汽车是什么颜色？什么型号？车号是多少？”等等。

周总理出席在印尼首都雅加达召开的亚非会议前，途径昆明并做短暂停留时亲临云大视察。几十年来有不少同志撰写文章缅怀总理，叙述当时的情景，但对周总理到云大的时间说法不一，有的说是4月某日，有的则说是5月的某日，就是一些正式出版发行的书刊也各说不一。

为何在周总理视察云大时间上说法不一？原因有三，当时新中国诞生不久，帝国主义及盘踞在台湾的国民党蒋介石不甘心失败，时常进行颠覆破坏活动。4月6日，周总理在国务院第八次全体会议上，作出我国政府将派代表团参加亚非会议的决定。在公布代表团组成人员名单后，我国政府就获悉美国和蒋介石特务机关正积极部署，对我国代表团将要乘坐的印度飞机进行破坏，以实现暗杀以周总理为首的代表团人员和破坏亚非会议的阴谋。4月11日，我国出席亚非会议代表团部分人员的座机“克什米尔公主号”失事，为此，我国政府对这次代表团其余人员的出访时间、路线等对外更加注意保密。周总理到云大是出于私人原因，想拜访住在云大八家村的张若茗、杨堃夫妇。不凑巧，张若茗夫妇不在家。事前学校未接到任何通知，当天学校领导只有值班的刘绍文副教务长，是他陪同周总理视察。当时学校对此事未留下任何文字记录，这给后来考证周总理视察云大的时间带来了许多困难。

云大从事党史校史研究的人员，在考证周总理何时到云大的问题上态度十分严肃、认真，他们不是仅凭某几个人的回忆就得出结论。撰写《云南大学志·大事记》的陶李为此查阅了大量资料，整理出周总理1955年4月份每天活动的情况一览表，寻访当年见过总理的一些校友，搜集他们的回忆。朱惠荣教授在一些公开的档案部门找不到当年记录周总理视察云大的文字资料，就到省公安厅去寻找，以为公安厅负责所有中央首长到云南的警卫工作，也会对总理来云大的时间有记录，但在省公安厅查阅档案资料后，也未完全解决问题。

1997年10月，云大校友总会派人到天津召开校友座谈会。会上，校友总会秘书长、党史校史办主任张文逸了解到，到会校友中有的是见过周总理视察云大的学生，就向他们做调查。中文系 1957 届毕业生、现为天津市四十四中退休教师的胡开亮说道：“我不仅是周总理视察云大的见证人，而且还对此做了日记，这本日记至今还完整地保存着。”胡开亮的日记引起了张文逸的重视，他认为这是目前为止最有说服力的一份证实周总理何时视察云大的原始材料，于是向胡开亮征集。张文逸等返昆不久，就收到胡开亮从天津寄来的日记复印件。日记清楚地记着周总理来云大视察的时间是 1955 年 4 月 10 日（星期天）。张文逸立即将日记交给《云南大学志》主编吴道源，一场旷日持久的争论才停息。

周恩来总理视察云南大学是所有云大人深深缅怀，并感到十分骄傲和荣幸的一件大事。虽然半个多世纪过去了，然而周总理那和蔼可亲、平易近人的风貌却深深地刻在云大人的记忆中。

周总理给云南高校师生作的一场报告

1957 年 3 月底，周总理陪同缅甸吴努总理到昆明访问。虽然周总理的外事活动安排得很紧凑，但他始终惦记着云南高校师生，决定结合当时的国内外形势给师生作报告。报告安排在 4 月 1 日上午，地点是志舟馆（即现在的昆都商场）。消息传到云大，师生们非常兴奋，为了听好这场报告，学校专门作了动员，对参加开会的师生提出了具体要求。原定 8:30 在学校集合，结果师生 8:00 就整队待发了。老师走在队伍前面，之后是学生队伍，学生是按系排队，先是中文系，后是历史系……带队的是当时学校党委书记李书成。参加听报告的学校有云大、昆工、师院等，共有 5 000 余名师生及部分省市党政机关工作人员。志舟馆场地不大，容不下所有的师生，组织报告会的同志见场内坐满了人，就让后到的师生坐在会场外。场外的师生看不到周总理，心里很着急，有的就想往里挤。坐在主席台上的周总理看出大家的心情，就拿起话筒讲到："同学们，你们不要再往里面挤，就坐在外面听报告，报告完后我会和大家见面的。"总理的话使场外的师生顿时安静下来。

周总理报告题目是"目前国内外形势和我们的任务"。在报告中总理精辟地分析了国际、国内形势，讲了社会主义建设、正确处理人民内部矛盾、百花齐放和百家争鸣、国际形势四个方面的问题。总理说："社会主义是一件好事，也是一件困难的事，现在看来建设很困难，只有懂得这一点，才能在克服困难中前进。”总理号召“团结国内外一切可以团结的力量，把我国建设成为现代化水平的社会主义工业大国”。为了完成这一伟大任务，他希望青年学生努力学习科学文化知识，并说“住在城市，眼睛应该面向农村，学知识是为了社会主义劳动”，“要教育下一代比我们更会过日子，我们不是培养一批社会主义少爷”。总理十分关心知识分子，在报告中分析中国知识分子的特点是：“由于生长在半封建、半殖民地社会，反帝、反封建思想容易形成；中国知识分子过去的包袱不像西方知识分子那样大，西方由于早已形成资本主义，使许多观点已经固定化；大多数知识分子经过思想改造，确立了社会主义思想，绝大多数都愿接受社会主义制度，愿意学习马列主义，这是有利于进行百花齐放、百家争鸣的条件。而高级知识分子仅十万左右，数量少，这是提倡百花齐放、百家争鸣方针不利的一面。”

周总理接见云南省委机关干部

针对云南地处边疆民族众多的情况，周总理特别强调民族问题。他说：“还须加强民族团结，这也是中国社会主义建设的特点。”

报告从上午的10:20持续到下午1:00，中间没有休息。在近3个小时的报告中，周总理始终站在主席台上，没有坐过一次。站累了，他就把两手叉在腰间，手掌顶住背部。当时的条件很艰苦，主席台是用几张桌子临时拼凑起来的。因场内没有座位，师生们就席地而坐。主席台的桌子上，放着一瓶鲜花。总理作报告前是坐着的，那束鲜花恰好挡住了坐在下面一些同学的视线，使他们看不到主席台上的总理，就不时站起来往前看。坐在总理旁边的陈毅副总理见此情况，就把这瓶花拿到主席台的一边。报告结束后，总理走下主席台，走到师生中间，走出志舟馆的大门绕场一周，与场外的师生亲切会见。

总理给云南高校师生做的这场报告已经过去了半个多世纪，但是听过报告的师生依然对这次报告记忆犹新。云大教授朱惠荣是当年聆听过报告的学生之一，他对那场报告作了详细的记录，并且把这个记录保留至今。每当到总理去世的日子，他都要翻翻看看，重温总理的教诲。

彭老总向云大学生谈“三好”

彭德怀（1898—1974），戎马一生，屡建战功，但仍十分关心在校学生的学习、学校的发展。他在云大讲解毛主席对学生提出的“三好”的情景至今难忘。

1956 年 1 月，中共中央召开关于知识分子问题的会议，周总理代表中央作《关于知识分子问题》的报告。报告着重传达和阐述了毛泽东关于向“科学进军”的指示，肯定知识分子在社会主义建设中的地位和作用，以及如何加强党对知识分子的领导。会议结束后，时任中央政治局委员、国务院副总理兼国防部长的彭德怀于 2 月 3 日上午到云大传达会议精神，听取知识分子意见。在会泽院听过专家、教授的意见后，信步从会泽院北门走出。

会泽院北门面对至公堂，当时是学校图书馆。在图书馆学习的学生一眼就认出这位留着平头、身着深蓝色制服、表情严肃，走路总是昂首挺胸，目视前方的老人就是驰骋沙场、身经百战、遐迩闻名的彭老总。“彭老总到学校来了”的消息很快传遍校园，同学们都争着和他握手、问好，有的还请他给同学们讲话。他很理解学生的心情，热忱地与学生握手，并真诚地向学生征求对周总理所作报告的意见，随后作了简短的讲话。据当年听过彭德怀讲话的中文系学生、后在天津四十四中任教的胡开亮的当天日记记载，彭德怀说：“就讲我对毛主席向你们提出的

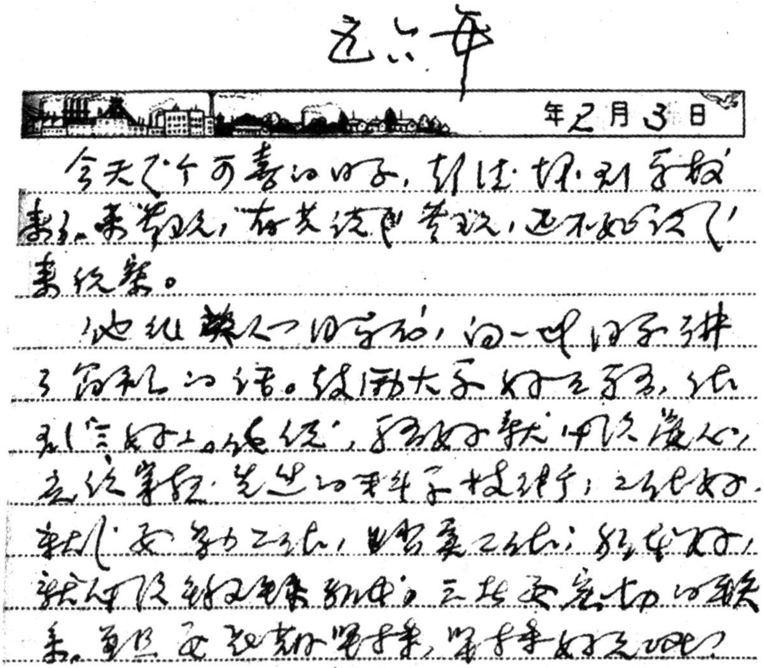
五六年

年2月3日

胡开亮日记记录彭德怀到云大

‘学习好、工作好、身体好’这三句话的理解。学习好就必须虚心学习，努力掌握先进的科学技术知识；工作好就是要努力工作，踏实工作；身体好就必须锻炼身体，将身体锻炼得棒棒的。三者密切联系，并且要长期坚持。坚持多久呢？就看你的寿命有多长，寿命有多长就坚持多久。这是我对‘三好’的体会，对不对，要你们去修正。”彭老总朴实、简短的话，赢得在场同学热烈的掌声。他讲完话后，又去参观学校新建的物理馆。尽管已是午饭时间，然而学生不肯离开他，直到他乘坐的小车驶出云大，大家依旧望着远去的汽车。

当天下午，学校召开师生大会，李广田副校长在会上首先转达了彭老总对全校师生的问候，然后传达了中央关于知识分子问题的会议精神。公布了学校根据中央关于向科学进军的精神拟定的《云南大学1956—1967年发展规划（草案）》。3月12日，《云大报》发表了中文系学生吴铎的一首抒情诗。诗中写道：“我们见到了亲爱的彭元帅；在会泽楼下的台阶上，他在掌声中徐徐地走下楼来，那神情是多么沉着和蔼！他从北京中央，来到云大台阶，怎能不叫人激动欢快？分享着‘最可爱的人’所享受到的幸福，又怎能不叫人喜出望外？他用亲切热情的语调，把‘三好’作了扼要的讲解；指出必须坚持到生命的最后，必须把三者紧密联系起来。告诉了我们关键的所在，告诉了我们问题的要害；但是，谦逊的彭元帅，还说恐怕把毛主席的意思没有原样的表达出来！他比着生动的手势，说明祖国圆睁大眼，巴望人才，在临行的时刻，他还以频频的挥手来表明召唤期待！我们，毛泽东的大学生，只有用行动来回答这种教导和关怀；我们，要做文化大军的斗士，坚决地、坚决地把科学堡垒攻下来。”

华罗庚在云南大学首推“优选法”

20世纪60年代，时任中科院副院长、数学研究所所长的著名数学家华罗庚提出的“优选法”，在全国风靡一时，有力地促进了工农业生产。华罗庚倡导的“优选法”，首先从云南开始推广。为何会从云南开始的呢？这里面有一个鲜为人知的故事。

华罗庚在云大四合院讲“优选法”

1965年冬，华罗庚到西南各省铁路建设工程所在地推广“统筹法”。在昆明东风体育馆作“统筹法”报告后，他一时兴起，对参加报告会的云大数学系主任卫念祖教授说："我还有一个'优选法'在生产中很有用。"卫念祖教授当即邀请他到云大为师生作"优选法"报告。

第二天下午，华罗庚教授由过去在西南联大的同事、云大副校长李广田教授等陪同，来到云大四合院教学楼的阶梯教室作报告。华罗庚教授向师生们讲的第一句话是："这是我在国内作的第一场推广优选法报告。"话音刚落，会场上立即爆发出经久不息的掌声。他详细介绍了优选法的基本原理、适用范围，特别强调优选法在我国工农业生产管理中的作用。他希望云大在推广"优选法"中作出贡献。

华罗庚教授的一席话极大地鼓舞了云大师生，同时也使师生们更加感到自己肩上的责任重大。随后他们便将推广优选法与统筹法结合起来组成了几个"两法"推广小组，深入工矿企业。他们在工矿企业办短训班，出黑板报，向工人、技术人员宣传"两法"。根据对企业生产的调查研究，向企业领导提出合理化建议，王学仁等数学系教师，为提高昆明橡胶厂的胶鞋质量，进行优选法试验。他们按照优选法原理对胶鞋原料成分的配方进行反复试验，筛选出其中的最佳配方。按照这种配方生产出来的胶鞋，不仅节约成本而且增加花色品种，鞋的耐磨性能好。昆明灯泡厂按照数学系师生宣讲的优选法进行试验，结果使灯泡化丝效率成倍增加。华罗庚教授闻讯后，"喜不能寐"，特意写信给卫主任赞扬云大师生深入实际推广"两法"的精神。

1966 年 5 月，正当师生们推广"两法"向纵深发展时，一场全国性的灾难降临了，师生们来不及总结推广"两法"经验就被紧急召回校参加"文化大革命"运动，中断了"两法"的推广应用，未能达到预期目的。但也有一批师生在推广"两法"中脱颖而出，成为我国应用数学方面的著名专家，如原校长王学仁教授从事的"数学地质"，曲超纯教授从事的电法勘探数学理论等，都是从推广"两法"起步的，他们的科技成果获得了国家、省部级的多项奖励。

曾经风雅

云南大学首任校长董泽

董 泽

云南大学首任校长董泽（1888—1972），字雨仓，云南云龙人，白族。幼年在家乡私塾读书，稍长前往大理书院求学，1907 年考入省城贡院的甲种农业学校，1908 年考取留日公费生，入东京同文书院。在此期间加入孙中山创建的同盟会。1911 年回国，投入辛亥革命运动，积极从事社会活动。回国后，任职云南军都督府秘书；公余时，积极从事社会活动，协同留日同学李全木创办云南基督教青年会。军都督蔡锷对董泽的才华深为器重，保送其赴美留学。董泽于 1912 年考入哥伦比亚大学，攻读政治及教育学。1915 年，袁世凯窃国称帝。唐继尧为发动护国运动起兵倒袁，电召董泽回国参加护国运动，董泽立即中断学业赶回云南，担任护国军都督府秘书官兼护国军驻香港联络员。护国战争胜利后，他于 1916 年再度赴美完成学业，在获得政治教育硕士学位后，再度考入伊利诺大学攻读经济学，1920 年获经济学硕士学位。

1918 年，在滇、川、黔三省联合会议上，曾有三省联合设立大学的拟议。远居海外的董泽及何瑶等亦遥寄“云南应速办大学，广育人才以应时艰”之策论。1920 年，董泽多次向唐继尧建议云南单独创办大学，唐继尧甚以为然，并托董泽与时为教育司长的王九龄共同筹建，随令设大学筹备处于翠湖之“水月轩”。1921 年，云南发生政变，唐继尧出走，筹建中辍。1922 年 12 月 8 日，省公署正式批准成立大学，校长一职进行民主选举，董泽得票最多，唐继尧据选举结果聘董泽为大学首任校长。因时局变化，他于 1930 年辞去校长职务。在他担任校长的八年中，提出过许多有建树的办学方略，使学校从无到有，逐步发展壮大。

东陆大学奠基仪式上，来宾埋放奠基石

董泽在长校期间重视教师队伍的建设。他认为“要办好大学，物色师资，最是第一要务”。由他主持制定的《东陆大学组织大纲》明文规定教师资格为：一、曾在外国大学毕业者；二、曾在本国大学本科毕业者；三、有精深著述，经本大学教授会评定认可者；四、外国著名学者。他始终把聘任优秀的师资作为办学的第一要务，千方百计从欧、美、日归国的云南籍留学生中选拔“学力优良，经验宏富”者到校执教。在他的努力下，先后有20余位归国学人到校任教。如留美的杨克嵘、陶鸿焘、华秀升、周恕、范思哲、卢锡荣、肖扬勋、何瑶，留西欧的杨维浚、张邦翰、黄晃，留日的肖寿民、华振、李耀商等。私立东陆大学（以下简称东大）共有教员53人，其中留学归来的有27人，这还不包括香港学成归来的毕近斗、李国清。另外又引进四位外籍教师，讲授英文、法文，礼聘清末经济特科第一名，也是云南史上唯一的状元袁嘉谷担任国文教授。私立东大一时名师荟萃，人才济济。

在办学中，他坚持从云南建设需要培养人才。创办东大之初，曾拟定学校分设文、理、法、农、工、商、医七科，科中分系，系有主任，偌收互助之实效，创办者可谓雄心壮志。但董泽强调："本校之创办，纯为国家培养人才，为地方发展文化。"又讲："云南特产丰富，将来交通发展，必然形成我国西南之工业中心，盖可断言。若然则需要各种人才，曷可限量。"并一再强调："本校之教育中心，以实用为依归，故所授课程，务以实际，不尚玄谈。"他说："大学内容，文实并重，然各国大学亦有先办文科后办实科者。但就滇之现实观察，觉工、机械各科，亦有可以同时筹办之机会。"办好一所大学，生源是关键。当时云南具备上大学的优秀生源少，为招收合格的学生入校，先办文理预科，预计招收200名。1923年3月22日，昆明举行大学预科生入学考试，全省推荐的300多人中，仅有30余人达标。面对生源不足，董泽未采取降分录取的办法，而是招收试读生、补习生来提高学生质量。1925年第一届预科生毕业，学校开始招收本科生。由于受地方教育经费、师资力量、学生质量、教学设备等限制，学校发展受到很大制约，他把有限的力量集中在培养云南急需的政治经济、公路建设人才方面，开办工科的土木工程系和文科的政治经济系。土木工程系主要开设公路建设的课程，这批学生毕业后大多投入到云南公路建设中，有的成为公路建设的专家。如东大首届毕业生浦光宗，新中国成立前曾任省公路局局长，新中国成立后任过省交通厅副厅长，主持过我省重要公路、桥梁的建设。

董泽在办学中，正确处理计划与现实的矛盾，既培养本省急需人才，又充分利用有限的财力、人力、物力，这是学校在各方面处于艰难困境中仍能发展的重要原因。

董泽对校园环境建设有其独到见解，这体现在学校的选址和建教学大楼上。他认为学校是教育场所，其地域必须宽敞，位置必须适中，建设必须独特，才能体现大学之精神。1920 年 11 月 22 日，他与王九龄就大学校址向唐继尧陈述："学校地址，自以规模宏敞、空气清洁之区为适用。"还和王九龄等亲临考察省垣内外，先后考虑过将大观楼、旧贡院定为校址。开始他们认为："只距城西三里许之大观楼一所，尚觉相宜。该处向称名胜，虽房屋结构与学堂性质不同，但略加改造已可适用，较它处拓地建筑，事半功倍。"因距城略远，交通不便，加之房屋不济，文化渊源逊于贡院，故虽议终弃，最后选定明清贡院为校址。明清贡院原为科举时代云南举行乡试之所，坐落于昆明城北，筑于东西走向的商山山脊之上，南临翠湖，而近省垣中心，北靠城墙而望蛇山，东接北门城楼而迎金马山，西向碧鸡关，所谓"左金马，右碧鸡，枕蛇山，面翠湖，所诣他省所无"。地理位置得天独厚，堪称风水宝地。云南首所大学选建贡院，既可继承中国文化传统，还能重振昔日文化雄风，这是董泽等为云南大学选择的一个最佳教学环境。

1920 年筹办大学之初，董泽等认为学校基金至少 300 万元。然而私立东大从筹办到 1927 年，动产和不动产合计仅 180 多万元，可见办学经费相当紧张。然而董泽认为：创办云南最高学府，校舍形式必须崇闳雄伟而艺术化，宁肯自己不领薪金，也要把钱省下来建盖一流的教学大楼。他建议参照哥伦比亚大学的建筑风格建教学大楼（即今日的会泽院），并由学建筑的归国学者张邦翰主持设计。新建的会泽院工程浩大，需要大量的石料、河沙、石灰、水泥、木料等建筑材料，据当时计算，其中需要太平石 2 000 余车，条石 470 余丈，墙头石 437 块，整脚石

230 余丈，大方石 83 丈，窗石 2 900 余个，转角石 460 余个，红青砖 100 万余块。这些材料除在本地生产外，有的还通过外商从国外购进，如曾“向若利玛洋行定购黑木（柚木）2 兜（火车皮）”，由滇越铁路从越南，经蒙自运抵昆明。虽未查找到建会泽院的完整开支记录，但购买红青石、河沙碎石等十一项，就开支了二十多万元。可见，建会泽院占用了学校相当大的经费。

经过一年多的修建，1925 年竣工的会泽院气势磅礴，其独特的建筑格调、严格的施工质量，经受近一个世纪风雨侵蚀及抗战期间日本飞机的轰炸等天灾人祸的严峻考验，至今仍为云大精神的象征。踏入校门望见巍峨的会泽院，人们油然崇敬董泽等创办人的远见卓识和艰苦创业精神。会泽院不仅是云大标志性的建筑，也成为云南高等教育发展的里程碑，从此云南就有了现代高等教育的殿堂。

董泽提倡“以自由研究为教旨”，活跃学术研究。《东陆大学组织大纲》规定：“本大学以发扬东亚文化，研究西欧学术，俾中西真理融会贯通，造就专才为宗旨。”私立东大聘请的教师大多来自欧、美、日，各人所受教育不同，形成不同的学术体系和派别，同一学科亦有不同学术观点派别，相互间为同一问题都会争论。董泽主张学术上“以自由研究为教旨”，认为各种学术观点应樊然并峙，这是思想自由即学术自由的通则，无论何种观点或学派，只要言之有理，持之有固，只要不到自然淘汰的地步，就应该让它们自由发展。他允许教师自带留学时用的教材教学，允许用中文或外文授课，国文、国史教师可自编教材；定期举办学术演讲会，教职员轮流选择有益于学术思想的演讲，还聘请周钟岳、黄炎培、陈光甫等名流、学者到校讲学；学生讨论各抒己见，不囿于陈说，不迷信权威；学生中办有教师负责指导的英文协进会、中文演说会、体育会、音乐会及工科学生举行砥砺会；出版《东陆校刊》、《改造》等刊物，以及由国学教授袁嘉谷主持出版的《经传释词》、《疑义举例》。

董泽任校长后，以“自尊、自知、正义、力行”为校训，积极推行“自由研究”的教旨，规定师生间定期召开学术演讲会。他长校的八年中，秉校训，行校纪，承先古文明，借欧美科技进步、学术民主，对国民教育的发展颇有建树，其教育思想、实践至今仍有借鉴意义。

对于东陆大学的性质在筹备阶段曾有争论。唐继尧执掌政权的省督军署拥兵自重，凭借军事实力操纵着云南政治、经济、文化大权，不甘受制于北洋政府。为罗致和培植本省人才，发展本省经济文化，竭力支持创办私立大学。1922 年 11 月 25 日，东大筹备处讨论学校组织大纲时，董泽秉承唐继尧的意愿，主张私立为善。对这个问题大家争论很大，筹备员杨子深发言说：“无论公立还是私立，总是以多得基金为主。”筹备员王梦怀认为“大学用人行政原属独立，所谓公立、私立，不视拨款多寡而定”；筹备员肖敬业、杨季岩、陶季鲁主张“定为公立为宜”。因双方意见难以调和，休会。28 日继续讨论。恰巧这时发生北京 8 所公立学校教职员因政府欠薪罢教之事，使原来主张办公立大学的人改变观点，支持将学校定性为私立大学。仿欧美私立大学办法，经费独立，达到自由发展的目的。

1927 年 2 月 6 日，云南发生政变，唐继尧被迫下野，5 月 23 日呕血不治而死。依赖唐继尧政治地位生存的私立东陆大学“顿失重心，校务进行，缺乏指导”。主持云南省政务的省务委员会因军阀派系间争斗，致使财政混乱。省务委员会停发拨给学校的经费，致使私立东大每况愈下。正如 1929 年 8 月，董泽在向董事会的报告中所说：“本校创办人兼董事长唐公逝世，重心失堕，一年以来进行艰难。”由于经费匮乏造成学校危机，人心浮动，教学质量下降，学校办的东大公司欠实业公司“铅银矿区税”，无力缴付，校方以“校款艰竭”请求豁免；向外订购的理化仪器到滇后，因筹措不足经费一直不能领取。

1929 年，云南政局经过 1927 年“二六”倒唐及以龙云、胡若愚为首的云南地方两实力派间的两年左右争夺省政权的战争后，龙云一统云南省。随后，南京国民政府任命龙云为云南省政府主席。同年，龙云开始对省府机构进行改组。龙云执政后，尽管把整顿军队、金融财政放在首位，但对地方教育极为关注。在云南财政经济极困难的情况下，为保证教育经费不被军政费用挤占，批准将卷烟特捐资金划归教育厅专管，作为教育经费，实行教育经费独立。他支持私立东大维持原状，但另一方面也在考虑改变东大经费不足的问题。1929 年，国民政府教育部颁布《私立学校规程》，该规程明确规定："私人或私法人设立之学校为私立学校，外国人及宗教团体设立之学校均属之。"并详细规定设立、变更的条件，东大是公立还是私立被再度提出来。该规定促使龙云下决心整顿东大，并把整顿东大的任务委托给省务委员、新任的教育厅厅长龚自知。鉴于"东大"的"私立"性质早已不符合事实，为便于云南仅有的这所大学更好地发挥培养人才作用，1930 年 8 月第 177 次省务会议上，通过了"东陆大学改立"的议案。议案指出："省政府为谋教育系统之调整，教育事业之联络及大学本身之发展计。"将东大由私立改组为省立，不再设立董事会，大学经费改由省教育经费支给，取消了大学的经费独立。原有校产设基金，组织保管委员会管理。在这次会议上为表示不忘创办人唐继尧的建校艰辛，保留东陆大学校名，称为"省立东陆大学"。董泽对改立极为不满。他不愿改变大学的性质，要求继续办私立东陆大学，政府不予以支持，还先后调走东陆大学各部门教职员骨干分子充实政府部门。董泽认为，当权者"企图拆散大学台柱，使东陆大学因之而垮台"，董泽愤而辞职。

董泽主校八年中，励精图治，克服重重困难，建成云南第一所具有近现代意义的大学，汇聚一批德高望重的教授到学校任教，形成以归国留学生为主体的师资队伍，实现了云南青年在家乡接受高等教育的梦想，为云南大学的发展奠定了基础，功不可没。

爱好体育运动的校长华秀升

华秀升

华秀升（1895—1954），字时杰，蒙古族，云南通海县人。1911 年，华秀升考入清华学堂，先在中等科学了五年，后又在高等科学了三年。

在校期间，他勤奋好学，各科成绩斐然，英语尤为突出。他爱好体育运动，每天很早就到操场跑步直至汗流浃背，才去上早自习。1917 年他在校运动会的一百码跑比赛中，以 10.4 秒的成绩超过当时清华历史上由本校学生潘文炳在 1913 年创下的纪录，第二年他又跑出 10.6 秒的好成绩。清华建校初期，立下规矩：将校田径赛第一名获得者和成绩，用英文做成牌子挂在清华体育馆的东墙上，等到纪录被打破又换成新的人名及纪录。华秀升的名字和一百码成绩纪录，在体育馆的东墙上挂了近九年。他还喜欢踢足球，曾被选为校足球队队长。

1919 年华秀升从清华学校毕业后，被选送公派赴美留学，入密苏里大学神学院的文理系。1921 年 4 月 27 日他从该校毕业，获得文学学士学位。同年 9 月，考入佛罗里达大学商学院研究部主修历史和政治。

1922 年 5 月通过了他的硕士论文《政权分立的理论及其在美国的应用》，该论文分 7 部分共 73 页，主要论述美国资产阶级民主政治之优劣。他还是佛罗里达大学第一支足球队主力队员，踢右边锋。半个多世纪后，该校档案馆的管理员还称他为“我校第一位来自亚洲的运动员”。

1924 年华秀升回国。时任私立东陆大学校长的董泽，获知华秀升在昆明的其他学校任教，即向校董事会推荐华秀升担任东大教授。1926 年，华秀升被东大聘为文科主任，便辞去原任高等师范学校校长兼美术学校校长等职，一心投入东大的教学管理工作。1929 年 10 月，东陆大学副校长卢锡荣升任省教育厅厅长，省政府任命华秀升接替副校长职务。1930 年，董泽辞职，华秀升接任校长一职。他在长校期间，积极倡导体育运动，在校园东侧荒地上开辟了东陆体育运动场（今天的东一院体育场），运动场有 400 米的椭圆跑道，200 米的直跑道及足球、网球、篮球场。这是当时云南省第一个符合国际标准的体育运动场。

1926 年 7 月 21 日，华秀升被选为云南省第一届体育运动协会暨云南省体育促进会的会长，为云南的体育运动发展做了许多有益的事。在他的倡议下，1930 年 10 月省政府在东陆运动场举办了第一届全省运动会，华秀升负责组织指挥，并任总裁判。为开好运动会，他邀请昆明市体育界的知名人士到家里通宵达旦地商量运动会的各项事宜，订出比赛项目及其负责人。由于准备充分，运动会的开幕式盛况空前，许多市民也纷纷前来观看，临时搭建的看台坐满了来宾。

1932 年 9 月省政府同意华秀升辞去校长职务，改任云南省审计处处长等职。抗日战争胜利后，任省务委员兼省财政厅厅长。1949 年初调任省会计处处长，昆明解放前夕，不少同僚逃往国外，他毅然留下来，参加云南起义。1954 年 4 月 16 日病逝于云南大学医学院附属医院。

何瑶：经世致用　造就专才

何　瑶

何瑶（1894—1968），字元良，云南石屏人，云南大学第三任校长。他生于书香门第，从小就受到传统文化熏陶。1908 年考入云南方言学堂，1914 年被保送到青岛德华高等学校，未几转入北京大学预科。1915 年，再转上海同济医工专门学校，专修外文。1917 年进入美国普渡大学机械工程系学习。1921 年获机械工程学士学位后，即在美国费城巴尔温火车头公司实习，尔后又在美国各地参观考察，对西方文明印象深刻。

1925 年，何瑶学成归国返回故里，随即受聘为东陆大学教授，讲授数学、热机学、机械工程学等课。1926 年兼任东陆大学会计长。1930 年任东陆大学工学院院长。1932 年秋，校长华秀升辞职，省政府委任何瑶代理校长。1937 年 4 月因“学潮”辞职后，就任省经济委员会专门委员。

在他主校近五年中，开办了医学专修科；改省立东大为省立云大；恢复云大附中以及加强理工科，办学卓有成效，对云大发展具有深远影响。

早在云大创办之初就酝酿开办医科教育，1922 年建校筹备处制定的《东陆大学组织大纲》第六章中明确规定："东陆大学分设文、理、法、工、农、商、医科。"1927 年，中华教育文化基金董事会曾经派员视察私立东大。其视察报告也强调：云南地处极边，智识输入尤为困难，而"医学智识，更为幼稚，除用旧式医生外，学识重实，经验优良之医士极少"。因此，私立东大开办医科，"实较他处学校为尤急焉！"何瑶赞成这个看法，主张尽快开办医学院。他办医学教育思想较集中反映在 1936 年给中法教育基金委员会的《请款书》中。他在报告中写到："云南兼有寒、温、热三带气候，且人口稀少，多是蛮烟瘴雨之乡，疾疫流行，人难久住，欲建设云南，开发资源，则对瘴疠的驱除，医药行政组织建立及医疗设备和人才的充实尤其重要。而医学院者，即负此重大责任也。""云南医药人才缺乏，先后由国内外医科学成回滇服务者，尚不足省市局部之用，则其余各地医药人才之缺乏可想而知。于此，充实本校医学院成为当务之急。"1932 年他接任校长后认为，酝酿多年的医科教育，条件已经粗具，决定着手开办医科。呈报教育厅后，教育厅认为师资设备尚为缺乏，主张与云南军医学校合办，以暂共用师资设备。对此，军医学校也表示赞同。当年 10 月，省政府与军医学校的上级机关第十路军总指挥部会商后，发出指令："省立东陆大学内，应办医学专修科，与军医学校合办。军医学校仍由总部拨款办理，至现有班次办毕止。医学专修科经费由大学拟定，呈教育厅核发。"依此，10 月 10 日，教育厅作出《云南省教育厅办理省大医学专修科决议案》，明确规定："东大医学专修科，由军医学校代办，行政系统应保持统一，隶属省立东大。"自此云南大学创办医科教育，终成定案。医学专修科随即进行招生。经过严格考试，录取了 35 名正式生及 8 名试读生。这是云南国民教育有史以来所招收的首批高等西医科学生。

医学专修科成立后，何瑶并未就此停步，他仍在为办成医学院而努力，在 1937 年初，制定的省立云大《四年扩置计划书》中，明确学校拟设理工、文法、医学三个学院，“医学院先办医学专修科”。何瑶认为成立医学院的最大障碍是经费缺口大，为争取到更多经费，除每年向教育厅提出经费递增外，还利用各种渠道争取经费。其中向中美庚款、中英庚款、中法庚款等委员会申请补助。正因为有他坚持不懈的努力，1937 年 8 月 1 日熊庆来走马上任的当年教育部就批准云大成立医学院。

1934 年，省立东大改为省立云大，更加坚定了何瑶按国民政府颁布的《大学组织法》对学校进行改革、规范教学秩序的决心。何瑶上任后大力调整行政机构和教学单位，在学校成立了理学院、工学院、教育学院及医学专修科。1934 年 9 月国民政府教育部认为经过他的这次机构调整后云大达到了 1929 年政府颁布的《大学规程》中有关机构设置的要求。国民政府为了加强高校管理，要求统一全国各省政府开办的大学名称，令省立东大改为省立云大，并明确规定学校隶属省教育厅。从此有了云南大学的校名。改名后教育部每年拨给云大一定经费，用于购置设备，缓解了云大的经费困难，使办学条件得到了改善。

东陆大学成立初期，为了保证生源和学生质量，1927 年成立了附属中学。1930 年，东陆大学由私立大学改省立大学，附中被裁减。何瑶长校后，为了给教育系学生提供一个实习的场所，为大学储备高质量的生源，在 1936 年 1 月，向教育厅提出恢复附中的要求。他在给教育厅的报告中写到：“云南大学学生对于教育的一切法理，必须加以实习，以资印证；而且现代中等教育，新近输入的理论方法，亦须加以实验，以供采择；兼之大学本科入学程度亦逐渐提高，更不可无附中以资准备。”在他的努力下，停办了五年的附中于 1936 年 2 月恢复了招生。

云南“五金之矿，蕴藏丰富”，早已闻名于世。学校创办之初，就开办了土木工程、采矿冶金两系，以此为开辟云南交通、开发矿冶培养人才。何瑶生长在云南，对云南省情素为了解，所学亦为工科。因此，他对推动工科教育、培养工科人才、建设云南工业向为重视。他长校云大后，在给资源委员会请款书中写道：“本校所设院系，均以适应环境需要，培养人才以谋生产发展为主旨。因此，拟以理工学系为首要，推进工科教育为特色。”何瑶在历次“请款书”中，无不强调理工教育之重要、理工经费之短绌。如在请求“英庚”补助时，何瑶写道：“云南幅员广阔，地形复杂，矿产丰富，生物繁滋，其能提供于学术上之问题甚多，而足为富国之资源甚大。”本校力谋理工教育之发展，“惟是理工设备，需款浩繁，非得巨款补助，不能树立相当基础。如承贵会慨允协助，则不独边疆教育，得以促进，即于民族复兴，亦将影响匪浅也。”

为请款成功，何瑶充分利用自己的地位影响和人际关系等，致函党、政、军、学各界有关要员，请其“预为疏通”，“力勋玉成”。例如他曾为此致函“党国先进、领袖群流”的国民党元老、时任教育部长的陈立夫；虽无深交，但居重职的行政院秘书长、资源委员会主任委员翁文灏；“领袖乡邦、关怀桑梓”的滇籍高级将领、陆军大学校长杨杰；“科学巨星，数学泰斗”滇籍旅北平的学者、清华大学理学院代院长熊庆来等。

何瑶经过诸多努力，各方运作，每次请款，均获成功。例如某年，矿冶系即获“中英庚款 4 万元、中基会（美款）10 万元、资委会 2 万元等的补助”。从此，颇具地方特色的理工教育特别是矿冶教育，日益成为云大的重点教育和特色教育，国立时期更是如此。《云南日报》曾对此专门报道云：“云大采矿冶金系，年来蒙中英庚款委员会之补助，对各种设备，已粗具规模。此后拟再加以扩充，刻已在计划中。但采矿设备，至巨且贵。”经向中英庚款请求，已得其允助，“自本年起共 10 年，每年补助采矿冶金系国币 10 万元。”5 年以后，每年递减 2 万元，其不足者兮，由主管机关补助之。“此后，云大矿冶系之发展，定为该校各系之冠。且对发展云南工业，造就采冶人才，实为一有力帮助。”

云南大学（及昆明理工大学）的工科教育成为特色教育，正是何瑶加强理工特色教育这一教育思想的充分体现。

熊庆来与云南大学

临危受命

熊庆来

1911年云南光复以后，以蔡锷为首的军都督府，进行了一系列行之有效的重大改革，政治、经济、军事、文化、教育等均有所发展。为了建设云南，急需各种人才，为了培养人才急需发展教育，尤其高等教育。1915年，全国教育行政会议召开，云南代表所拟计划案内，首次提出本省自办大学的建议，此为云南议立大学之始。1919年，五四爱国运动爆发，民主、科学之风吹遍全国，云南自办大学之声复炽，省垣昆明各界人士、学者名流，“或请愿议会，或建议政府，亦纷纷亦（创办大学）为言”。如尚志学社龚自知等曾请愿省议会，要求即办大学。甚至远居海外的滇籍留学生董泽、何瑶等，每当论及国事，莫不“以滇省速办大学为作育人才、救济时艰之拟议”。当此之时，云南督军兼省长唐继尧，“外观世运，内审国情，慨人才之消乏，文化之颓废，依然废督裁兵，振兴文治，作救国之远图。”为了“挽绝学于既往，文化于将来”，唐继尧明确表示：“大学校之设，必期于成。已在酌定一切办法，俟稍就绪，再行饬财政厅筹发经费。”即可着手筹办，至是，云南自行筹办大学，已成定局。

1922 年 12 月 8 日，云南省长公署正式批准大学成立，启用关防。同日，唐继尧函聘董泽为首任校长。至此，酝酿经年，几经周折的祖国西南地区历史上第一所高等学府，即私立东陆大学——云南大学的前身——终于破土而出，宣告诞生。

历经十余年的惨淡经营，至 1936 年云大粗具规模，有两院六系、一个专修科，专任教授 11 人，在校学生 302 人。至 1937 年 4 月 2 日至 6 日 云大发生“驱何”学潮。据《云南日报》报道：2 日午后 9 时，该校学生召集全体大会，商议改进校务办法，组织校务改进会，分呈云南省政府、教育部、教育厅，要求撤换现任校长何瑶。当晚又致函何校长，拒绝其到校行使职权。何氏当即表示消极，惟盼诸生维持正常秩序，个人去留决无问题。如有失当之处，愿听候政府核办云。自 3 日凌晨起，该校学生组织之校务改进会，轮派学生守卫大门拒绝教授到校上课，并停止内外交通，拒绝学生会客，表示将以罢课手段，以求达到驱何之目的。教育厅据呈，当于 3 日午间派员到校视察，命该生等照常上课，听后秉公处理。主座（龙云）据呈，当于 3 日批示如下：“呈悉，查云南大学为本省最高学府，并为全省各学校之模范。兹遽然发生此项学潮，殊深诧异。该生等呈控校长各节，是否属实，仰候令饬教育厅秉公详细具复，再凭核夺。校务首由该校校务会议暂行负责。所称新校长人选商讨推荐一节，殊属非是。查用人行政，政府自有全权，学生不准干预政务，早经悬为厉禁，所请应斥不议。在教育厅未查复以前，该生等应如来呈，照常上课，绝不能发生轨外行动，倘有干犯纪律情事，政府当以法绳其后者。”并派杨副官长到校剀切开导。学潮似已平息。讵料学生方面对校务会议负责校务表示异议，5 日仍以学生组织之校务促进会名义发布布告，函请教授到校上课。该校校务会议奉到教育厅转来省府命令，当于6日上午8时召集会议，学生代表两度要求参加。当以违反命令，严予拒绝。校务会议后发布之布告，并推举教务长徐述先召集训话，学生竟不集合，并怪声呼啸，复将布告撕毁。校务会议以横受侮辱，不唯有失威严，抑且有损政令，当即表示不能负责。主座（龙云）据报，于6日下午5时，亲莅学校大礼堂召集全体学生，作最后一次训诫，如再有违抗，即执法以绳。训话后，并在该校会议室，接见校务会议人员，慰问嘉勉，面示严格执行纪律，丝毫不能通融。并派汪副官在校监督，如有违抗，令即刻报告，听候处置。当由徐述先、邓屏洲报告经过情况，并表示遵照命令执行。至此，学潮终告平息，校务由校务委员会暂行负责。

校务委员会执掌校务也感到非常困难，恳请省教育厅长龚自知尽快新选校长主持校务："窃查本校自四月五日风潮发生以后，校长因在呈请撤查中，不便再负责行使职权，当由钧厅指令由校务会议暂行维持校务在案。当时为仰体钧长爱护学校及避免学潮扩大之苦心起见，仓猝受命，勉撑残局。惟冀使学潮早日解决，校务得照常进行。不料月余以来，表面虽恢复上课，而实际校务，则大半废弛或停顿。校务会议组织散漫，权力薄弱，责任不专，指挥不灵。对校务现状，坐视既心有不安，整饬又诸多滞碍。投鼠忌器，越演而越恶化。进退两难，苦痛万状！窃查本大学为本省最高学府，对内对外，关系重大。现正当主席龙公积极扩充及改进大学教育之时，校务善后，实不宜久悬不决。诚恐拖延日久，枝节横生，转有负钧长维护学校之初意职会同人维护有心，而负责乏术，特为沥陈下悃，恳请钧长俯念实情，迅予解决，使校务负责有人，职会得以早卸仔肩，则不胜感祷之至。"自发生学潮以后，龙云急于考虑校长人选。

这时的龙云也深刻认识到"大学是培养领袖及专门人才的场所"，大学又是政治派系争夺力量的场所，培养出来的学生政治上若不为已用，就会为他人所用；业务上无真才实学，就不能负起建设重任。因此，使他对云南大学校长人选极为重视。

龙云竭力通过各种渠道，物色校长新人选。龙云的夫人顾映秋30年代曾就读于北京师范大学，因同乡关系，常到清华大学请教时任该校教授的熊庆来。龙夫人知道熊庆来曾先后为东南大学、西北大学、清华大学算学系主任，不仅在国内外学术界享有较高声誉，而且也有办高等教育的经验。时任省政府建设厅长的张邦翰也极力推荐熊庆来。从多方推荐中，龙云认为熊庆来是担任云大校长的最佳人选。5月龙云电邀熊庆来回昆长校云大。熊庆来虽在北平，但对云大的近况略知一二，所以一再婉拒。5月31日在回电中说道："责重铨才，惧不胜任，敢请物色贤者，于可能愿从旁尽力。"龙云见熊庆来回昆长校云大的态度不明朗，又令张邦翰发函劝说。6月2日，熊庆来又再次回电婉拒："走（熊庆来）猥以铨才，渥蒙垂注，欲畀以主持省大之任，由西林先生函告。闻命之下，惭幸交集。窃走受桑梓厚植，义务所不敢辞，但以种种原因，未容拜命，曾请西林先生转陈，乃复蒙钧座讬渠函劝，并亲电促及。词意殷切，鄙怀愈深感激。然反覆考虑，觉省大在此困难情形之下，整顿必须长才。走自顾疏拙，且于省中情形复多隔膜，计难胜任，用敢仍伸辞意，恳钧座另任贤者主持，走如有可效寸能处，愿从旁尽力。"见此情形，6月3日，龙云亲自回电："北平清华大学熊迪之先生鉴：世电诵悉。省大事此间同人选经商酌，咸以为非兄莫属，务请乘此暑假返滇，以便面商以后一切进行，是所至祷，并盼先期见示。"一再规劝下，熊庆来不好再予拒绝。6月7日，熊庆来回电："昆明省政府龙主席：隆意深感，愿归助筹划，下月中可到。另函意见，务恳俯纳。"在电文中提到"另函意见"，是熊庆来接受云大校长一职的条件。其意见在6月9日回电中得到明确的提出："今决即返滇，一尽寸能。走意校长仍宜由一年高望重者任之，走愿尽力从旁辅助。然一校之大，非一手一足之力所能济事，至望各方面均予以助力，庶众擎易举，使西南有一良好学府之基础。特有陈者，无米之炊巧妇所难。省政府迫望省大发展，于未改国立前须每年指拨经费国币至少二十五万元（他省同等学校如河南大学、重庆大学等经费皆在三四十万元），方可稍增加设备，提高教授待遇，使有相当规模。改革之始，尤须酌筹临时费，以为建筑或特殊购置之用。至大学组织上，为易发展计，亦须有所变更，走拟即草一计划，以供商讨。”

1937 年 6 月 26 日，熊庆来离开清华大学返回云南，由沪搭轮船经香港、河内，乘滇越铁路火车于 7 月 15 日抵达昆明。7 月 16 日，他在接受《云南日报》记者专访时，被问及云南大学“改进事宜”，熊庆来特别强调云大早日由省立改国立。在拜访龙云时，熊庆来提出增加办学经费、改省立为国立以及省政府不得干预校务行政，一向在云南一人说了算的“云南王”龙云，对熊庆来所提的条件欣然接受。

7 月 20 日，云南省政府举行第 515 次会议，议决关于省立云南大学事项如下：1. 省立云南大学校长何瑶辞职照准；2. 任命熊庆来为省立云南大学校长；3. 8 月 1 日起，省立云南大学直接隶属省府；4. 任命何瑶为云南全省经济委员会专门委员。7 月 30 日熊庆来给云南省政府秘书长袁丕佑致函称：“霭耕学兄秘书长勋鉴：弟决 8 月 1 日午前十时到校接事，惟监盘人员应否委派何人之处，时间已迫，烦兄报请主座（龙云），速赐核办，示知为感。”

8 月 1 日，熊庆来到校视事。卸任校长何瑶同时到校交代，省政府派教育厅龚厅长前来监盘。至此，熊庆来正式长校，开始施展他的教育管理雄才。

“施政”演说

1937 年 7 月 15 日云南民众翘首以待的云大后任校长熊庆来从越南抵达昆明。大家急于关注熊庆来的治校方略。报界纷纷踏访熊庆来，多次报道采访的消息。这些报道及 8 月开学典礼上讲话，可谓是熊庆来任云大校长的“施政”演说。

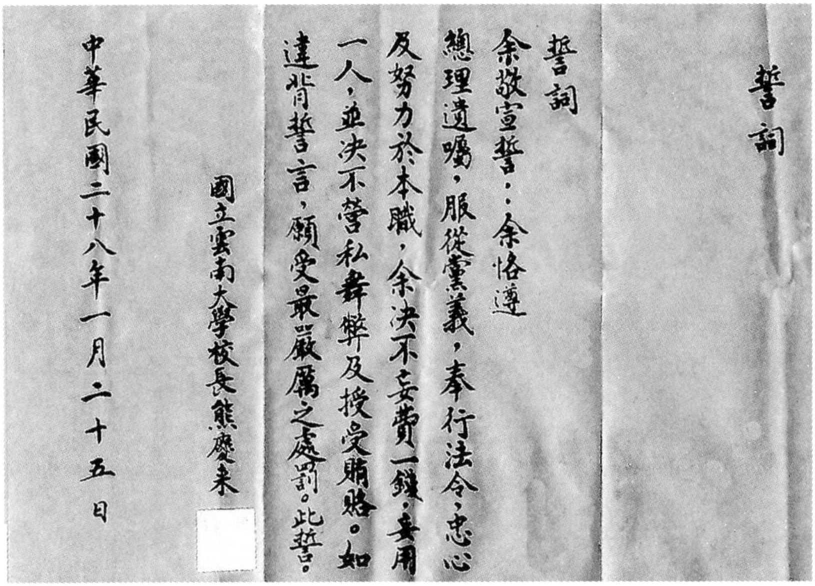

誓詞

誓詞

余敬宣誓：余恪遵

總理遺囑，服從黨義，奉行法令，忠心及努力於本職，余決不妄費一錢，妄用一人，並決不營私舞弊及授受賄賂。如違背誓言，願受最嚴厲之處罰。此誓。

國立雲南大學校長熊慶来

中華民國二十八年一月二十五日

熊庆来就职誓词

7 月 16 日《云南日报》对熊庆来做了专访报道。熊庆来在回答记者时说道：“此次承龙志公（龙云）主席及龚厅长（龚自知）函电相召，促反省服务。自愧绵薄，恐无以慰厚望。惟以桑梓亲切，各方友好，亦以省大（省立云南大学）为西南学府，允宜返滇服务，义不容辞，故乃专返。惟辞乡多日，情形隔膜，尚冀各方指导。”记者次叩熊氏，侧闻省府将以省大校长责任借重先生，未悉对于今后省大改进，计划如何？熊氏谦逊，谓“本人年来致力学术研究，行政非所长，长校恐无以慰厚望，惟愿以全力辅助进行，以促其发展。次乃谈及省大改进事宜，谓年来志公主席及龚厅长，致力于省大之改进，各方极为重视。今又提议改为国立，已经中政会通过，实现有期。个人意见，宜就现状加以整理，树立根基，以期促进各方面注意，俾改为国立，能早日实现，以国家力量，促其发展，不惟本省地方建设之幸，抑足以巩固国防之精神基础”。熊庆来还谈道：“我国高等教育，向设于北方及京沪一带，殊失教育均衡发展之意。今志公主席，提议省立改国立，国内舆论一致赞同。除省大已决定短期内改为国立外，黔省亦有设立国立大学之议，开各地高等教育均衡发展之风，殊为庆幸。国内各大学科目纷繁，人才不敷分配，于是品流复杂，粗制滥造，殊非国家设学育才之意。个人意见，各大学及专门学校，宜就其学校历史和环境需要，将学科集中，设置讲座提高地位，聘请专家讲授，负责领导，以期造就专门人才。云南省大所负使命，为培养中学师资，造就地方实际建设人才，并就本省天然物产，加以研究，如采矿冶金、植物学等，以期蔚为西南学术重心。现教育部及中英庚款均有补助，加以省政当局，热心倡导，前途发展可期。本人过京（南京）时，曾与中英庚款董事会杭立武、李书华诸先生谈及，拟由中英庚款董事会，聘请专家教授，在省大设置若干讲座，二十六年度内可望实现。又本省教学工具殊感缺乏，今后于图书之搜集，亦不可忽视。”

7月22日，《云南日报》报道熊庆来校长谈大学教育方针。他说：“大学教育目的在培植各种专门人才。省大经费，过去极为有限，较诸国立大学仅三分之一强，而延聘教授人才，颇感不易。今后方针，一言以蔽之，勿论教者与学者，均一本重质不重量之本旨。各系学科，似觉繁多，此不但学者难收精进之效，而且所需教授，亦因而增加。此种无以消耗，殊为不值。今后每系之下，拟仅设一二科足矣。教授之下，似仿德国办法，添设青年教员及助教以补助之。总之，今后将使省大毕业学生，其造就不在一般国立大学之下，而为社会有用之人才。”

8月，熊庆来到校视事后，励精图治，对学校改进提出五项基本原则：1. 慎选师资，提高学校地位；2. 严格考试，提高学生素质；3. 整饬校纪；4. 充实设备；5. 培养研究风气。并全力加以实现。对院系组织做了适当调整与扩充：1. 正式成立医学院；2. 将理工学院分设为工学院与理学院。理学院即以原设之数理系分为算学系与理化系外，又以滇省生物繁滋，植物之研究较易而影响于学术之进步甚大，特增设植物系，以增加学术地位，奠定发展农林的基础。工学院因限于设备，仍设土木工程系与采矿冶金系；3. 文法学院中原设教育、法律、政治经济、中国文学等四系，现将中国文学系扩大为文学系，俾于西洋文学亦酌设学程。经过调整与扩充，云大分四院九系。对人员也初步做了调整，由何鲁任教务长，熊庆来暂兼理学院院长，工学院院长聘请杨季岩担任。对现任教授及助教，除保留优良者外已向省外聘任。学生添招4班，共160人。新生不分系别，到二年级始由学生依其志趣所在，选定学系。原云大各系学生人数较少，有待补充，兼以抗战爆发，北方和沿海各省学生纷纷要求转学云大，应予允准，故本学期就以设各系所能容纳之学生人数添招学生145名，以宏造就。云大附属中学原设2级，学年不相衔接，亦添招一班。

9月16日云南大学举行隆重的开学典礼，熊庆来校长主持开学典礼，并在讲话中强调："云南虽处边陲，但就物产、气候、国防各方面说来，都很重要。我们不能妄自菲薄。云大自唐公创立，迄今已十余载，经政府之重视及许多热心桑梓教育的学人惨淡经营，已立有良好的基础。现在主座（龙云）锐意求治，于云大的发展，期望至殷。社会人士亦直接、间接加以赞助，我们不能不努力。尤其在这困难严重的时候，北方京沪有名的学府，已被摧残及威胁，我们尤不得不就下述三方面力求迈进：一、教授方面，请有学问湛深，经验宏富者数人以为领导，俾学生得善诱之誉；二、设备力求充实，又滇中及邻省英俊之少壮学者，尽力罗致襄教，使一方面服务，一方面研究，以成良好学人，为他日学术之栋梁；三、教授之著作及研究结果，设法发表，以增加学校精神。此外，更与其他学术机关联络，以发展特别研究事业。而求趋向上述三个目标，欲达到理想之地步，自不能一跃而企。但仰赖主席（龙云）之领导，政府诸公之扶助，三迤父老之策励，同事的努力合作，循着这轨道推进，可蒸蒸日上。最后，自己应当说明的，此次所约的同事，省内省外都是精神之结合，都是来为西南文化努力，特别是有几位是同情兄弟所说的主张，牺牲其他的机会而来帮忙的。兄弟所以敢担负这个重大的责任，是仗着他们的助力。于此，应当特别提出致谢。”

熊庆来一向务实求真，一生很少谈及办学理念与治校方略。这几次讲话，集中体现了他的办学思想，给关心云大的民众和当局带来了极大鼓舞。在长校云大的十二年中，他一直勤勉地实践“施政”纲领，并有所发展。

用科学精神办大学

科学精神的实质就是实事求是。熊庆来是数学家，长期钻研数学，养成了处理事务的严谨态度，凡事坚持实事求是。他把这种精神贯穿于治校办学之中。创办医学院就是其中一个典型的例子。

1936 年，时任云大校长何瑶为把医学专修科升为医学院写信给教育部和专门扶持学校建设的中法庚款委员会。在致中法庚款委员会的《云南省立云南大学请款书》中写道：“是以云南各种建设事业之推进，应以医学人才为先导。此本大学医学院有积极扩充之必要也。现有基础，虽觉薄弱，亦不能不分别缓急，渐次充实，以应亟需也。且本省现设立之医院及卫生实验处，对于医药之研究常与本大学联络进行。而本大学现设之医药专修科，明年已届四年修业期满，此后添办本科，对于医药设备，更待充实。但需款较巨，一次难以请求补助足数，特分期计划，以谋逐渐充实。兹拟具本大学医学院第一期充实计划，计十七目，请求贵会核准于二十五年度补助国币八万元，内计医学用品采购费五万七千四百余元，运费关税约二万二千余元。”

为办成这件事，何瑶写信给在清华任教的熊庆来，希望他从中斡旋。信中写道：“至本校医科自开班至今已将近四载，设置确属简陋，然已稍具雏形，况本省地处边陲，向称烟瘴之区，各地蕴藏固多，若无医学人才辅助，则开发颇觉不易，加之本省医药卫生人员就昆明一市而论，尚感不足，至于内地县份有医生之处更属寥寥。人民一旦染有疾病往往求治巫师，人民生命实无保障，又属提倡迷信。上年中央派员来滇考察后转令卫生署会同本省政府着手筹设医院，而此项医学人才之培养，本校实负重大责任。同年本省教育厅龚厅长晋京教部王部长，又请指示改进医科，其设备及建筑费用嘱向中法庚款请求补助，故所拟扩置计划中理工设备之扩充实业已请中英、中美两庚款按年庚续补助，而医学设备实专赖中法庚款扩置之。现正拟定请款专转再奉吾兄，教祈婉言将此中情形向润章先生说明，如有未妥之处，即祈早日指示，以便遵办。”

此信航空寄北平清华大学交熊迪之先生。熊庆来收到信后，也为此事找到中法庚款委员会的干事长李书华（即李润章），为云大争取庚款，后来中法庚款也给了云大一笔补助经费。但是熊庆来不赞成云大办医学院，而希望云大用这些经费来加强理工科。在给何瑶的回信中写道：“吾滇筹款较难，亟宜注意，及之国难严重，尤不容不力求实效，弟意因地制宜，吾滇应特别发展理工，于地质采冶尤宜注意，致文法学院则就切要者办二三系，即可医科极不易办，若非政府由中央拨给相当之经常费，不必轻于兴办，易积极将理工科就小范围内尽力改进，使之臻于完善，而成为国内第一等之学府，若是则不独培育桑梓人才，外省学子亦必自远而至，影响于国家学术建设乃大。弟与李润章君谈及云大有意办医科，渠亦甚不谓然，故请求补助计划言为医学院建筑设备，不如言为理工设备较有希望。”

熊庆来为什么反对建立医学院？这是因为熊庆来在云南的时候认为云南的工科是经济发展的支柱，云南首先要开发矿业。而建立医学院开支太大，条件不成熟，把有限的经费用于工科发展，则更裨益于云南实际需要。在他离开云南十多年间，云南大学在为发展云南地区的医药卫生事业联合军医学校创办医学专修科，已经为成立医学院打下了良好的基础，为云南的医学教育发展做了很多的基础工作，已经购置了相当一批教学设备，延揽了一批既有学问又热爱云南的医学专家和教授。这些情况，熊庆来到云大之前是不知道的。1937 年 7 月，他回到云南后，对云大的医学专修科进行了实地调查，发现前任校长何瑶确实为医学专修科作了相当多的努力。具备成为医学院的必要条件，云南又是一个多病少医缺药的地方，成立医学院的确是非常必要的。他弄清这些事实之后，感到自己过去不支持办医学院是凭过去的印象作出的错误判断。熊庆来作为一名科学家，在对待云大发展的问题上，持有科学的态度和实事求是精神。当他了解到云大具备办医学院的条件后，不再固执己见，立马改变自己的态度，把办医学院作为他长校后的一件大事来抓，积极向教育部申报创办医学院计划，四处筹措经费，解决办学瓶颈问题。由于熊庆来的重视和努力，医学院在他长校不足一年，即于 1938 年成立，1939 年正式招生。熊庆来这种坚持实事求是的态度是他办好云大的一个重要法宝。

高薪礼聘刘文典

民国初年，刘文典已是学术界的知名人士。1923 年商务印书馆出版了他的第一部专著《淮南鸿烈集解》，受到学术界的重视，刘文典的学术声誉也随之大增。1927 年他在主持筹建安徽大学、行校长职责期间，为保护参加学潮的学生顶撞蒋介石，当面痛骂蒋介石是“新军阀”，被关押。1937 年北平沦陷，刘文典未能及时南下，日本侵略者曾通过别人多次请他出任伪职，均被刘文典断然拒绝。他告诫自己“国家民族是大节，马虎不得，读书人要爱惜自己的羽毛”。他既是一位才高学广的“博雅之士”，又是一个具有民族气节的“狷介”之人。但他因吸食鸦片成瘾，遭到西南联大同仁鄙视、指责。

1943年春，刘文典因休假去外地而未能按时返校，被西南联大解聘。国学大师陈寅恪将他推荐给云大，希望校长熊庆来能聘用刘文典。熊庆来对刘文典未能按时返校的原因，早有所闻。熊庆来是一位具有强烈的“服务桑梓”精神的大学校长。在来云南大学之前被公认为学界的“伯乐”，对发现人才、培养人才、爱惜人才独具慧眼，曾发现培养了数学界的天才人物华罗庚。他清楚在人才匮乏的年代，要做大做强一所大学，就要有海纳百川的胸怀，不拘一格地选用人才。在他看来，刘文典身上存在的缺陷与他的学问和民族气节相比，只能算是白璧微瑕。联大解聘刘文典，为云大争取一名难得的大师级人才到校任教创造了条件，不抓住这个机会，更待何时？他的这个想法得到了云大文法学院院长姜亮夫的支持。正因如此，当熊庆来接到陈寅恪的来信以后，就亲笔写了一封热情洋溢的邀请信寄给当时尚在外地的刘文典。

叔雅先生史席：

久违道范，仰止良殷。弟忝长云大以来，时思于此养成浓厚之学术空气，以求促进西南文化。乃努力经年，尚少效果，每以为憾。尝思欲于学术之讲求，开一新风气，必赖大师。有大师而未能久，则影响亦必不深。贤者怀抱绝学，倘能在此初立基础之学府，作一较长时间之讲授，则必于西南文化上成光灿之一页。用敢恳切借重，敦聘台端任本校文史系龙氏讲座教授。月支薪俸六百元，研究补助费三百六十元，又讲座津贴一千元，教部米贴及生活补助费照加。素识贤者以荷负国家文化教育为职志，务祈俯鉴诚意，惠然应允，幸甚幸甚。附上聘书一份，至希察存。何日命驾来昆，并请赐示，以便欢迓。专此布达，敬请道祺。

弟熊庆来

八月二十一日

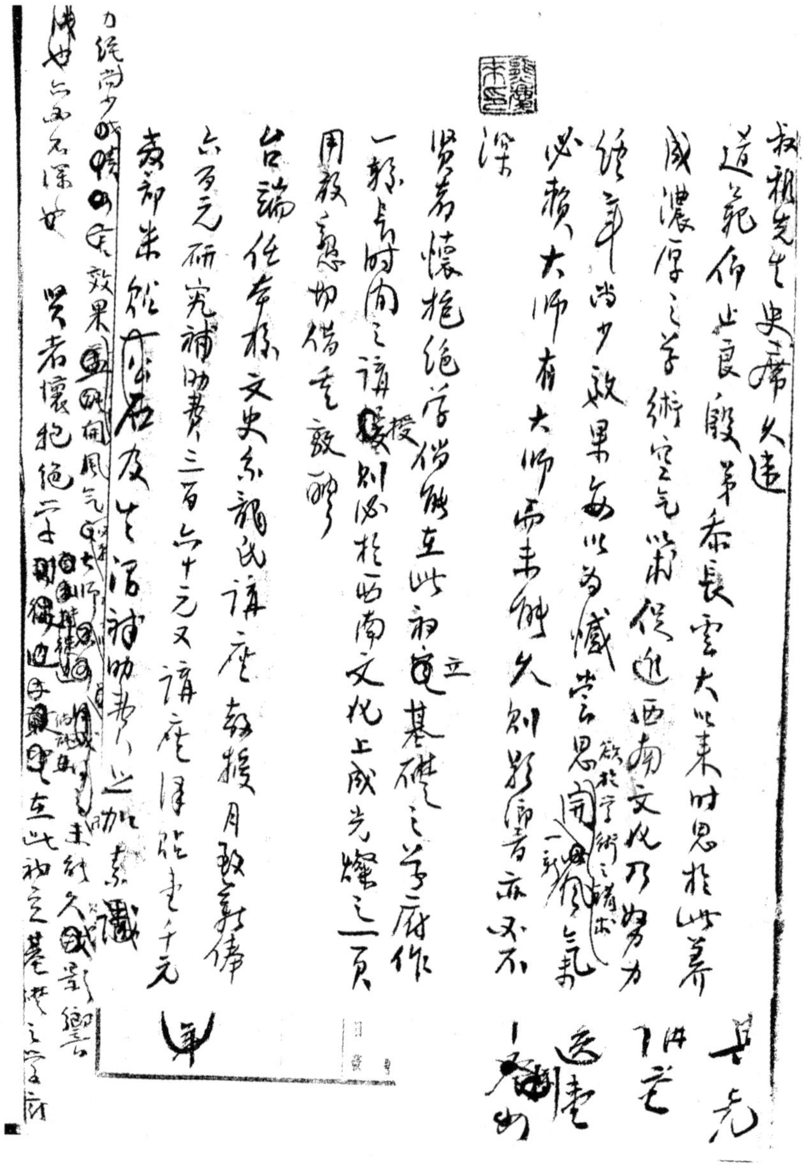
叔雅先生史席：久违
道範，仰止良殷。弟忝長雲大以來，時思於此養
成濃厚之學術空氣，俾促進西南文化，乃努力
經年，尚少效果，每以為憾。嘗思
必賴大師，有大師而未能久，則影響亦必不
深。
賢者懷抱絕學，倘能在此樹立基礎之學，庶作
一較長時間之講授，則必於西南文化上成光耀之一頁。
用敢竭誠備函致聘
台端任本校文史系顧氏講座教授，月致薪俸
六百元，研究補助費三百六十元，又講座津貼壹千元

熊庆来给刘文典的信

这封信不长，但是为了表达熊庆来的诚意，信文字斟句酌。他在信的一开头用“仰止良殷”来表达对刘文典的敬仰。诚恳地告诉刘文典为了造就云南大学的学术空气，“以期蔚为西南学术重心”，一直在不断地努力，但始终未达到期望的目标。他在信中提出一条重要的办学理念：“尝思欲于学术之讲求，开一新风气，必赖大师。”为此他曾经聘请过顾颉刚、赵忠尧、何鲁等一批已成名的大师到云大讲学，但大都只在了一年半载，因此，提出另一个用人的观点：“有大师而未能久，则影响亦必不深。”刘文典是一位“怀抱绝学”，具有宏伟独到的学问的大学者，正在建设中的云大，缺少的就是这样的大师。这样的大师能多在云大教学几年，“则必于西南文化上成光灿之一页”。熊庆来是要借助刘文典的学术成就和学术上的威望来发展云大，因此顾不上去考虑聘用刘文典后会遭到的压力、议论。“用敢恳切借重，敦聘台端任本校文史系龙氏讲座教授。”为了表达熊庆来期盼刘文典早日来云大的急切心情，在信的末尾写道“惠然应允，幸甚幸甚。”“何日命驾来昆，并请赐示，以便欢迓。”在信中，还特别提到给刘文典的优惠待遇，根据国立云南大学1942年上半年度公务员员额俸薪半年报表记载，当时大多数云大教授的俸薪是在300—500元之间，熊庆来的俸薪也只是600元（见《云南大学后勤志》第74页）。在信中，熊庆来给刘文典开出的薪俸是和校长一样的，这还不加其他各项津贴。

刘文典接到信后，尽管内心仍有淡淡的失落忧伤，但熊庆来对他的推崇赏识却足以暂时抹平不愉快的往事。他于1943年11月19日到校并于第二周开始上课。

熊庆来聘用刘文典为云大教授，激怒了一些人。闻一多就不止一次地发牢骚，“谓幸得将恶劣之某教授排挤出校，而专收烂货，藏垢纳污之云大则反视为奇珍而聘请之”（见《吴宓日记》第9册第291页）。熊庆来顶住来自各方的压力，不仅坚持大胆使用刘文典，而且在生活上给了很好的照顾，还专门为他在校园内盖了三间房子，成立了文史研究室，由他出任主任导师。刘文典到云大以后，很快发挥了他作为大师的作用，新开了许多课程，仅在1947年至1948年间，就开了王维诗、李义山诗、温李诗、慈恩法师传、庾子山集、汉魏六朝文选、庄子等众多课程。来听课的学生络绎不绝，其中不乏理工科、校外的学生，甚至有的教师也常来听他的课。他讲课的时候，教室里常常人满为患。听过他的课的学生至今常写文回忆当时的情景，中文系1946级学生张一鸣在《听刘文典讲庄子》一文中写道："刘文典上课有些外系乃至外校学生慕名前来旁听，课椅坐满了，就在墙边地角和过道两旁站着听。"他到云大后直到去世再也没有离开过，其间政局发生很大变化，在新中国成立前夕，他的好友胡适为帮助国民党"抢救"一批学者、名人，筹划送刘文典及其家人去美国，并主动为他联系了在美国的具体去所，办好了入境签证，但刘文典不为所动，安心云大的教学（见章玉政著《狂人刘文典》第133页）。他在云大整整执教了15年，使熊庆来在邀请信中提出的希望变成了现实。他为云南培养了不少的知名学者，例如知名学者、云南大学教授张文勋先生就是他一手培养出来的。张文勋先生在中国古代文论和古代美学领域成绩斐然，其研究对象几乎涵盖先秦至明清两千余年的诗话词话文论。学术界评价他的研究是"标志着中国古典美学的总体特征走上了一个新的台阶。"张文勋教授就曾多次撰文缅怀刘文典。刘文典在执教的同时继续从事学术研究，1946年，他著的《说苑斠补》作为云南大学丛书之一石印。1947年由商务印书馆出版了他的代表作《庄子补正》。在繁重的教学科研任务外，他还时刻关注着祖国的命运和民族的未来，利用他渊博的知识去宣传抗日，让更多的人了解日本，甚至利用自身的学识和智慧为二战盟军献计献策。刘文典的晚年在云南的名声，可谓"无人不知，无人不晓"，夸张一点说，可能有些人并不一定知道云南省政府的领导人是谁，但要说起"云大的刘文典"几乎没有人不津津乐道的，像是说起他家隔壁的"刘三爷"似的。

熊庆来聘用刘文典不仅提升了云大的学术地位，同时也避免了一位

"国宝级教授"的埋没。熊庆来独具慧眼聘用刘文典谱写了一曲近代"伯乐识千里马"的乐章。

法比瑞学派的形成

熊庆来怀着"敬恭桑梓，甘入幽谷"的信念长校云大。把"聘请专家教授，负责领导"，作为办学第一要素。为此他抛开门户之见，礼贤下士，四处招揽有识之士。1937 年从北平回滇的途中，就聘请留法归国的重庆大学校长何鲁、留德归国的清华大学教授赵忠尧、留美学者林同济等一批知名专家和留洋归国学者，短时间内刷新了云大原有的教师阵容。入主后，他随时打听各地人才情况，重用有能力的学者，使云大始终保持雄厚的师资力量，跻身国内知名大学行列。

云大所聘的留学归国学者中，留学法国、比利时、瑞士的学者最多，且在校时间最长，有的甚至在云大从教一生。1947 年，国立云南大学主要教职员有 153 人，留学"法比瑞"的学者就有 49 人。尤为突出的是云大医学院，该院绝大部分教师均为从法国留学归来的学者，因而形成了借鉴法国医学教育管理的教学模式。像法国医学院那样"实验与理论并重，注重临床实习"。医学院实行 6 年制教育，其中法文基础课就安排了 4 年，其所占学分多达 38 分，超过任何一门专业课。诚如当时所言："本院师资大半为留法医科出身，因而形成法语教学之特殊系统，实为国内法（国）医（学）推进之嚆矢。其教学方法，多采纳法国医学教育制，实验与理论并重。"其他院系留"法比瑞"教师亦占一定比例。学校三大处和院系负责人，大多为留"法比瑞"学者，如教务长何衍璿、文法学院院长梅远谋、法律系主任于振鹏、理学院院长张其濬、机械系主任马光辰等均为留学法国、瑞士或比利时的学者。

熊庆来能延揽众多"法比瑞"学者到云大任教，与他在这些国家的影响有关。他 1913 年到比利时、法国求学。1921 年回国后，先后创办了东南大学、西北大学、清华大学算学系并任系主任，是我国现代高等数学研究与教育的奠基人之一。1932 年，熊庆来代表中国数学界赴瑞士苏黎世出席国际数学家大会。会后重返巴黎，利用清华大学的学术休假期，从事数学研究，专攻函数论研究。1934 年 6 月获得法国国家理科博士学位。其博士论文《关于整函数及无穷极的亚纯函数》，被誉为“熊氏定理”。他在法国从事数学研究的两年中，不仅奠定了他在国际数学界的学术地位，他的为人和人格魅力亦吸引了不少中国“法比瑞”学者。原云大数学系主任卫念祖教授 1948 年从法国留学归国后，中山大学、四川大学等纷纷聘他到校任教。尽管四川是他的家乡，广东经济条件比云南好，但他认为熊校长对人好比什么都重要，最终选择了云大。有这样想法的人何止卫念祖一人！许多留学归国的学者，就抱与卫念祖同样想法来到云大。虽然熊庆来竭力延揽留学“法比瑞”的学者到云大任教，但并非所有愿意到云大的“法比瑞”学者都能受到聘用，即便被聘用，也未必长期留任。一位留法多年的学者在法国学得也不错，被聘为教物理的副教授后，教书很不受学生欢迎，仅在云大任教一年，就被解聘。

为了更好联络在昆的“法比瑞”学者，20 世纪 40 年代在昆明成立了中法友谊会。法国政府及在昆的法国人士给予该会极大的支持。熊庆来在发起信函中说道：“中法友谊会之组织目的，重在两国文化之沟通与学术之交换，于本校关系甚大，故法方对本校同人特别表示尊重，以组织重心置于本校，我同人对法国学术文化认识洓切，发扬国粹亦具热诚，于此组织自乐于促成。”

留学“法比瑞”学者在云大居多，对从其他国家留学归来或未出过国的教师造成一种竞争和压力，这对推进云大学术研究、提高教学质量，起到良好的作用。

与社会学系二三事

成立于1938年的国立云南大学社会学系及该系设立的“魁阁”研究室在我国社会学、人类学研究领域内享有盛名。该系社会学和人类学研究者，在艰苦的战争年代创造出丰硕的研究成果。这些成果后来成为社区研究的典范，得到国内外学界的广泛认同。它的成就标志着中国社会学和人类学的一个可以被称为“时代”的出现。国立云大社会学系能在短短十余年间取得如此辉煌成就，与熊校长的高瞻远瞩和竭力经营密不可分。

1982年费孝通（前排左4）在昆明与社会学系师生合影

借重名师　创办社会学系

1937 年 8 月，熊庆来出任云南大学校长后，从实际出发，认为：“云南一省僻在西南一隅，与安南、缅甸接壤，长至三千余里，其西北方面复与康藏高原相连，故滇省之地位在国防上特别重要。”“近百年来中国门户洞开，藩属尽失，而滇边之缅甸、安南早已不复为中国之属土，曾几何时。而大英帝国与法兰西已直接与中国之云南接壤矣，唇亡齿寒，而滇边之问题日益繁多，举其大者如滇边之国防、滇边之界务、滇边英法之侵略以及滇边土人之同化，凡此种种不胜枚举，然均为我国上下所宜注意者，也不特中国政府当局应加筹划，即一般民众与乎学术机关应加研究，以便找出滇边问题之所在，明白滇边问题之困难，了解滇边情况之内容，发为著作，以供国人之研究及政府边政经营上之参考。”要推进云南边疆行政管理，促进边疆经济建设，发展边疆文化教育，“非有曾受过社会学切实训练之专门人才不为功”。在这种思想的驱使下，熊庆来计划在云大成立社会学系，以促进边疆发展。

1938 年 3 月熊庆来在武汉开会期间，与教育部次长顾毓琇闲聊中获知“吴文藻亦可南来工作”的消息，就打算邀请吴文藻到云南大学任教，以实现创建社会学系的计划。抗战前，吴文藻任过清华大学社会学系讲师、燕京大学社会学系主任，与清华大学的潘光旦及陈达、大夏大学的吴泽霖等，被公认为中国最有名的社会人类学者。熊庆来回校后旋即致函吴文藻，诚邀他来昆创办社会学系。吴文藻回函允诺。时值中英庚款董事会正延聘一批京津大学的著名教授到抗战后方的几所大学设立讲座。熊庆来借机向中英庚款董事会要求聘吴文藻到云大担任讲座教授。1938 年 6 月 25 日，熊庆来分别致电教育部次长顾毓琇和中英庚款董事会总干事杭立武，请求促成此事，在给杭立武的电文中写道：“吴文藻可来敝校，盼贵会补助讲座，请提案并促成。”他在给顾毓琇的电文中写道：“吴文藻肯来甚幸，已电杭总干事，请求补助。”可见，熊庆来当时急盼吴文藻到云南大学任教的心情。杭立武在回电中说道：“关于贵校拟聘吴文藻兄任教，嘱由敝会补助事，谨当负责提会，请即正式致函敝会。”熊庆来收到杭立武的电文后，立即以云南大学的名义致函中英庚款董事会，请求设置社会学讲座一席。

迳启者：本校文法学院缺乏社会学教授，查有吴文藻先生历任燕京大学、清华大学社会学教授、讲师，积有研究。特请贵会鼎力补助本校设置社会学讲座一席，相应开送吴文藻先生履历一份，函请查照，提会审议，并希见复为荷！此致

管理中英庚款董事会

省立云南大学

民国廿七年七月廿四日

经熊庆来多方斡旋，中英庚款董事会董事长朱家骅亲自复函告知云南大学，“嘱补助社会学讲座一席，并以吴文藻先生任教授等由；准此，查本会补助边省大学，聘请教授经费余额有限，原难再增讲席，惟为协助贵校起见，自当勉予同意，以一年为限。”

吴文藻获此消息后，很快就动身出发。求贤若渴的熊庆来得知吴文藻一行到达越南海防，准备乘火车抵昆，为了保障吴文藻一行安全抵达昆明，特意以云南大学的名义给云南河口督办署寄发公函，希望给予关照。

迳启者：兹有本校新聘中英庚款补助教授吴文藻偕同眷属及学生数人，于八月由河内来滇，俟该员等人入境时，即希便利放行，实纫公谊。此致

云南河口督办署

云南大学

七月廿八日

吴文藻到校后，一边在文法学院授课，一边与熊庆来共谋社会学系的创办工作。1939 年 7 月云大社会学系正式挂牌成立，吴文藻担任系主任。同年他又与燕京大学合办了实地调查工作站，即魁阁研究室。吴文藻的到来，不仅实现了熊庆来的成立社会学系计划，同时为社会学系的研究工作奠定了坚实基础。

为友讨枪，协助实地调查

实地调查是社会学人类学研究中常用的方法。1936 年费孝通在江苏吴江开弦弓村进行实地调查，亲眼看到了农民的劳动与现代缫丝机器的结合，使开弦弓村成为中国国内蚕丝业的重要中心之一，认为“这个村子作为在中国工业变迁过程中有代表性的例子。主要变化是工厂代替了家庭手工业系统，并从而产生的社会问题”。他在英国留学期间，根据调查材料，写成《江村经济》，作为博士论文，获得了很高的评价。马林诺夫斯基为该论文的出版所作的序中写道：“我敢于预言费孝通博士的《中国农民的生活》（即《江村经济》）一书将被认为人类学实地调查和理论工作发展中的一个里程碑。”费孝通并不满足于此，他清晰地认识到中国农村社会问题很多，土地问题是最重要的问题，而“土地问题决不能视作一个独立问题”，其中有土地权、土地制度等问题尚未得到合理解决。他认为找一个与现代工商业发达的都市距离较远、较封闭的农村做实地调查，就有希望找到问题的答案。

1938 年 10 月底费孝通从英国抵达昆明后，通过他人介绍，认为位于昆明西约一百公里的禄丰县大白厂村是一个纯以农业为基础的经济型式的村子，到此处开展调查可以找到上述问题的答案。费孝通在以后的笔记和论著中把大白厂村称为“禄村”。熊庆来对费孝通要去禄丰实地调查极为重视。他认为费孝通解决的问题不仅是学术问题，更是国家建设亟待解决的问题，社会学系要“以适应国家与地方需要，则应当毅然决然地肯定大学服务社会的理想，使全校师生咸以从事促进地方建设事业为对象”。为使费孝通去禄丰调查一路顺利，熊庆来特于11月11日致函教育厅，“本校副教授费孝通先生及李有义先生（协助费孝通做调查，时为燕京大学社会学系研究生）日内将赴禄丰县调查社会经济，以作研究之资，约需住三四月之久。速函请教厅查核，令禄丰县政府于该员到县时，特予保护并协助一切，俾利进行。”教育厅允准熊庆来的呈函，于11月28日给禄丰县政府发了公函，令该县保护和协助费孝通等人的实地调查。

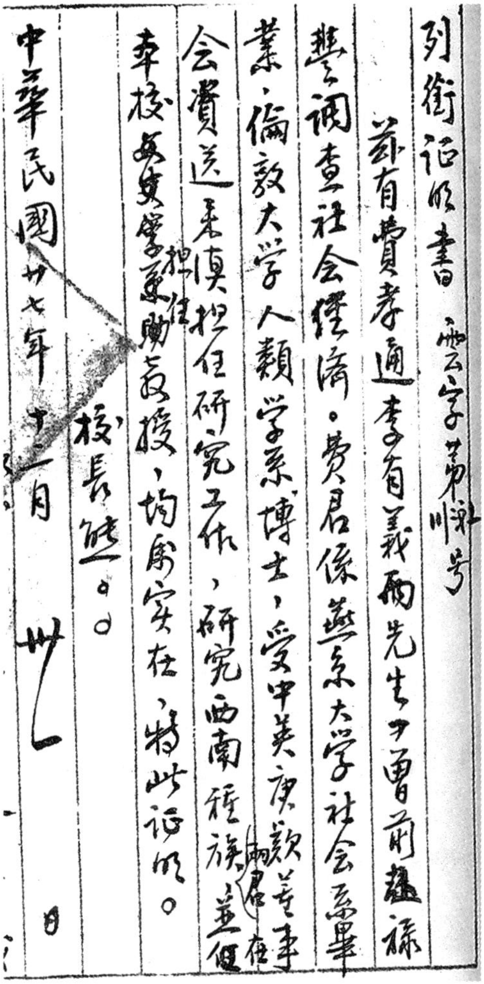
列銜證明書
茲有費孝通李有義兩先生赴祿
豐調查社會經濟。費君係燕京大學社會系畢
業，倫敦大學人類學系博士，受中英庚款董事
會資送來滇擔任研究工作，研究西南種族，兩君在並任
本校社會學系副教授，均屬實在，特此證明。
校長熊○○
中華民國廿七年十一月 廿九 日

熊庆来为费孝通、李有义开具的调查证明书

费孝通从11月15日至12月23日在禄村进行了为期38天的调查，此间熊庆来获悉费孝通去禄村调查，只获得了洛克菲勒基金会少量资金补助，而往返的车费就占了很大的一笔开支。为了帮助费孝通节省开支，12 月 8 日熊庆来分别致函西南运输处、滇缅铁路工程局、全省公路总局、光学器材厂等四家单位，请求减免费孝通、李有义的车费，在信函中说道："敝校副教授费孝通先生、研究员李有义先生由昆往返禄丰调查，纯为学术研究，跋涉风尘，极为劳苦，旅行费用牺牲尤多。贵处（局）对于文化工作者向极优待，请准予免费或半费乘车，以视保护提携之至意。"

1938 年 12 月 23 日费孝通、李有义搭车返回昆明，在西站下车时遭到车站工作人员的盘查，将费孝通随身携带的一支手枪扣留。费孝通返校后求助熊庆来讨回枪支。熊庆来知道他们做实地调查的地方往往比较偏僻，时有土匪打劫，猛兽出没，须携带枪支防身，行为正当。12 月 28 日熊庆来致函云南汽车西站检查处。

> 敬启者：兹以敝校教授费孝通、李有义两先生前赴禄丰调查社会经济，深入民间，诚恐道路不靖，发生意外，曾携带小枪一支，藉以自卫。现已调查完竣，搭车返省，经贵处检查，将所携带小枪扣留。查两君所带小枪纯系自卫起见，敝校尽可证明，特请仍将枪支交还。实为感荷！
>
> 此致
>
> 云南汽车西站检查处
>
> 熊庆来　启
>
> 十二月二十八日

至于这支手枪是否讨回，未见相关档案资料，两位当事人也已驾鹤仙去，结果如何不得而知。但从这个事情看出，当时做实地调查相当艰苦，甚至为此要付出生命的代价。1935 年费孝通与新婚妻子王同惠去广西瑶山实地调查，因误入歧途，费孝通受重伤，王同惠罹难。即便如此，费孝通等人为了学术研究和国家建设，并未退却。

去禄丰发生这样不愉快的事，并未动摇他继续到大白厂村做调查的决心。为了补充上次去禄村作社会经济调查之不足，1939 年 8 月 3 日他与张之毅第二次到禄村做实地调查，10 月 15 日返回昆明。1940 年 1 月费孝通完成关于禄村经济调查报告，以《禄村农田》之名出版，该书获得民国政府教育部的奖赏。此后，这份调查报告与后来和张之毅合作完的两个农村社会调查报告，合编成颇负盛名的英文版《乡土中国》，在世界流传，成为当时外国人了解中国社会的一面镜子。

友人鼎助，荐聘大师到校

1945 年抗战胜利后，内迁到云南的大学、研究机关纷纷迁回原地，大批在云南各校任教的外省籍教职员随之离开或离职，造成云南各类学校师资奇缺。云大社会学系也受影响，许多课程无人讲授，教学陷于停顿。为恢复云大社会学教学工作，熊庆来四处托人荐举有名教授来校任教。孙本文是著名的社会学家，中国社会学奠基人之一，亦是熊庆来的挚友。熊庆来托他介绍教授到云大任教。1947 年孙本文推荐从美国芝加哥大学社会学系毕业的刘绪贻到云大任教，但未办成。1948 年他又推荐在北洋大学任教的杨堃教授到云大。杨堃，字象乾，早年留学法国，法国里昂大学理科硕士、文科博士，此前曾任河北省立大学、国立北平大学、北平师范大学、私立燕京大学等校教授。他在信函中说："杨先生（即杨堃）在北方各大学执教近二十年，如能来贵校任课，必可加强社会学系。"对于这样的学者到校，熊庆来求之不得。他立即致电杨堃：

象乾先生道鉴：

久仰光仪，把握莫由，望风企想，曷既钦驰。敬维撰祉，绥和为颂。顷接孙本文兄来函，藉悉执事愿南来讲学，极表欢迎，谨敦聘担任敝校社会系教授，月俸致送陆百元（生补及研究费照章致送），并提前三个月起支送，作为旅费，尚祈俯允赞助。滇省僻居边隅，颇称安定。抗战以来，文化有长足进步，昆明实西南之一重要学术中心地。即希电复为荷！专此，敬颂

教祺

弟熊庆来　拜启

卅七年三月十六日

熊庆来给孙本文的回函中写道："奉读三月四日手书，敬悉一一。象乾先生学识深邃，夙所钦仰。今承介绍，极表欢迎。兹决聘请担任社会系教授。"

杨堃到校后，积极投身到教学工作中。他担任社会学系主任后，利用自己在民族学界的影响和关系，延揽一批人才，充实了社会学系的师资队伍。江应樑就是其中一位。时任珠海大学教授兼文史系主任的江应樑，因广州局势动荡，物价涨到令人难以置信的地步，一月的工资远远不够维持一家人的生活，使他无法从事正常的教学和学术研究。杨堃获知此事后推荐江应樑到校任教。1948 年江应樑再次回到昆明，熊庆来诚聘他为云南大学社会学系教授。为了搞好学术研究和教学实习，杨堃恢复了社会学研究室，并在昆明近郊的玉案乡、北新乡、西碧镇、又合乡及灵源乡 5 个地方设立了工作站。杨堃的到来使社会学系走出了困境，并获得新的发展。

说不完的李广田

李广田

20世纪五六十年代在云大的师生，提起著名文学家、老校长李广田，总带着崇敬的心情说出二三则李广田的故事。

李广田（1906—1968），1935年毕业于北京大学，1948年加入中国共产党。李广田一生著述甚丰，相继出版过散文集、短篇小说集、评论集，1948年他的一部长篇小说出版后，引起国内外文艺界和读者的重视，日本作家冈奇峻夫将它译成日文并再版11次。1962年发表的《花潮》让他名噪一时。1949年李广田任清华大学中文系主任，1950年11月担任清华大学副教务长，1952年调任云南大学副校长，主持学校日常工作。1956年升任校长。1959年，被错划为“右倾机会主义分子”，降为副校长。1962年甄别平反，恢复了他的云大党委常委。1966年“文革”开始后，他成为云大首当其冲的斗争“靶子”。遭受长达两年的非人折磨与侮辱迫害，1968年11月2日，李广田含冤辞世。1978年，党和人民为李广田平反昭雪、恢复名誉。

李广田教工农干部学文化

原昆明物理研究所党委书记、副所长柴希孝是一位转战南北，经历过无数次战斗的老同志。新中国成立初期，党和政府十分重视提高工农干部的文化素质，把培养工农干部作为“贯彻党在过渡时期总路线的一项重大政治任务和组织任务”，在全国开办了多所工农速成中学，云大工农速中就是其中之一。1954 年，柴希孝从云南军区选送到云大工农速中就读。他在部队吃了没有文化的亏，进入工农速中后，学习特别勤奋，进步很快。因工作需要，进校不到一年被抽调到学校肃反甄别办公室，负责审查定案。这项工作不仅要求办事人员熟悉党的政策，还要写大量定案材料。为做好工作，他不怕跑路到处找人谈话、翻阅材料、调查取证，就怕动笔写报告。办公室人少，各有各的事，又不能把写报告的事交给别人，这让他很为难。兼任学校肃反甄别组长的李广田校长知道后，对他说：“这有什么难的，不会我来教你，怎么样？”

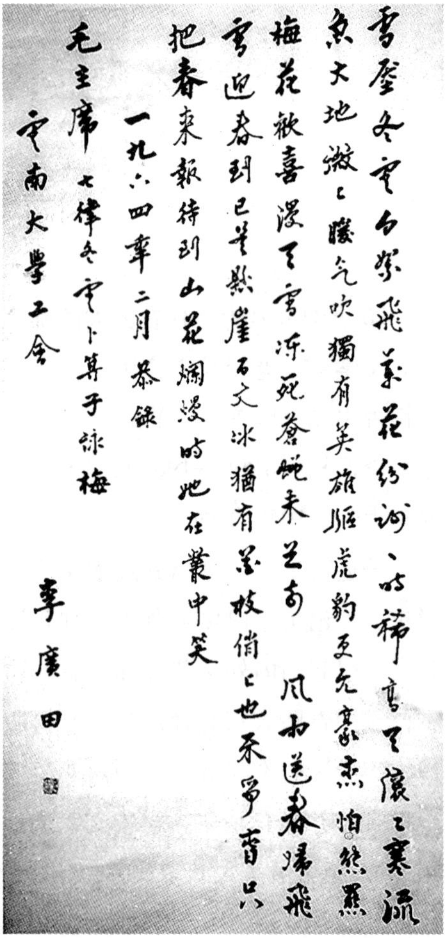

李广田为校工会书写的毛主席的诗

李校长教他写文章，柴希孝打心眼里高兴，但想到校长公务繁忙，怕影响他的工作，有些迟疑。李校长说："没关系，只要你肯学习，我每天挤出时间来教你学文化总是可以的。"李广田就从如何写好一篇立案报告入手，开始了第一堂课。讲完写作基本格式及要领后，又推荐一份别人写的定案报告供他参考。柴希孝按李校长讲的要求很快写了一份立案报告。李校长看后一一指出报告中的不足之处，这次又教他如何组织材料来反映报告的问题。从校长办公室出来后，柴希孝没立即动手修改文章，而根据李校长讲的要点查找能说明报告中问题的材料，有了足够的材料后他回家挑灯夜战，反复修改了几次，直到东方发亮才放下笔来。他怀着忐忑不安的心情把稿件交给李校长。李校长看过稿件面带笑容，对他的进步给予肯定，但针对这份报告对文章分段作了讲解。柴希孝按照李校长所讲内容，再次修改稿子，就这样反复修改了十多次。最后一次是李校长帮他改报告中的标点符号，还边改边讲如何使用标点符号。在李校长的指导下，柴希孝的写作能力提高很快。当肃反甄别工作结束时，他不仅圆满完成了任务，还学会了写工作报告，文化基础亦更加扎实。从此，他总爱动笔写文章，有的还刊载于新闻媒体上。他走上物理所领导岗位后，从不要秘书代写发言稿，别人夸他文章写得好时，他总说："我的写作功底得益于李校长，要不然怎么会有今天的成绩？"

李广田的办公桌

2005年7月，住在云大北院的朱念麟老师在搬家中为一张书桌的留弃犹豫不决。这是一张很陈旧的老式书桌，桌面比一般要大，桌面上的土漆已经开始脱落。从书桌的工艺和成色上看，至少有六七十年了。这样一张旧书桌，朱老师为什么舍不得扔掉？朱老师说这可不是一张普通的书桌，它是李广田校长当年用过的办公桌。李校长的办公桌怎么会在他家？朱老师讲出一段感人肺腑的故事。

1958年，从兰州大学物理系毕业的王明轩分配到云大任教。当时规定：新来的教师报到后，学校要为他们安排住房，配备一张床、一张书桌和一把椅子，吃住安排后校长找每位新教师谈话。由于王明轩是从外地赶来，比别人晚到几天，总务处为新教师准备的书桌已经发完，他未领到。李校长在找王明轩谈话，问“住宿怎么样”时，他说：“住的房子不错，只是没领到书桌”。李校长听后立即皱起眉头，找来负责安排新教师的总务处职工问原因。这位职工也是一脸无奈，他说今年新教师多，学校已经把能用的书桌都发完了，只有等找到能用的书桌再补发。作为一校之长的李广田，他清楚这几年学校经费紧张，今年未拨专款购置新的办公书桌，总务处未发给王明轩书桌也是情理之中的事。李广田弄清情况后，没有批评总务处职工，而是自己承担责任。他向王明轩解释学校的困难后，又说：“教师没有书桌不方便批改作业，先把我的办公桌抬去用。”满腹委屈的王明轩听李校长这样一说，怨气消失得一干二净，他连连摆手说：“我可以用床当桌改作业，校长办公室没有桌子怎么行。”坚持不要。李校长讲：“我的办公室没书桌，家里还有，可以把要写的东西带回家去完成，你就没有这个条件啰。学校暂时有困难我们一起来克服，过段时间学校会为我另配一张办公桌。”他边说边让总务处职工把办公桌抬到王明轩的宿舍去了。

王明轩非常珍惜李校长送的这张书桌。1978年，王明轩调到西安工作。在办离校手续时，按规定要退还包括这张桌子在内的所有借学校的物品，王明轩舍不得而又带不走，就问同在一个系的朱念麟要不要，朱老师弄清桌子的来龙去脉后，有一种“见到这张书桌如同见到李校长”的感觉，即刻从家里抬来一张书桌换下李广田的办公桌。以后的20多年里，朱老师多次搬家，这张书桌一直跟着搬动。这次搬迁因新房面积比过去小，找不到摆放这张桌子的合适位置，让他踌躇。学校文物办闻讯后，主动与他联系做工作，最后，朱老师决定把书桌赠给学校。

李广田听课

1961年1月14日—18日，中共八届九中全会召开，提出对国民经济实行“调整、巩固、充实、提高”的方针。1月24日—2月4日，教育部就贯彻这一方针，在全国高校工作会议上强调通过调整，建立和完善教学秩序，提高教学质量。随后全国各地学校掀起教学革命高潮。校党委书记兼校长高治国不仅在《光明日报》发表《学校工作必须以教学为中心》的文章，还在全省统战工作会议上，作了《以教学为中心，调动党外老教师的积极性》的发言。为进一步调动广大教师的教学热情，针对1958年以来学校连续不断的政治运动，使教师产生不敢讲真话、不敢抓教学的消极情绪，指出其对社会主义教育事业的危害性，提出改进意见。1961年9月15日，中共中央批转《试行教育部直属高等学校暂行工作条例（草案）》（简称《高校60条》）。《高校60条》强调学校工作必须以教学为主，团结一切可以团结的知识分子，实行党委领导下的以校长为首的校务委员会负责制。为贯彻《高校60条》，校党委提出要以教学为主，努力提高教学质量，思想政治工作要围绕学习和试行《高校60条》，总结工作上的得失。对近年来在政治运动中受批判、处分的师生职工进行甄别。搞错的，党委承认错误，承担责任，赔礼道歉。刚从主管后勤工作的副校长转为主管学校教学工作的副校长，还戴着“右倾机会主义帽子”的李广田，按捺不住心中的喜悦，积极投身到教育革命中。

李广田认为中央制定这样好的政策，学校的任务是抓落实。作为分管教学的副校长，无论工作多忙，都坚持到教室听课。他认为检查教师的教学质量和讲授的能力，听汇报不如自己直接到课堂听课，所得到的信息更为真实、快捷。因此师生经常见到李广田到教室听课的情景。李岫主编的《李广田年谱》中，记载了李广田1962年3月—1964年7月间听课的次数就达到26次。这26堂课的讲授教师既有刚走上讲台的年轻教师，也有知名的老教授、系主任；他既听熟悉的汉语言文学专业课，也去听他不熟悉的理工科性质的专业课。有一位教师讲的课，他连续听过两次。李广田要听谁的课，事先不打招呼，忙完学校行政事务，就去教室听老师讲课。他把听教师讲课作为自己深入基层、抓好教学的重要环节。他认为大学教师都有其独特的授课方式和教学经验，听各个专业的教师讲课，更应以教学相长、互相学习的态度对待授课教师。对听课中发现的问题既不文过饰非，也不吹毛求疵，而是以交换意见的方式来谈看法。1962年3月2日，他听了政治系教师彭体全讲的“政治经济学”。课后在与彭老师的交换意见中，李广田坦诚地说这堂课大道理过多，联系实际不够，学生难理解，应把难点放在法权的理解上。3月30日，听化学系教师徐绍龄讲“自然科学基础”课后说，要注意学生记公式的困难，要有意识地联系哲学。听了中文系老师张俊芳讲的“文学是语言的艺术”后，指出应向学生指定参考书，对中文系学生要尽量引用中国文学的例子。

在听课中发现若是学校管理上的问题，就及时督促相关部门解决。1963年6月6日，他听政治系教师石世龙讲“中共党史——伟大的战略决策”课时，发现教室小，讲台窄，上课的学生多，课堂拥挤影响教学效果。课后他立即指示教务处为石老师换教室，并要求机关各处在今后的教室设施和教学安排上多为教师着想。

他不仅抓课题教学这个环节，还参加学生的课堂讨论和教研室活动，组织教学经验交流会；查看青年教师的进修计划，亲自出题并主持青年教师考试等。

李广田深入基层、狠抓落实的作风，得到党委大多数领导支持。刚从电力战线调到教育战线、任党委书记兼校长的高治国，虽缺乏教学管理经验，但他支持李广田一贯提倡学校工作应以教学为中心的思想，认为李广田经常深入课堂听教师讲课，是抓好教学质量，提高教师教学能力的有效途径。他不仅支持李广田这样的做法，自己也像李广田那样深入课堂听教师讲课，了解情况，学习管理教学经验。

李广田听课不仅调查教师的教学情况，而且现场指导青年教师如何授课。中文系教师李丛中 1980 年在《玉溪文化》发表的文章中写道："1961 年，当时我还年轻，便登上讲台，向学生讲授'亚非文学'。可以想见，一个初登讲台的年轻教师，面对几十双渴求知识的、闪亮的目光，该是多么惶惑和紧张呀！我简直不敢面对学生的目光，只把背熟的讲稿，像留声机那样放了出来。然而，总不能老是这样回避台下的目光，总觉得应大胆地往台下偷视一回吧。于是，我鼓足勇气，用余光环顾了教室。不看则已，一看更使我手足无措了。我看见，在年轻人中间，有一位头发斑白的老人，正规规矩矩地做笔记。他的老花眼镜，还不时朝我闪着光，这人便是李校长。在这一片寂静的教室里，在这人头攒动的黑发海洋中，我蹦蹦乱跳的心，简直要从胸膛中挣脱出来。于是乎，就连背熟了的讲稿，也渐渐不听我的支配了。李校长似乎感觉到了我的慌乱，便摘下眼镜，向我投来亲切而镇静的目光。这目光里，有鼓励，有信任，也有支持。然后，他又埋下头，专心做笔记，俨然是一个遵守纪律的小学生。此情此景令我感动，也促我镇定，我竭力控制着自己，终于顺利地讲完了这一节课。下课后我走下讲台，向李校长请教。李校长用手帕擦着镜片，微笑着说：'我是来当学生的，谈不上请教。不过，我也当过教师，有一点经验之谈可供你参考。讲课，首先要大胆、要镇静，既要心中有人，又要'目中无人'。教师就像演员那样，一登台就要进入角色，全身心地进入你的角色之中，不要左顾右盼。当然，也要锻炼自己，敢于面对学生，和他们取得感情上的交流……'李校长的一席话，使我茅塞顿开。胆怯离我而去，反倒有一种跃跃欲试的欲念。上课铃响了，我又登上讲台。这次，我紧张情绪消除了，也镇定了许多，甚至敢于把目光对准台下。我发现，台下的李校长，正对我发出一种赞许的微笑。多年过去了，我一直忘怀不了这微笑。它鼓励着我，也鞭策着我，使我在碰到困难之际找回自信，也增添了勇气和毅力。”

有李丛中这样感受的何止一人！不少青年教师在李广田谆谆教诲之下成长为著名的专家、教授。

李广田多次讲道：“校长不抓师资建设，要成为历史的罪人。”听课只是他抓师资建设的三种方法之一。另外两个方法，一是听系主任、学生课代表汇报，二是出题目让教师做好准备，到校长办公室给书记、校长讲课，戏称为“殿试”。校长听课，看似比提出大学管理“响亮”口号或大篇理论文章简单，但很实用，能起到立竿见影的效果。李校长坚持听课不仅是一个工作方法，也体现了他具有渊博的学识、高度的政治责任感和求真务实的作风。

袁嘉谷与王国维一段鲜为人知的交往

袁嘉谷（1872—1937），少年时伴随诸兄学习，深受志趣、功名思想的熏陶，立志“要读尽天下有志书”。12 岁入学，好学不倦，置身书斋，便觉其乐无穷。由于“恒于勤苦”，所以应试屡夺冠军。从小声名渐增，后被选入省会经正书院学习，是书院的高材生。光绪甲午（1894 年）乡试，举亚元。癸卯（1903 年）科取二甲第 62 名进士，同年取经济特科一等第一名。云南自元设置行省，六百余年间科第名魁天下者，惟袁嘉谷一人。随即受翰林院编修，次年（1904 年）奉派到日本考察政务和学务，任云南留日学生监督。1905 年回国后，先后任学部编译图书局局长、各使馆协修等职，负责编译中西要籍与各科教科书。袁嘉谷成长的经历使他更爱惜人才，重视培养有志青年。

王国维（1877—1927），近代学者，字静安，号观堂，浙江海宁人。早年入罗振玉办的“东文学社”学习日文，并师从日本人藤田十八、田冈佐代学习西洋哲学、文学、美学，而于叔本华、尼采之说，钻研尤深。其后留学日本物理学校，回国后在南通、苏州等地师范学校讲授哲学、心理学。后到北平，治宋、元以来通俗文学，而于宋词、元曲致力尤多。1925 年受聘为清华研究员、教授，晚年从事甲骨文、金文和汉晋简牍考释，主张以出土文物参订古籍记载，对史学界影响较深。他是一位既列入《清史稿》，又是近代文化学术史与文艺思想史上占有重要位置的历史人物。“史学大师”王国维的学术不仅限于史学，举凡文学、哲学、美学、伦理学、心理学、教育学、逻辑学、文字音韵学、版本目录学、古器物学等方面都有精深的造诣与卓越的建树。正如陈寅恪先生所说：王氏之学“博矣精矣，几若无涯岸之可望，辙迹可寻”（《王静安先生遗书序》）。

1907年春，罗振玉调到学部学制调研局任职，王国维随他到京。罗振玉在调研局集议处任行走，后又任参事，参事喜欢推荐人才。这年10月罗振玉推荐王国维到学部，被袁嘉谷聘为编译局职员，负责编译哲学类教科书。王国维在编译局的任职期间，袁嘉谷是他的顶头上司，也是他的良师益友。

王国维初进编译局还是一个没有学术地位的普通青年，也就未引起袁嘉谷的重视。一次袁嘉谷到办公室，见一个年轻人正埋头专心看书。见局长进来年轻人显得很紧张，赶快将书藏到办公桌下。袁嘉谷走过去将书拿起来翻了翻，见是一本用外文写的康德哲学书，他对这个能看懂极为高深的外文名人专著的年轻人感到很吃惊。就询问了他对这本书的认识及个人的一些情况，这次谈话让袁嘉谷意识到王国维是一个有学问而又踏实本分的人。有这样的下属他很高兴，便鼓励王国维：“你不必把书藏起来，每天只要把该办的事做完就可以看书。”有局长的这个态度，作为小职员的王国维更加发奋读书。他每天早早到办公室抓紧办公，一有空就看书做学问，发表了许多有影响的文章和著作。如他翻译的《心理学概学》被商务印书馆作为“哲学丛书”之一出版，至1935年再版过10次。该书被学者誉为“第一部汉译心理学书”，他亦因而被推尊为“中国现代心理学之父”（《中国心理学史》，人民教育出版社1985年第12版，第350页）。所译《辩学》由学部图书编译局排印出版，1959年由三联书店作为“逻辑丛书”之一，重新排印出版。王国维在编译局除了翻译哲学、心理学著作外，还从事文学研究。他辑校唐五代两宋词，辑《词录》、《曲录》，撰定《人间词话》、《戏曲考源》

等。其《词录》收集的词目自宋迄于元，存佚并录，且作考订，对考索宋、金元词，不无参酌价值。《曲录》是王国维从事戏曲研究的奠基之作。在这段时间发表了很多文学、戏曲方面的文章和著作，陈鸿祥在所著《王国维年谱》中称："在北京学部任事。由哲学转向文学，尤以戏曲史为研究重点。"他有这些转变除自身刻苦学习外，与袁嘉谷的热心帮助、大力栽培也有关系。袁嘉谷的爱惜人才和宽广胸怀，使编译局为王国维搭起一座向世人展现智慧和创造力的平台。

王国维在编译局给袁的印象是：沉默寡言而富于感情的智者，他在局里三年多不曾说上一百句话。从进局那天起，选定一个座位日后就总坐在这个位上。别人找机会与袁嘉谷亲近、高谈雄辩，而王国维不愿介入对上司阿谀奉承，一心做自己的学问。那种在上司面前沉默寡言的态度为其他人所不及。袁嘉谷认为王维国真像庄子所说的"木鸡"一样，他一言不妄发，一事不妄为。袁嘉谷喜欢具有这样性格的人，认为这样的人办事踏实可信。因而在编译哲学之外还参加编年谱、修订魏译的《亚洲地志》这部巨著。他还和王国维合译了《诗经古谱》。王国维到编译局时正逢编音乐教科书，但所采用的音乐大多数是翻译外国的，编译局的同仁认为泱泱中国没有自己的乐谱很可耻，都希望编出中国自己的歌。袁嘉谷与王国维经常在一起唱和诗稿，使袁嘉谷了解到王国维的词学很好，便把编歌词的任务交给他。一天他对王国维说："这些歌中各体已备，惟尚阙一首暑假歌，烦你作一首。"王国维领命后很快作出一首，后来在学生中流传。歌中唱道："广庭寂寂日行天，参差树影圆。朝朝挟策学堂还，如今又半年。从此日，得休闲，迢迢一月间，北窗且自理，陈编清风入几筵。"除此外，他还让王国维作了其他几首歌。当时中国用北洋练海军所创的歌，名为《亿万斯年歌》作为国歌，这首歌用的是天津一带流传的曲调，歌词很简单，编译局认为把它作为国歌很勉强。恰逢一邻国派人来要中国的国歌，外交部将此事转到学部。学部尚书张之洞令大家拟作国歌，王国维也参加了。袁嘉谷见他所作歌词太长，就将另一人作的歌词送给张之洞，但未被采用。

1908 年初法国巴黎大学教授伯希和窜至我国西北，窃取敦煌鸣沙山莫高窟千佛洞内大批卷轴文物，于 8 月初途经北京住在苏州胡同。袁嘉谷等人闻讯后，就与罗振玉、董康、王仁俊、王国维等人相约去看。伯希和将所窃的部分拿给大家看时，罗振玉影印了伯希和出示的卷轴，连同后来从法国寄来的敦煌写本胶卷，辑为《鸣沙石室佚书》，王国维协助罗振玉校理。张维在《袁嘉谷传》中说到这件事时写道："王国维的考古研究，也就是从这个时候开始深入的，后来王国维做学问渐入佳境，成为一位著名的学者。"

学部荣尚书和严侍郎亦很器重王国维，任命他兼总务司行走。总务司日行公事、接触要人，这个职务可谓是走仕途的一条要路。编译局里的许多人都指望有这种机会，可王国维与众不同，才去了一天就回到编译局。他对袁嘉谷说："别样不能，到部以来，得先生优待薪水百两，足敷应用。至于日行公事全不相近，只愿与先生编书，不愿再到总务司去。"袁嘉谷认为他不愿做官，只喜欢编书实在难得。袁嘉谷允许他留在编译局，并将此事告知荣尚书和严侍郎。对这样一个不想做官而一心做学问的青年，袁嘉谷在日常生活中给予不少照顾。每当王国维请假，袁嘉谷不仅允许而且照发薪水。有一次王国维向他请假回浙江老家，他顺便就问浙江的学风如何，王国维"简默过甚"。1909 年袁嘉谷奉调出京赴浙江时再次问这事，王国维仍是简默。编译图书局的职员饯行，并一起照相，王国维站在最后一排。

袁嘉谷回云南后到东陆大学任教，仍不忘王国维，曾与董泽校长商量去请他来云南讲学。但董泽"以为哈同大学对于静安一定很优待，况且上海是人文荟萃之区，书籍易求，他如何肯来云南？这是人之常情。我们也不过是一种过分的希望，加之我只居于推荐的地位，不能完全主持"。而最终未使他到云南。他又说到："中国近代的学者，吾推崇的有三人，静安就是其中一人。静安的学术，可谓是由旧学中能得到新发

明的，人人钦佩，故今日人人痛惜。”（袁嘉谷在东陆大学的演讲所言）

对于王国维之死因，更多的说法是王国维在自身和时代潮流的极端矛盾中，感到清室复辟的幻想已经破灭，便跳入颐和园昆明湖自杀。就连他的好友吴宓也是这样认为的。吴宓在1927年6月2日的日记中写道：“王先生此次舍身，其为殉清室无疑。”而袁嘉谷在给东大学生的演讲中很痛心地说：“到死的时候，坐车的钱还是向人借的。因此我才有点懊悔，可惜我们不曾去请他。假使去请，修金足用，他未必就不肯来。”袁嘉谷认为王国维是穷愁潦倒而自杀，他提出的这一说法值得研究王国维的学者考证。

王国维在编译局三年多的时间里，袁嘉谷为他创造了宽松的学习研究环境，在他一生著译的62种书中，大部分都是在编译局或之后发表的。无疑编译局是他迈向成功的重要阶梯。其间袁嘉谷与他结下了深厚的友情，袁嘉谷一直珍藏着王国维的书稿和在离京赴浙江时的合影。王国维死后，还特意为其作了《王国维别传》并收入卧雪堂文集，他在别传中伤心地说：“静安死矣，静安不得其死矣，愚悲之。”这样一段重要历史，为何后来一些介绍王国维的生平、思想、学术、专著和文章中很少谈及此事？袁嘉谷在东大演讲时这样讲：“去年王静安死于北京……然述其生平者，多属静安晚年所遇之人，详于今而忽于昔，甚且有小误的。”王国维去世之初，除罗振玉著的一部有关王国维传记外，还有其门生赵万里编的《王静安先生年谱》，这为后人研究王氏生平、学业提供了基本的史实性材料。不过其年谱既编写于王氏去世之初，难免有认识上的偏见与史料上的局限，介绍他在编译图书局工作、生活、学习的文章很少，特别是未介绍他与袁嘉谷交往情况就不奇怪了。袁嘉谷在《卧雪堂文集》卷九中写的《王静安国维别传》一文中，曾非常感叹地说：“各传中叙静安事，独于在局日略焉。”难道这段经历对他一生不重要吗？回答是否定的。《文史知识》编辑部的“文史知识丛书”《中华人物志》中有一篇任伊临写的《清末大学者王国维》，其中写道：

“回国后……不久罗振玉推荐他当了清政府学部（类似今天的教育部）总务司行走，后来又到京师图书馆和名词馆等文化学术机构工作，从此王国维抛弃了青年时代改革的政治热情，政治上逐渐趋于保守。”袁嘉谷与王国维这段往事，对于研究王国维有重要意义。

数学大师陈省身的云大情怀

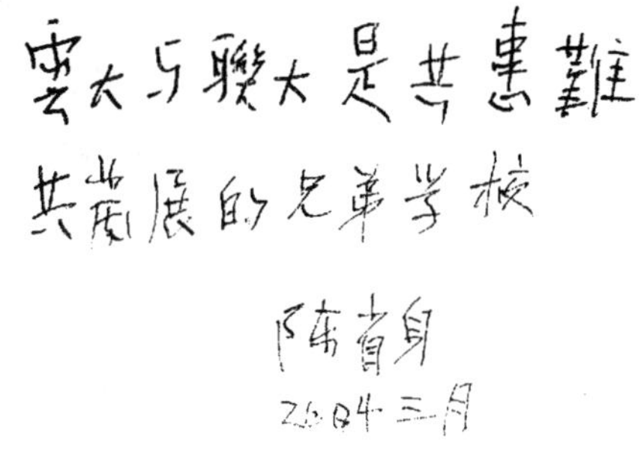
云大与联大是共患难
共发展的兄弟学校
陈省身
2004年三月

陈省身的题词

在我办公桌上放着一张采访国际著名数学大师、中国科学院外籍院士陈省身的照片。这是2004年3月3日在南开大学陈省身的寓所——宁园与陈省身就抗战时期的云大作采访时的工作照。虽然我是第二次见到陈省身，但上次作为一个听众在台下听他作学术报告，未有过面对面的交谈。要采访一位93岁仍在学术顶端孜孜不倦耕耘，还担任着南开大学数学所名誉所长的学术大师，不是一件容易的事。南开大学校史研究室同人讲，有些大报记者都被陈省身拒之门外。陈省身会接受我的采访？我也是心中无底。在去天津之前，请在南开大学数学系任教的校友饶吉寿先试探陈省身的态度。没想到陈省身对云大人去采访他非常高兴，满口答应。在约定采访时间前，我先去南开校史研究室找梁吉生主任。梁主任原是校办主任，对陈省身接待来访者情况很熟悉，他一再叮嘱我，对陈省身的采访不宜时间过长，尽量在半小时内结束。我提出请陈省身为云大题词的愿望，梁主任连连摇头说，请陈省身签字就不错啦。

离开南开校史研究室去到宁园。宁园位于南开大学东南角，是一幢淡黄色的二层楼建筑，20 世纪 90 年代陈省身回国定居后，南开将这幢原为专家接待楼改建成陈省身夫妇居住的寓所。陈省身将这幢楼取名宁园，是用了他夫人郑士宁的“宁”字，以此表达对夫人终身辛劳的回报。我到了宁园，接待我的工作人员说陈省身外出办事去了，让我稍等一下。片刻，陈省身乘坐的轿车到了宁园门前。一看时间，正是约定的上午 10 点。两位工作人员将身着西装的陈省身从车里扶到轮椅上，我赶紧上前报名，陈省身连声说：“欢迎！欢迎!”让我在门外等他一会儿。我不知道这是何意，只是连连点头称是。过一会儿，身着一套崭新唐装的陈省身坐着轮椅从宁园出来，他面带笑容，伸出手来与我握手。我这才醒悟过来，陈省身让我在门外等候，为的是进屋换一身庄重的唐装来接待我远道而来的云大人，这时我激动得不知说什么。随着他坐的轮椅走进客厅，客厅中央摆放着一张能围坐 10 多人的长条形桌子，窗户边摆着几盆花卉，靠窗户的一侧还有一张办公桌，客厅里有电脑、电视、打印机等设备，墙上挂着一幅已故陈夫人的照片，这其实是一间客厅兼书房的大房间。我去采访前，云大正好发生马加爵事件，各地的港口车站、街头巷尾都能见到逮捕马加爵的通缉令。我们入座后，陈省身就先问起这件事。我心想陈省身问这件事是出于对云大的关心，但这是一件有损云大形象的事件，很难启齿，所以我也是支支吾吾的，不作正面回答，陈省身见我有难言之处，也就不再追问。陈省身根据我事先拟好的采访提纲，回忆当年云大和联大发生的事情、他与熊庆来之间的师生友情、他在云大从教的情况。又根据我的提议，在一张打印纸上写下：“云大与联大是共患难共发展的兄弟学校”，并签上自己的姓名。

2004 年作者采访陈省身

我看时间已过 11 点，采访已超过了预期计划，就起身告辞。陈省身仿佛还沉浸在往事的回忆中，他说："快到吃饭的时间，我们边吃饭边谈。"这令我很震惊，大师接受我这么长时间的采访，已经很不容易了，还邀请我与他共进午餐，这是我想都没想过的事。我也不知道自己怎么跟他走进宁园宽大的餐厅。餐桌上摆放着四样菜。陈省身的工作人员在另一间房里用餐，我和陈省身面向而坐，边吃边聊，他还一再和蔼地叫我多吃菜。饭后送我一本他的学术文集和一本介绍他生平的小册子。因为我买了当天下午 1 点左右去北京的火车票，不敢久留。陈省身听说后，又叫他的司机开车送我去火车站。

坐在火车上，我想陈省身对我这位素昧平生的云大人，如此热忱接待，不仅反映一位大师平易近人的品格，更反映出他对云大有着一份浓厚的情怀。源于此因，我才有此缘分受到他盛情的接待。

其实，陈省身对云大人如此关心照顾，不仅是因为他在云大有过任教经历，更是因为他早年与熊庆来有着笃厚的师生之情，并且这份情谊让他难以忘怀。

1926年熊庆来辞去东南大学算学系主任职务，到北京清华大学创建算学系，1928年任系主任，为了培养年轻学者，1929年清华算学系曾试招研究生，但未录取一人。1930年再次招生，录取了刚从南开大学理学院毕业的陈省身与吴大任，吴大任因故未报到。清华觉得只有陈省身一名研究生，人数太少，遂决定缓办一年，让陈省身做一年熊庆来的助教。1931年清华理学研究所数学部成立，陈省身离开助教岗位到数学部读研究生。陈省身在做熊庆来的助教时，与熊庆来同在一间办公室朝夕相处，使他对熊庆来有了更加深入的了解，对熊庆来人格魅力的敬佩油然而生。1991年他在美国加州写的一篇怀念熊庆来的文章中说道："迪师为人平易"，"是一个十分慈祥的人"，"同他接触如坐春风。他在清华一段时期，不动声色，使清华数学系成为中国数学史上光荣的一章。"

1934年陈省身在清华获硕士学位后，由清华大学推荐到德国留学。1936年提前获得博士学位，并确定他在几何学的发展方向。1937年应清华大学的聘请，回国担任数学系教授。1937年卢沟桥事变发生后，清华迁往长沙，与北大、南开联合成立长沙临时大学。陈省身在临时大学任教不足半年，因长沙战局恶化，1938年1月奉命随校迁往昆明，到昆后学校改名西南联合大学。2月3日陈省身从香港到达越南海防，再换火车于2月15日抵达昆明。当时大批的内地学校、工厂、研究机关迁往昆明，造成住房紧张。联大刚迁到昆明，没有足够房屋供师生居住，陈省身初到昆明就住在熊庆来家里，他与另外四个同来的联大教授住在熊庆来寓所的楼下，解了燃眉之急。

为了提升云大数学系学术水平，加强数学系教师阵容，熊庆来也借机聘请陈省身为云大数学系兼任教师，对熊庆来一向执弟子之礼的陈省身对老师的邀请也义不容辞，爽快地接受了聘任。在云南省档案馆还保存着两份聘陈省身到云大任教的聘书，聘期分别是 1938 年 8 月至 1939 年 2 月和 1942 年至 1943 年。2003 年 10 月我在采访理学院数学系 1935 级的舒自秀时，她还绘声绘色讲起当年陈省身讲课的情景。

熊庆来与陈省身不仅是师生，而且是为中国数学发展志同道合的知己。1940 年 9 月抗战大后方的数学家在云大至公堂成立了“新中国数学会”，大家推选姜立夫、熊庆来、陈省身等七人为理事。陈省身还兼任学会的文书，负责学会的具体事务。1948 年新中国数学会拟于双十节与中国科学社在南京同时举行年会。陈省身致函熊庆来征求意见。熊庆来在回函中写道：“甚善，来（熊庆来）极表赞同。”陈省身在遇到困难时候也总想到熊庆来帮助解决，倾诉自己苦闷的心情。1947 年中央研究院数学所在南京成立，陈省身任代理所长。1948 年冬，中国政治局势发生决定性变化，国民党的军队在华北遭到毁灭性的打击，蒋介石领导的国民政府已经准备离开南京，向中国南部退去。中国共产党领导的人民解放军，距离陈省身所在的南京仅有一江之隔，时局变化使南京城内人心涣散。陈省身在给熊庆来的信中写道：“时局急遽恶化，令人悲观。”远在美国的普林斯顿高级研究所清楚地看到中国时局的发展，借机网络人才。1948 年 10 月底，陈省身接到该所所长奥本海默的电报，邀请他去研究所工作，他在给熊庆来的信中写道：“生前日接普林斯顿 Oppenheimer（奥本海默，即原子炸弹研究的负责人）来电劝速赴美国。目前在此不能安心工作，颇拟应邀前往。”当时在南京很难办到出国的护照，陈省身请熊庆来打听在昆明办理护照情况，“惟政府安定人心，教、外两部对于颁发护照，诸多刁难。忆昆明设有外交部特派员公署，申请护照者当不甚多，不知可否颁发赴美眷属护照（家属连本人共四人）？手续若何？”陈省身在熊庆来等人的帮助下领到全家人的护照，于 1948 年最后一天乘泛美航空公司航班离开上海，1949 年 1 月 1 日抵达旧金山。

陈省身是极不情愿离开中国的，在他出国前仍然在南京数学所潜心研究拓扑学，指望在这年大干一番，做出预期的成果，但时局的变化使计划落空，他在给熊庆来的信中写道："炎夏已过，方冀可努力工作，不图又有此变化，国内进行工作诚属不易，为之痛心。"

1949 年 9 月熊庆来以联合国教科文组织中国委员会委员身份到巴黎出席该组织会议。会后曾滞留巴黎潜心研究数学。1951 年不幸中风右手偏瘫。为了帮助熊先生，陈省身特意从美国到法国巴黎看望，也有过一些经济上的资助。1969 年，熊庆来被"四人帮"迫害致死，陈省身很是难过，1972 年 9 月，他借回到阔别 23 年的祖国访问之际，拜访了住在中科院宿舍的熊庆来遗孀姜菊缘。改革开放后，他把对熊庆来的师生之情转移成对云大的关怀。1986 年 5 月 19 日，陈省身应邀来云大作学术报告。报告后，他欣然命笔写下"二十年后将云南建成数学大省"，表达了陈省身对熊庆来家乡数学发展的厚望。1992 年 6 月 25 日他再次到云大，为获得第三届熊庆来奖学金的师生颁奖，并为数学系师生又作了一次学术讲座。

从以上回顾片段可知，陈省身对云大的情怀是由来已久，这样的情怀持续了几十年，非常难能可贵，云大受到这样一位杰出大师的关怀也是很荣幸的。令人遗憾的是，就在我采访陈省身这年的 12 月 3 日，传来陈省身逝世的噩耗。这张充满了陈省身对云大情怀的照片，成为他给我最后的留念。

为云大矿冶系取得辉煌成就的大师们

云大矿冶系成立于1925年，是学校成立最早的学系。但限于人力、财力，延至1931年春正式招生。就读学生少，到1937年6年间仅有5名毕业生，1937年8月熊庆来接掌校务后，鉴于云南矿产蕴藏丰富，立志充实矿冶系，至此矿冶系发生很大变化。从1937年至1949年的12年中，共培养本科毕业生110余人，毕业生人数是国立云南大学最多的一个学系。毕业生中有2人当选为中国科学院院士，同时该系研究成果卓著，为云南矿业发展作出了杰出贡献。

矿冶系能有如此辉煌的成就，重要原因是有大师级教师。1937年11月被聘任为教授兼系主任的张正平毕业于美国威斯康星大学，回国后曾在东南大学、东北大学、唐山工学院任教及兼任过东南大学地质学系主任，是中英庚款理事会资助到抗战后方的“平津各大学名教授”之一。张正平主持系务期间，科学规划矿冶系的发展前景，采购仪器、图书，为矿冶系后来的发展奠定了良好的基础。

曾任中央大学地质学系助教并参加过西康科学调查团的袁见齐，1939年应聘到云大矿冶系任讲师。时值抗战初期，国难日蹙，民生日艰，特别是海盐来源断绝，内地盐价飞涨，而滇黔一带素以贫穷著称，此时平民百姓更是望盐兴叹，时有淡食之虞。有见及此，袁见齐立志于盐矿和卤水资源的探查和开发利用，他与滇西企业局合作，对滇中盐矿

石充一家在会泽住地刘家祠堂合影

地质进行调查。1940 年在他与矿冶系另外两名教师朱熙人、郭令智合著的《云南矿产志略》一书中，对云南盐矿地质资源进行初步总结，为“云南岩盐开发利用奠定了理论基础，这也是袁先生从事盐类矿床研究的发轫”。（见学苑出版社 1989 年 9 月出版的《袁见齐教授盐矿地质论文集》第 2 页）作为我国现代盐类矿床地质学的开拓者和奠基人的袁见齐，1980 年当选为中国科学院院士。

抗战时期，虽然云南是各种金属矿生产中心，但缺少研究机构对矿砂含量及金属成分的测试分析，造成矿物浪费，产量低，政府的生产计划落空。由著名地质学家、时任国民政府经济部长翁文灏推荐到矿冶系任教的石充教授，为改变这一现状发挥了重要作用。石充毕业于美国科罗拉多州矿业大学，曾任美国哥伦比亚大学矿务工程师经济资源委员会专员，回国后任经济部矿冶研究所技正，擅长于金属选矿技术，是当时国内著名的选矿专家。1939 年到云大矿冶系任教，1941 年任矿冶系主任。石充为提升云大矿冶系研究能力，促使矿冶系适应地方发展需要，租借会泽黑神庙建起选矿、金相及火试金等实验室，其设备不逊色于欧美。他在给熊校长的信中自信地说道：“敝系遂在物质条件困难之下，毅然完成此项设施，想必为各矿冶机关所赞许也。”

矿冶系在会泽的办学点——黑神庙

“东川式铜矿”中有一种铜矿石呈细脉状，当时一些地质学者称为“马尾丝矿”，并认为它是岩浆热液沿灰岩叶理交换生成。但有的学者认为它是藻类组织，“为铜矿所交换或充填者”。马尾丝矿的含铜量不确定性引起了专家、学者对东川铜矿储量及将来产量的争论。1942 年石充利用矿冶系的良好实验设备与滇北矿务公司合作研究马尾丝矿。石充经过三个月深入调查研究及实验分析，取得具有科学根据的数据。石充判断“马尾丝矿含铜 3%，低级铜矿可在合乎经济原则下，用浮油选矿方法提选至含铜 40% 之富集品。选矿收获率可达百分之九十至九十以上”。石充的研究成果不仅使当时弃置不用的“马尾丝矿”变废为宝，滇北矿务公司的矿产量大幅度增加，而且平息了对东川铜矿储量及将来产量的争论。

在西南联大任教的著名地矿专家、1955 年当选为中科院学部委员（院士）的冯景兰，1942 年底应聘到矿冶系作兼任教授，1943 年后又兼任云大工学院院长及矿冶系主任。虽是兼任云大教学及系务工作，但他住在云大枇杷院，与云大同人接触多，对矿冶系发展起到的作用大。他出版的《川康滇铜矿纪要》书中指出："关于西南铜矿之地理分布、选矿时间、母岩、围岩、产状、构造及矿物成分等均略作分析，以推论其成因，并估计其储量，研究其产量多寡，矿业盛衰之原因，以及其将来发展之可能途径。"该书既有理论概括，又有实际意义，获当时国民政府教育部的学术奖。1946 年他发表了《云南大理县之地文》等论文，对云南的矿业发展作出了贡献。

1942 年云大聘请我国著名的矿业经济地质学家、时任中央研究院研究员，曾主持国民政府资源委员会所办个旧锡矿、1955 年当选为中国科学院学部委员（院士）的孟宪民到矿冶系任教。孟宪民毕生从事矿床地质研究，特别对有色金属、稀有金属矿床的矿物组成以及成矿理论有深入研究，擅长有关矿物微量化学分析鉴定，作出了多方面的贡献。20 世纪三四十年代他对云南个旧锡矿的开发和东川铜矿的地质研究颇多建树。1947 年孟宪民还兼任云大工学院院长。

在中央研究院地质研究所任职的许杰 1942 年被聘为矿冶系教授。许杰是中国笔石地层学研究的奠基人，1955 年当选为中国科学院地学部委员（院士）。他在矿冶系任教期间，对东川、会泽等地的地质矿产情况进行了调查，先后发表了《云南会泽一带之地质矿产》、《云南东川区域地质矿产》等论文。

1944 年冯景兰推荐采矿学家黄国瀛到校任教。黄国瀛毕业于美国科罗拉多州矿业大学，1922 年回国后一直在湖南从事矿冶教学与研究，曾任湖南矿产化验所首任所长、湖南大学矿冶系教授兼系主任。1946 年黄国瀛又兼任云大矿冶系主任。在他任系主任时正值矿冶系发展中的转折时期。抗战胜利后，西南联大等校复员北上，不少在矿冶系兼职教师随校离开，使矿冶系不少课程无人讲授。为了保证正常教学秩序，黄国瀛四处奔走，寻找留在昆明的各单位矿冶学方面优秀人才。他求贤若渴的诚意打动了不少学者到校任教。在他的努力下，先后聘请了当时在昆明师院任教的谭锡畴，在海口一家工厂做技术工作的王源璋，昆明炼铜厂做技术工作的张文奇，昆明钢铁公司任总工程师的杨尚灼等到系任教。这都是地质、采矿、冶金方面卓有成就的学者。他们到校后出色地完成了所开课程，不仅使原有的课程能延续开下去，还使矿冶系有了发展。

上述仅介绍部分大师级教师在国立云南大学任教的成就。国立云南大学 12 年期间先后在矿冶系任教的学者近 80 位，其中从国外留学归国的学者就有 22 人之多，不少人学贯中西，成就斐然。冯景兰、许杰、孟宪民、袁见齐、郭令智、殷之文、徐祖耀 7 位在云大任过教的大师在中华人民共和国成立后当选科学院院士。国立云南大学矿冶系在办学条件十分艰难的情况下取得辉煌的成就，正是有了一批大师级教师辛勤耕耘。这也证实了熊庆来“学校成绩之良窳，过半由教师负责”、“欲于学术之讲求，开一新风气，必赖大师”教育思想的正确性。

刘文典的逸闻趣事

刘文典西庄诗二首及其意境

刘文典在西庄租住过的房屋

刘文典一生作诗不多，收入《刘文典全集》的诗仅有十余首。他的诗苍凉激越，工丽典雅，诗风取法老杜，兼具玉谿、飞卿之长，对仗工整，选词用字极为考究。他用诗抒发感情，嫉恶扬善，追求光明与真理，上下求索，倾诉自己的苦闷。刘文典西庄诗二首，较为集中地反映了他的思想、情操及诗作的造诣。

（一）

西庄地接板桥湾，小巷斜卧曲水间。
不尽清流通滇海，无边爽气挹西山。
云含蟾影松阴淡，风送蛩声苇露寒。
稚子候门凝望久，一灯遥识阿爷还。

这首赞美官渡镇西庄村的诗，是他居住官渡镇西庄村时所作。这首诗将西庄清幽淡雅的田园风光写得活灵活现，带有浓浓的乡村泥土气息。刘先生以其住所为背景，赋诗两首。可见他对西庄感情之深。

1938 年底，刘先生随西南联大文法学院从蒙自迁到昆明，住在联大附近的龙翔街。1941 年日寇飞机再度对昆明狂轰滥炸，市民死伤无数，大量民宅被毁，刘先生租住的房屋也被炸弹击中。为跑警报，躲避日机轰炸，不少市民携家逃往城外。惊慌生活让刘文典沮丧。刘文典一家也搬到了城外官渡镇。该地离城约 10 余公里，有一小火车站通往昆明，进城较为方便。刘文典一家三口先住在该镇的孔子楼，后借住在镇附近的西庄村李姓家中。

西庄村是一个宁静而历史悠久的村子，土地肥沃，水源充足；村背后有一条通往滇池的宝象河；村中小溪纵横，潺潺清泉从农家房前屋后淌过。村妇在小溪边淘米、洗菜、捣衣，村中古桥、古道、古屋星罗棋布。刘先生借住的民宅就有上百年的历史。其房屋被松树竹林环抱，一条小巷通到家门前。白天，站在村头，望见西山被滇池的茫茫晨雾点缀得更加雄伟壮观。入夜，月光透过松树林时隐时现，晚风送来藏在杂草丛中的虫鸣声。

官渡古镇美景让刘文典暂时忘却了战火硝烟的年代，陶醉于田园生活。他挥笔泼墨写下前面提及的这首诗。诗的最后一句用“稚子”来称呼不足十岁的幼子刘平章，“阿爷”则指他本人。这句是说，晚上在家门口等了很久的幼子看见远处的灯笼光，就认出步履蹒跚归来的父亲。使原本描写西庄景色的诗歌，又增添了浓浓的亲情。

仅从此诗来看，刘文典一家在西庄的生活闲适恬淡，然而西庄并非世外桃源。刘先生和其他爱国诗人一样，景幽心不幽。表面平静并不能掩饰内心的压抑，正因国破家亡才迫使他流落在此。于是又写下另一首诗：

（二）

绕屋松篁曲径深，幽居差幸得芳林。
浮沉浊世如鸥鸟，穿啮残编似蠹蟫。
极目关河余战骨，侧身天地竟无心。
寒宵振管知何益，永念群生一涕零。

这首诗着重抒发刘先生当时忧国忧民的心情。诗一开始是说在混乱时代，人的命运就像海鸥一样忽而上天，忽而入地。然而西庄幽静的环境，让他忘记了现实生活中的种种不尽如人意的事，能够静下心来像书虫似的在书中穿来跑去，含英咀华，吸收其营养。但笔锋一转，写道“极目关河余战骨，侧身天地竟无心”，说的是当他抬头看见为保卫国家而阵亡将士的白骨，再也看不进书。“寒宵振管知何益，永念群生一涕零”则是反映他彷徨的心情，作为一个知识分子在寒冬腊月里，熬更苦读，奋笔疾书，但所写的这些文章对国家、对死去的将士又有什么用处？想到死去的同胞，只有伤心的泪水。

刘文典西庄诗二首，描写出西庄迷人的景色，浓厚的生活气息，以及战火硝烟年代寓居乡间的知识分子忧国之情。随着时代变迁，物是人非，然而这二首诗依然保存着历史的记忆，再现着西庄当年的人文景观。这些优美的诗句，不仅反映了刘文典才华横溢，更在于他热爱西庄这片热土和人民。虽然他在西庄居住仅仅四五年时间，但与村民结下不解之缘，至今当地还流传着有关他的传世佳话。

陈诗刘字成双绝

陈寅恪（1890—1969）是20世纪30年代清华大学国学研究院四位大师之一。刘文典一向敬佩陈寅恪的学识。他在清华大学国文系任系主任时，就请陈寅恪出题。刘文典曾说，西南联大文学院只有两个半真正的“教授”，陈寅恪是其中之一，而他只算半个。陈寅恪也十分赞赏刘文典的才华，他对刘文典著的《庄子补正》评价很高，说：“先生此书之刊布，盖将一匡当世之学风，而示人以准则，岂仅供治《庄子》者之所必读而已哉！”可见他们之间交谊甚厚。

1937年“七七事变”发生后，国破家亡，平津沦陷。1938年春，陈寅恪随清华大学迁到云南蒙自，与同期到达的北京大学和南开大学合办西南联大“文法学院”。随后，刘文典也只身来到蒙自。蒙自百姓对联大师生的到来，给予了关心和帮助。不少当地人将房屋腾空无偿借给学校作教室、宿舍。蒙自早街周姓人家不仅借出一幢三层楼房作女生宿舍，还宴请联大先遣团成员，使师生大为感动。

蒙自南湖风景宜人，湖中有一小岛取名崧岛。一天傍晚，陈寅恪与清华大学西洋文学系主任吴宓散步回来，经过一小桥，站在桥上望着湖面的荷花，忽听见桥旁一酒楼内传出的划拳、碰杯的声音，无不伤感，遂做七律一首：

风物居然似旧京，荷花海子忆升平。

桥边鬓影犹明灭，楼上歌声杂醉醒。
南渡自应思往事，北归端恐待来生。
黄河难塞黄金尽，日暮关山几万程。

诗意为：南湖的荷花，使我想起北平颐和园、北海的荷花，由此又想起了太平时候的北平。从桥上经过，看到水中自己的胡须时隐时现，就像今天的生活流离颠沛。桥旁酒楼传来的歌声里还夹杂着醉汉喧闹声，居然还贪恋着这种醉生梦死的生活，浑然不觉国家安危。我们这些被日本侵略者逼着南渡的人，能不想起晋人、宋人、明人的南渡吗？如果再这样下去，像我们这把年纪的人，想再回北平恐怕只有来生了。日本人进攻中原时，蒋介石索性将黄河大堤炸掉，妄图阻挡日本人的侵略，却给老百姓带来更加深重的灾难，国库空了物价还在不断飞涨。在黄昏的时候，我想起老家与蒙自相隔有几万里路程，无不感慨。

刚从日本侵略者占领下的北平逃出的刘文典对日本侵略者怀有家仇国恨，看了这首诗后颇有同感，挥笔抄录，赠给一向帮助西南联大的当地学者马竹斋。马先生把它视为宝贝，精心保存。现原件存于蒙自县档案馆。

陈寅恪作诗，刘文典抄录，在他们一生中仅有这一次，而他们这次留给后人的佳品可谓是难得的双绝。

刘文典与玉溪大桥

“盖闻秦皇鞭石，架沧海以为梁；汉帝造舟，亘巨川而作猗。是以李冰施巧，七桥上应乎天文；杜预演成，三柱下通乎地纪。至若大川利涉，灵龟呈负砥之奇；洲渚波平。螭龙献飞梁之瑞。咸阳宫阙，横桥取象于牵牛。沣镐神皋，石杠著名于饮马。溴梁纪于苍雅，略约载在邧书。盖王政之所先，前典之所重也。”这是曾立于玉溪“州大桥”旁的一块石碑上的一段碑文。这块碑是 1948 年 5 月当地筹款集资重修这座具有三百多年历史的古桥时，由著名文学家、云大教授刘文典所撰写的《重修玉溪大桥记》，全文共 725 字。

文章用了大量典故来描写修桥筑路的重要意义、桥的来源。用文学手法，把传说中秦始皇用神鞭赶石建桥；汉帝造船，用船渡大河等一些故事与现实中的玉溪大桥联系起来。文章气势磅礴，把天上地下的事联在一起，使读者不仅知道了修桥的经过，而且也是在欣赏一篇具有较高文学价值的文章。

刘文典（1889—1958），字叔雅，安徽合肥人，云南大学一级教授。第二届全国政协委员，“九三”学社成员。他 18 岁时留学日本，曾追随孙中山参加革命，在日本加入同盟会，任孙中山的秘书。曾在于右任、邵力子等人在上海创办的《民立报》中任编辑，以笔名为“刘天明”撰写文章，大力宣传民主思想，对于当时反帝、反封建的革命斗争，起到了积极的作用。1928 年任安徽大学的第一任校长时，因顶撞蒋介石被扣押，释放后在清华大学国文系任系主任。1938 年到云南在西南联大任教。1943 年到云南大学任教。刘文典擅长于校勘学、版本目录学、唐代文化史，是我国校勘学大师之一，对《庄子》、《文选》有着特殊的贡献。著有《庄子补正》、《说苑斠补》等。刘文典在新中国成立前被誉为“国宝”，受到世人的普遍尊敬。

玉溪人出于对刘文典的敬仰，而邀他写下了这篇碑文，让不少文人墨客在碑前驻足。

经过几十年的沧桑，玉溪发生了很大变化，石碑原址已经成为玉溪一中的图书馆。这块碑被移走后，石碑遭到破损，字迹不清。改革开放后，玉溪经济迅猛发展，也一直重视保护文化古迹。鉴于刘文典在历史上的地位和影响，玉溪市红塔区文管所于 1992 年 4 月用青石重新做了一块高 1. 5 米，宽 0. 9 米的石碑，立于玉溪古窑址的碑刻长廊里，原碑也存放于此供游客观赏。

老鼠与油灯——李埏先生向刘文典的两次借书

刘文典喜欢通宵达旦地读书著述，常常是鸡鸣时才上床，到第二天下午一二点钟吃早饭，其著作大多是在油灯下完成的。坐的时间长了，起身喝口茶、抽两口烟，又伏案工作，写下了许多名著，如《说苑斠补》等。抗战期间，刘文典过着颠沛流离的生活，他的手稿、著作遭到很大损失。其中一部分被老鼠啃坏，成为他终身的憾事。

史学家、云大博士生导师李埏先生，还是青年教师时，就十分敬仰刘文典的渊博知识，曾听过刘文典讲授的“校勘学”。抗战期间，刘文典一家为躲避日机空袭，搬到官渡西庄借居在一户农民家中。1944 年的一天，李埏与张友铭先生相约同去拜访刘文典。

李埏看到刘文典的书桌上有一本《唐三藏法师传》，是支那内学院的木刻本。这本书上有许多刘文典写的眉批，眉批是用毛笔书写的蝇头小楷，字迹清晰、工整，每页的书头、夹注、脚注都密密麻麻写满了。眉批的内容既有我国前人的书评，也有刘文典搜集英、德、法、日学者对此书的见解，还有刘文典的读书心得。这使李埏爱不释手，便说道：“如果先生暂时不看，能不能借给我？”得到刘文典的同意后，李埏把书带回学校，有空就阅读，不但看书的内容，还一字不漏地看刘文典所注眉批，看不懂的地方记下来，趁先生上课之机当面请教。他愈往下看，愈对刘文典的治学严谨态度肃然起敬，“难怪先生有这么大的成就！原来他在治学上，非常严肃认真，一丝不苟，是很少见的”。李埏悟出刘先生虽然不修边幅，有时竟将长衫的纽扣扣错；头发长了，理发师不登门，他就不理发，不注意衣冠修饰，但他治学却是极为严谨的。

一年后，李埏想起书中有几个问题还未弄清楚，又去刘家借书。此时抗战结束，刘文典迁回城，搬到学校旁边的玉龙堆。李埏说明来意后，刘文典苦笑着说：“你不是问过我，‘为什么书中还夹着一张用毛笔画的老鼠?'我当时大笑不已。我在乡下点香油灯，灯芯上的油滴了不少在灯盘上，一天夜深人静，我还在油灯下看书，老鼠就爬出来找食物，好像没看见我这个大活人，就爬到灯盘里偷吃菜油。当时想打死它，转念又想老鼠是在讨生活，我读书也是为讨生活，何必打死它呢?让它吃吧！于是我用毛笔为老鼠写生，再将画有老鼠的棉纸放在书中。"李埏说："哦，想起来了，先生真有好生之德!"刘文典说："好生之德不行了，我从西庄搬回来，因住房小，就把书装在木箱里。谁料到老鼠钻进去做窝，将书撕得粉碎。那时要把老鼠打死就好了，我不打它，它还来整我，真是可恶之极啊！好多眉批都是我在北平写的，昆明没有那么多参考书。再则我已年老，精力不够了，再注那些眉批是不可能的事，我为之付出的心血完全白费了。"李埏听了非常惋惜，"要是刘先生能像今天的知识分子那样，有宽敞的住宅，良好的工作环境，那他会为后人留下更多的宝贵财产啊!"

刘文典的治学与为《移山簃随笔》作序

刘文典20多岁到北京大学任教。在北大任教期间发愤从事古籍校勘，把重点全放在诸子著作，并集中精力，先从《淮南子》入手。他做学问非常勤奋，治学态度十分严谨；他把《淮南子》全文背诵得烂熟，广泛收集资料，夜以继日废寝忘食。有时半夜躺在床上，只要想起一条材料或一个问题，就一个骨碌爬起来工作。校勘古书，首先就碰到音韵、文字、训诂以及版本、目录等困难，刘文典都以惊人的毅力和才能，攻克一个又一个难关，掌握了各种知识和学问。校勘学是一门科学，每校一个字都要掌握充分而确凿的资料；有时，为了查一条材料而通夜不眠。"一字之微，征及万卷"，这是他常用以教育学生的话，也是他治学所恪守的格言。对于征引材料，他特别强调要"查证原文"，他说："引第二手材料，凭记忆引用材料，是校勘学之大忌，因为这难免有讹误。”经数年勤奋，终于完成了他的第一部学术专著《淮南鸿烈集解》，1923 年由商务印书馆出版。胡适亲自为之作序。本来，胡适当时是白话文的提倡者，但他特意用文言文写这篇序，以示他对这部著作的重视。序中对此书的学术价值和作者的治学态度，作了高度评价。胡适写道：“叔雅治此书，最精严有法……叔雅初从事此书，遍取《书钞》、《治要》、《御览》及《文选注》诸书，凡引及《淮南》原文或许、高旧注者，一字一句，皆采辑无遗。辑成之后，则熟读之，皆使成诵，然后取原书，一一注其所自出；然后比较其文字之同异；其无异文者，则舍之；其文异者，或订其得失，或存而不论；其可推知为许慎注者，则明言之；其疑不能明者，亦存之以俟考。计《御览》一书，已逾千条，《文选注》中亦五六百条，其功力之艰苦如此，宜其成就独多也。”《淮南鸿烈集解》出版后，受到学术界的重视，刘文典的学术声誉也随之而大振。

讲课中的刘文典

北大 10 年教授生活，对刘文典来说，也是他在学术上取得丰硕成果的时期。继《淮南鸿烈集解》之后，又进行《庄子》、《说苑》等书的校勘，到 30 年代，出版了《三馀札记》，40 年代，出版了《庄子补正》、《说苑斠补》等专著；新中国成立后，这两部著作曾重印发行。这些著作，都是在北大时期就打下了基础。陈寅恪对《庄子补正》评价很高，说：“先生此书之刊布，盖将一匡当世之学风，而示人以准则，岂仅供治《庄子》者之所必读而已哉！”由此可见刘文典在校勘学方面是当之无愧的权威。

袁嘉谷也是一位古籍校勘学家，治学极为严谨。其子袁丕佑在《移山簃随笔》的跋中写道："是书家大人遗著之一也。昔日簃下执笔，示范丕佑曰：'以杂记体裁出之，贵精不贵多。盖一字褒贬，古人所慎，昭事实于不朽也。'"此言道出袁嘉谷的治学态度，能否做一个优秀的校勘学者不仅要有严谨的治学态度，还要有丰富阅历和坚持不懈、实真求务的精神。袁嘉谷正是有这样一种治学态度和精神才写出《移山簃随笔》，因而秦光玉在序中坦言称赞："……忖盖此类著述，非博闻强识者不能为，抑非天资锐敏，学成邃密而又富于记忆力、理解力者，亦不能蔚为大观也。树五以高明之才，厉沈潜之学，历数十年垂老不懈，故能累黍积铢，成此钜著。观其引证该博，考订精审，贯穿群籍，发虑已见，是盖仿王氏《困学纪闻》、顾氏《日知录》之所为而为之者也，是与乐山《说纬》后先辉者也。……今阅是书，愈令人击赏不置已。"

袁嘉谷在校勘注书时像王念孙父子那样"一字之争博及万卷"，为证明一件事一个字，翻阅很多资料、正本清源，不道听途说妄加评说。古代称黄河一带为中华，是汉族最初兴起的地方，后来也借指中国。为考据"中华"二字的由来，袁嘉谷首先对二字的渊源、变迁进行考察和论证，参考了《左襄十一年传》、《襄十四年传》、《襄二十六年传》《定十年传》、《石勒载记》、《南中志》、《江统传》、《答慧琳书》、《卫操传》、《魏陈建传》、《孔坦与石充书》、《魏出帝纪》、《宋武帝纪》、《鲁爽传》、《邓琬传》、《高帝纪》等书或碑记，从这些资料中找到我国使用"中"字、"华"字或二字并用的出处，然后论述了这些书中使用"中华"二字的意义，最后得出结论："中华二字之名，联缀史册盖二千于此矣。"可见当初袁嘉谷学问之深、校勘之精。袁嘉谷花如此多的精力，考证"中华"二字有其政治背景和现实意义。用"中华"封国号最早是出于1912年（民国元年），孙中山在南京任临时大总统时为定国号曾召集过名人学者商议国号。章太炎、蔡元培等人提出用"中华民国"，其他人士也述说中华二字的来历，最后孙中山采纳了大家的意见，将国号定为“中华民国”。在当时讨论国号时，很多学者曾对“中华”二字的研究发表过文章，但均不及袁嘉谷在这篇文章中的详细论述，在文中用了一千多字考证“中华”的由来！“中华民国”在大陆存在38年，新中国成立后讨论国号时使用“中华人民共和国”，“中华”二字仍被沿用下来。

《移山簃随笔》是将袁嘉谷几十年间听到、见到的一些与事实有出入的历史事件，运用所掌握的知识进行阐述。尽管本书所谈的每个问题并非长篇大论，但论据充分、可靠，事实清楚，具有很高的史料价值。因而是一本有重要影响的札记体裁的史学著作，也是一本袁嘉谷在校勘学方面所取得辉煌成绩的代表之作。

1948年袁嘉谷著的《移山簃随笔》刊印，这是袁先生1929年辞官回滇后随手写成的札记体著作，共五卷380条。第一卷为经之类，第二、三卷为史之类，第四卷为诸子与文艺之类，第五卷为杂类。因在袁先生的书斋中写成，书斋取名“移山簃”，故札记的书名称《移山簃随笔》。这是袁先生数十年读书心得，旁收博览，考订得失，仿《日知录》编印成集，袁嘉谷治学仿顾炎武及王念孙父子及清末的俞樾，凡一个字、一句话、一件事、一桩典故必追根溯源，查明来踪去迹随看随记，写成篇篇札记。经学生陈少铭整理篇目订为五卷，于1933年脱稿，但因多种原因一直未出版。他的弟子孙乐斋非常崇拜老师袁嘉谷，1948年准备与袁嘉谷之弟共同出资将手稿送去刊印。孙乐斋请住在他家的刘文典为该书作序，刘文典欣然接受。

刘文典与孙乐斋认识多年，感情很深，1941年在西南联大任教的刘文典为躲避日机轰炸，将家搬到离城十公里外的官渡镇，因交通不便刘先生当天上完课就寄宿在孙家。因此常在一起谈文论学，析疑赏奇，志趣相投。孙先生非常崇拜自己的老师袁嘉谷，无论是谈学问或是做人之道，他都对袁先生言必称师，告之袁先生是如何教导自己去做。为使自己能成长为袁先生的弟子，就连穿衣举止都效访袁先生。他像袁先生那样修心奉佛，积善积德，谁有困难总是乐意相助；而自己则生活俭朴，缩衣节食，经常吃咸菜喝稀饭。而每当刘先生夸奖孙先生时，他总是说："我还远不及袁先生。"刘先生感到袁先生的弟子都有如此高尚的品德，足见袁先生一定是位了不起的学儒。后悔自己未能与袁先生见过面，亲耳聆听他的教诲。

刘先生接过手稿后连续几天通读，越看越觉得袁先生这本书"贯穿经史，融会群书，凡所考订，皆至精确，愈足见徵君（袁先生）所学，汪汪如万顷之陵，其博大精深，为不可及"。为了写好这篇序，他又阅读了袁先生的著作《卧雪堂文集》、《卧雪堂诗集》、《讲义管窥》等，使他总结出袁先生的治学思想是："最服膺高邮王氏，而不为汉学家门户所囿，躬行实践，悃愊无华，以闽洛为归，而不务道学名。盖兼汉、宋之长，而去其所短。"他认为："近代学人能备考证、义理、辞章三长如徵君者，不多觏也。"此时才恍然大悟，想起自己的老师章太炎1917年到昆明见过袁先生后，对其弟子说："袁君研精史学，吾不如也。"并非虚意。他怀着对袁嘉谷的敬仰之情，在1948年1月10日写下《移山簃随笔序》。

刘文典也是个狂人，他曾说："全世界真正懂《庄子》的人总共只有两个半，一个是庄子自己，中国的庄子研究者加上外国所有的汉学家或许可以算半个。"虽他没说出另外一个是谁，但言下之意另一个就是他。但他并非目空无人，对有学问的人还是非常尊重。他在《移山簃随笔》序中袒露出对袁嘉谷敬仰就是佐证。

刘文典藏书手稿如何流失日本？

云南省档案馆存放着一份日寇侵华时劫走刘文典四箱书籍的档案材料，追查这四箱书籍的经过，引出一段令人悲愤的往事。

1937年"七七事变"后，日军大举入侵中国，抗日战争全面爆发，平津相继沦陷。清华、北大等校奉命南迁，于 1938 年 4 月到达云南，并与同期到达云南的南开大学合并为西南联大。在清华大学中文系任教的刘文典先生未来得及与校同行，滞留在北平。日本侵略者通过周作人等人出面请他出任伪职，他不仅拒绝，还痛斥了周作人等人。日寇及汉奸对他怀恨在心，蓄意报复。此后，他的住宅屡遭日寇搜查，人身安全时时受到威胁。1938 年 3 月，他只身逃出虎口，乘火车到塘沽又转乘法国轮船，经香港、越南海防，于同年 5 月 22 日到达西南联大文学院所在地——云南蒙自。

经过千辛万苦到达目的地的刘文典，看到校园中高高飘扬的国旗，爱国之情油然而生，他像一个曾经失去父母的孩子又回到亲人身边一样，在国旗下声泪俱下，庄严地向国旗三鞠躬。在他给梅贻琦校长的信中写道："典往岁浮海南奔，实抱有牺牲之决心，辛苦危险，皆非所计……"随后他写信给还在北京的夫人，要她带着幼子尽快赶到云南。刘夫人接到信后，很快收拾行李，准备出发。行李中最多最重的就是刘文典的藏书、手稿，足足装了四口大木箱。每口木箱，都是一公尺见方。装箱的书，有些是刘文典对《庄子》校勘的原始资料和手稿。刘夫人携幼子和这些沉重的行李到香港。负责接待他们的是刘文典的一个弟子，他见师母带着幼子和沉重的行李长途跋涉十分艰难，就提出将难以带走的行李留下由他代为保管，刘夫人便将四大箱书稿留在了香港。母子俩到昆明后，刘文典闻知藏书手稿放在香港甚为恼火，他说："这些书稿倾注了我一生的心血，宁肯损失绫罗绸缎，也该把这些东西带来啊！"不幸的事终于发生了，1941 年底香港沦陷后这四箱书稿落到日本侵略者手中，存放在东京上野图书馆。

抗战结束后，国民政府行政赔偿委员会于 1947 年 11 月致函云大，将书稿的下落告之刘文典，要求刘文典填报财产损失报告单及申请归还表格，再寄回赔偿委员会。赔偿委员会核准后送国民政府外交部，由外交部委托香港政府代为办理。刘文典闻讯后大为惊喜，立即把此事告之好友吴敬仁、张友铭，并办理了申报手续。此后内战进入到最为关键时期，人民解放军从战略防御转入战略进攻，国民政府摇摇欲坠，国民政府官员对战后退赔工作无心理会，刘文典藏书手稿的归还也无果而终。1961 年刘文典的次子曾向周总理反映此事，总理办公室回信称“鉴于中日关系未恢复正常，目前暂时不宜提这件事”。

刘文典的次子闻悉省档案馆还存有这些历史材料后非常激动，他说：“我要向日本政府提出归还要求，让这些书和手稿重新回到祖国。”

陶光请刘文典看滇戏

刘文典到云南后为推动滇剧的发展做了不少工作。而他进入滇剧则纯属偶然，带他进入滇剧的是他的学生、我国古典文学专家、知名教授陶光。

刘文典一家与陶光（右一）

1946 年，因抗战结束，在昆大专院校、科研院所，复员迁搬回原地，云大的教师也走了不少。学校为加强师资队伍，又四处招揽人才。陶光经刘文典的劝说于当年 7 月从省外来到云大任中文系教授，住在云大映秋院。他的住地与刘先生的寓所——玉龙堆 1 号（即今日的省文联所在地）近在咫尺。故此陶光常去刘先生的家，闲谈求教，还常陪刘先生到翠湖散步。刘先生的儿子刘平章至今还保留着他们当年在翠湖的合影。陶先生写得一手漂亮的毛笔字，刘先生请他写了一本字帖，供其子临摹学习。

陶光性情潇洒，人到中年还未成家。他教书之余，喜欢走街串巷，了解昆明的民风民俗，茶馆、戏院是他常去的地方。一次，在茶馆听了昆明小有名气的滇戏清唱艺人耐梅的唱段，耐梅的表演艺术和长相引起了他极大的兴趣。在他看来，耐梅是一个才貌双全的艺人，有心与耐梅进一步交往，但苦于人地生疏，无法接近，就想找有声望的刘先生从中撮合。

一天陶光拿着戏票，硬拉着刘先生到百乐门剧场去看滇剧。刘先生早年在北平喜欢看京戏，来云南后也常到戏院看京戏，但对滇戏陌生。他搞不懂陶光的真实用意，只是碍于情面来到剧场。当听耐梅唱段，又经陶光绘声绘色地点评，也被她那甜润的嗓音和精湛的演艺征服了。刘先生从这场戏中看到滇剧的古典艺术风味，唱腔、走场都很有特色，有京戏中没有的东西。认为不看滇剧就无法真正了解云南文化艺术的博大精深。从此，刘先生偕夫人经常出入剧场、茶馆看滇剧名艺人的演出，有时还预订座位，邀请文友甚至学生共同欣赏。

刘先生看滇戏多了，交上不少唱滇戏的朋友。刘先生曾多次邀请耐梅、碧金玉、栗成之等名艺人到他的寓所共同切磋滇剧艺术。他还在一些报刊上撰文介绍滇剧及其名角。后来，还为滇剧名角张子谦赋诗祝寿。

刘文典邀请滇剧名艺人到家作客，也少不了叫上陶光。陶光借这个机会与耐梅有了更多交往，曾多次帮助耐梅修改戏中的说白和唱词。1947 年 9 月 3 日昆明广播电台为纪念抗日战争胜利两周年，组织了一次滇剧彩排广播特别节目，陶光与刘文典力推耐梅在节目中担任《春秋配》的女主角。陶光还为这次盛大的演出撰写了题为《九・三胜利日滇剧彩排剧目评介》的文章，对演出的剧目作了中肯的评介。陶光和耐梅在探讨滇戏艺术中，双方感情不断发展，陶光对耐梅有了进一步认识。耐梅原名张竹音，出身贫寒，有一段不幸的婚姻，她嫁给一个性格粗暴、动辄就对妻子拳打脚踢的滇戏武生。30 年代后期，她拜被誉为“青衣皇后”的滇剧名角碧金玉为师学戏。40 年代初，张竹音离婚后孑然一身回到昆明，进了清唱茶铺唱戏，并以耐梅为艺名。她边唱边学，掌握的剧目越来越多，她演出的《赵五娘》、《三娘教子》等受到滇剧戏迷的青睐。陶光非常同情耐梅不幸的遭遇，更加敬佩她的自学精神和聪明才智，最终冲破世俗的偏见向耐梅求婚。1947 年 12 月，陶光与耐梅在巡津街商务酒店举行了简单婚礼，包了两桌西餐，邀请十多位好友参加，刘文典和曾任昆明市市长的庾晋侯到场祝贺。

大学教授与女艺人结婚，更何况还是离婚再嫁的女艺人，在当时被认为是离经叛道的行为。消息传出后引起了一场风波，一些教授夫人自认为高人一等，不愿意和“女戏子”作为邻居，陶光遭到了不少闲言碎语，刘文典也因此受到牵连。陶光一气之下到成立不久的昆明师范学院教书。人到师院是非也跟着来了，校内的议论与责难对陶光夫妇造成了很大的压力。1948 年 10 月，陶光偕夫人愤愤不平地离开昆明到台湾教书。为此，10 月 23 日的《民意报》还刊登了他们离昆的消息。

陶光请刘文典看滇戏，使刘文典从此迷上了滇戏，陶光则与耐梅最终成眷属，成为一段佳话。

诗歌结友情——刘文典和马曜

诗是精粹的语言，是思想感情的流露，以诗会友是文人间常有的事。新中国成立前，时任西南联大教授的刘文典和当时的中学教师马曜先生，就是以诗为媒，结下深厚友情的。

马曜自幼受家庭熏陶，熟悉四书五经及唐宋诗词，并能从中领悟古诗的写作技巧。16 岁已能写出格律严谨、具有深义的古体诗，成了当地闻名的少年诗人与才子。1939 年马曜在昆明中等学校任文史教员时，到西南联大参加中学教师进修班学习。进修班分国文、数学、理化、生化等四组，马曜被分到国文组。在国文组为进修教师上课的有罗庸、陈寅恪、刘文典、魏建功等著名教授。刘文典讲授温（温飞卿）李（李义山）诗，这是唐代两位著名的诗人。马曜平素喜好李义山、李贺的诗，因而特别喜欢听刘文典讲课，每堂课早早进教室，认真听讲记笔记，还抓住机会将自己所写的诗请刘先生赐教。他的诗大多是论世言志，赠友唱和，叙漂泊生涯，充满爱国恋乡之情。题材多避实就虚，虚实并举，于不即不离中微指隐击，在奇险幽峭中蕴藏无限风光，在沉博奥衍中引人入胜。从日寇铁蹄下逃到昆明的刘文典，看了马曜的诗深感惊讶，赞不绝口。他非常喜欢这个勤奋好学、大有作为的青年，同马曜结成忘年之交。刘文典有了新作品，爱送给马曜阅读，他们互相切磋，这使马曜受益匪浅。

1947 年，马曜受聘到云大中文系任教，又与先前到云大中文系的刘文典共事，他们的往来更加频繁，关系更密切。马曜是 1931 年加入中共的早期党员，后又加入民盟，1945 年他以教育界人士的身份竞选为省参议员，利用参议会开展反蒋民主活动。他与刘文典的共事中，不时向这位国内外著名的学者做党的统战工作，收到很好的效果。

1949 年，云大将马曜 1927—1948 年间所写的诗歌，列为“国立云南大学文艺丛书”之一，并于当年出版发行。熊庆来校长题写书名，罗庸、钱基博、徐嘉瑞、刘文典等著名学者为其作序。刘文典在序中对马曜的诗给予很高的评价，认为其诗清秀优美，具有唐诗的风韵。序中写道：“读其诗，则清丽芊眠，骎骎入唐代诸公之室，洵如前人所谓羚羊挂角，香象渡河者也。”“马君体温柔敦厚之姿，写悱恻缠绵之志，宜其芬芳奇丽，足为昌谷之余音，玉豀之嗣响矣！”

新中国成立后，马曜调离云大任省民委副秘书长，他与刘文典的交往仍然不断。刘文典喜欢抽烟，当时市面上香烟少而贵，但他买到一包好的香烟，总要邀约马曜来共同品尝。刘文典是个京剧戏迷，特别爱看程砚秋演戏。1951 年马曜倡议由省民委邀请著名京剧演员程砚秋来昆演出，这乐坏了刘文典。每逢程砚秋演戏，他都必看。然而一票难求，马曜非常理解老友的心情，总是想方设法弄到票，还亲自送到刘文典家中。

后来，马曜成为我国著名的白族诗人、民族教育家、历史学家、担任过云南民族学院院长，为云南民族文化教育发展作出过杰出贡献。马老在 91 岁高龄时，谈到自己取得的学术成就，仍忘不了对他有过指教的刘文典先生，依然怀念他和刘先生的真挚友谊。

刘文典改考卷

刘文典是位受人敬仰的国学大师，他在云大讲课时往往是座无虚席，有的学生只能站在门口或趴在窗口上听课。不知为什么却会流传下刘先生批改作业的笑话，说刘先生用脚踢考卷，踢得越远分数就越高。事实恰恰相反，刘先生改卷评分是很认真的。要说他在改卷中与众不同之处，那就是他喜欢有创新意识的学生并给他们高分。

1948 年云大校方委托刘先生替文法学院出当年的国文考卷，刘先生乐意地接受这项工作并提出考生须用毛笔书写。刘先生出的考卷中有一道论述题，题目是：《学然后知不足》，这是一句古训。大多数考生能掌握要领进行论述，但写作方式各不一样。多数人都是平铺直叙地谈自己学习的态度、今后的打算。这样的考卷，刘先生多半给及格分。唯有一份考卷让刘先生格外感兴趣。考生先写出文章的结论，再叙述道理，而结论用三段英文写成。在中文考卷上用英文写文章的结论而且用毛笔书写出来，这无疑新颖。英文的第一段是 I know everything，第二段是 I know something，第三段是 I know nothing。考生往下分段叙述自己三个阶段的学习态度：他在第一段中讲述了自己从初中考入全省重点高中——云大附中那种自豪的心理。那时云大附中每年的升学率都是全省第一，而且学生享受公费，免缴学费及半费供应食住，还发给一些零用钱，另设有奖学金。因此每年有众多的初中生报考云大附中，只有佼佼者才能进入这所中学。云大附中学生戴着校徽走在马路上总会受到行人的注目。答题的这个考生在刚进云大附中时目中无人，自认为无所不知，自傲自大甚至有些狂妄。因此用英语 I know everything 表示当时的学习态度。经过一年高中学习，发现比自己强的同学不少。当年给他们二年级学生上课的老师是非常优秀的学者，如口若悬河、知识丰富的历史学家黄平老师。黄老师讲了许多历史故事，自己闻所未闻，这使他感觉到自己知识面不足。因而用英文 I know something 表示这个阶段的学习态度。进入高三，课程多，高考压力大，更感觉到自己的知识不够，又害怕考不上大学，心里非常空虚。因此用 I know nothing 表示当时的心情。考生用这种方式做题生动、形象、层次清晰。

后来刘先生在给学生讲授破题的技巧时，就举了这个例子，说这个考生是个小聪明，做国文卷子用英文来破题，给了他满分。恰巧这个考生就在堂下听课，他就是后来成为我省知名律师、曾担任过云南省人大常委会法制委员会顾问、省政协委员、五华区人民代表的云大法律系张慎教授。从此刘文典与张慎相识相知，成为忘年交，师生感情很好。1956 年张慎的爱人生小孩，他特意请刘先生取名，刘先生问过小孩的生辰八字后，用大红纸写上他为小孩所取的名字。

如今张慎已年过古稀，当他回忆起敬爱的老师刘文典，仍然是一往情深。

戒烟迎解放

1949 年 12 月 10 日即卢汉宣布起义的第二天，被称为“二云居士”（因对“阿芙蓉”即鸦片癖甚，又嗜云南火腿）的国学大师刘文典先生，打破常规一大早站在学校球场中间。看到熟悉的同仁李埏先生就大声叫他过去，李埏问：“先生有何见教？”他说：“我郑重地告诉你，从现在起我戒烟了!”刘文典见其他熟悉人也这样说，似乎是在做个人“广告”，让人人都知道刘文典要戒烟了。他真的能把烟戒掉吗？大家还是半信半疑。

说到刘文典抽鸦片，还得从头讲起。1929 年全国掀起抵制日货运动，正在辅仁大学读书的刘文典之子刘成章，因参加抵制日货的卧轨请愿而染上了风寒死去。中年丧子，让他意志消沉，不能自拔，家人劝其吸鸦片解愁。此次吸烟时间并不长，待到情绪稳定，他立即就戒掉了鸦片。直到 1938 年到云南后，刘文典鸦片烟瘾才又复发，当地有钱人见他爱抽鸦片，都投其所好。应邀去某地土司家小住，得吸鸦片之最佳品。各地军人、旧官僚及土司头人请他撰写神道碑墓志铭等，皆以最佳鸦片为酬。刘文典任教云大时，除上课外，绝不出户，日夕卧烟榻上，吞云吐雾，这使他烟瘾越来越大。

这样一个“烟民”，要戒烟，谈何容易！怎不令人怀疑。不过刘文典这次戒烟与前次不同。这次是在卢汉起义后，中国人民解放前夕。这对于早年参加同盟会，竭力宣传革命思想，担任孙中山总统府秘书，亦为革命流过血负过伤的刘文典来说，他是看到了孙中山的夙愿将由共产党实现，中国人民将站起来。压抑在他心头多年的苦闷、惆怅也就迎刃而解，再也用不着以抽鸦片求得精神上的麻醉。他随即把家藏的鸦片、烟具统统扔出家门。

戒烟之初是困难的，烟瘾发了，他就用猛抽香烟、大口喝茶或服戒烟药品的方法，来控制自己的生理反应，还让夫人帮他戒烟。他走出家门，主动多承担教学任务，还与同事、学生多接触，积极参加各种政治学习，加入了九三学社。这些不仅有利于戒烟也使他思想发生很大变化，使他成为一名进步的学者，被选为全国政协第一、二届委员，在全国政协第二届三次全体会议上，还做了热情洋溢的发言。他还曾向学校党组织表示，争取做一个光荣的共产党员。

他在 1953 年写的一份思想总结中谈道：“解放后，我的精神、身体都很好，国家和个人的前途都是一片光明，所以很乐观。”从他郑重宣布戒大烟的那天起，到1958年去世，整整八年中再未抽过一次。这不仅是刘文典有坚强毅力，更在于他在用戒烟的实际行动来拥护共产党的领导，迎接新中国的到来。

刘文典与《杜甫年谱》

在《刘文典全集》第三卷中，有一首《谒工部草堂》的诗和一篇用骈文写成的《杜甫年谱序》。从诗和序中可以看出刘文典到过杜甫草堂（即杜甫纪念馆），写过杜甫年谱，但文集中未见其正文，这是何故？全集中未做交代。为何只有序文，而不见年谱的发表？话还得从头说起。

从一些资料看，刘文典从1953年起，便开始收集整理历代学者对杜诗的研究文章，着手编撰《杜甫年谱》。深感在昆明找到的资料远远不够写好这本年谱。1956年初，刘文典借到北京出席全国政协第二届委员会第二次会议的机会，到北京图书馆查阅资料。北京图书馆得知他的来意后，十分支持这位学术大师的研究工作，在馆内腾出一小间办公室，取名“刘文典研究室”专供刘文典使用。

在这次会议期间，毛主席会见了刘文典等23位专家。会见中，毛主席问刘文典：“你最近在研究什么？”他回答：“我在研究杜诗，研究完杜诗，再研究白居易。”毛主席说：“很好。”会议结束后，它与同时来开会的经济学家、四川大学校长彭迪先一起来到成都。在彭迪先的陪同下，他参观了杜甫草堂，阅读了草堂保存的杜诗及历代文人所作的诗画，还与草堂的工作人员进行交谈。临别时，他欣然接受草堂工作人员的要求，铺开宣纸，一气呵成写下《谒工部草堂》。诗的全文是：“李杜文章百世师，今朝来拜少陵祠，松篁想像行吟处，云物依稀系梦思，濯锦江头春寂寂，浣花溪畔日迟迟，汉唐陵阙皆零落，唯有茅斋似昔时。”他对杜甫的敬仰之情，瞻仰草堂后的感想都跃然纸上。至今，成都杜甫草堂仍保存着刘文典写在“斗方”上的这首诗。

1957年3月，刘文典借再次到北京参加全国政协第二届委员会第三次会议的机会，又到北京图书馆查阅资料。他从大量的资料中，发现杜甫出生时间应该比一般认定的时间晚一年（即先天元年改为开元元年）。对这个问题，大家争论很大，有的学者催刘文典赶紧发表，但他十分慎重。他告诉其助手，还要征求他一向尊敬的学术大师、中山大学教授陈寅恪的意见后再发表。1958年有人贴出大字报批判他的这个学术研究结论，诽谤、讽刺他，说“一个自称大学者的教授，搞了好几年，还拿不出一本年谱”等。这对已是重病缠身却治学严谨的刘文典来说，简直是莫大的侮辱。但他还是顶住压力，坚持不发表经不起历史推敲的文章。不幸的是，还未送去发表，他就于当年7月撒手人寰。

“文革”前，刘文典的次子刘平章将厚厚的一摞手稿送给史学家、云大历史系主任张德光教授，请他帮助整理出版。张德光正着手进行整理时，“文革”开始了。“文革”中，张德光受到残酷迫害，家被抄，很多重要的书籍手稿被拿走。张德光去世前，未向刘平章退还书稿或交代书稿的去向，便撒手人寰，收入《刘文典全集》的只有刘平章保存下来的《杜甫年谱》序。

“擦皮鞋者”

刘文典曾在给其子的信中自称“擦皮鞋者”，这是怎么回事？

这事发生在1957年3月，在北京出席全国政协二届三次会议的刘文典听了周总理的报告后，在大会上作了发言。能在这样一个庄严的场合发言，使他格外开心。会议休息期间他去逛书店，摆在书架上的一本苏联画报上的一幅名为“擦皮鞋者”的幽默漫画吸引了他。漫画描绘的是在寒冷的冬天，一个穿着破旧棉袄、脸上布满皱纹的父亲蹲在地上，拿着刷子正细心地为儿子 Kolya 擦皮鞋。儿女长大后应该孝顺、帮助年老的父母做事，让父母享福。但漫画则反映年老体弱的父亲还在为已成年的儿子操劳，甚至还要替儿子擦皮鞋，以此讽刺父母过分溺爱儿女所出现的社会反常现象。这幅漫画让他想起在成都某大学读书的次子平章来信要生活费的事，觉得自己如同漫画中擦皮鞋的老人，对子女溺爱有加。自责之后他没摆出“老子”的样子去教训儿子，而用幽默隐晦的方式给儿子谈想法，让儿子领悟其中的道理。他在回信中一改常态戏称平章为“Kolya”，信一开始不提寄钱的事，而倒过来说：“我在京用费极大，所带的钱早已用完，正是两袖清风，你要电汇几文来救济我，解除我的经济危机。”平章在来信中希望他开完会顺路到成都，他却说：“我的旅费用尽，只好步行回昆明，不能从成都经过了。”为调侃儿子，还叫儿子来北京，他“可以买最精致的玩具给你”，似乎忘记了儿子是个快要大学毕业的成年人。信末落款是“擦皮鞋者”，而不写真实姓名。

这封信被刘平章的同学看了一笑了之，但对平章触动很大，他清楚信中字里行间蕴涵的意义及所要表达的感情。几十年过去了，刘平章仍然不能忘“擦皮鞋者”对他的教育与希望。

棋　痴

何衍璿

我国现代数学先驱、云南大学已故教授何衍璿（1900—1971）不仅学术渊博，还酷爱中国象棋，他从小就想做“棋王”。20 世纪 30 年代他已是广州的象棋名流，他的棋艺既精湛又全面，著有《开局与残局》等棋谱书。他下盲棋的水平更是让人赞叹不已。远近慕名前来与他对弈的达官显贵为数不少。而他与一位补鞋匠的长期对弈则成为佳话。

湖北名棋手吴松亭早年挟艺游上海，与上海象棋大师周焕文同享盛名。1936 年，他南下广州时已近晚年，既不会粤语，又不爱整洁，没有一点名棋手的风度，很少有人与他对弈。以下棋为业已无法维持生活，不得不在广州街头摆摊补鞋。

当时广州的棋园一般设在茶馆内，何衍璿经常光顾茶馆，请职业棋手喝茶、对弈，切磋棋艺。何衍璿发现吴松亭不是等闲之辈，每次一到茶馆就专找吴松亭喝茶下棋，直到茶馆关门，仍然犹未尽兴。有时何衍璿因故不能去茶馆，就让司机开着中山大学配的小轿车去接吴松亭到家里下棋。当时中国十分落后，汽车很少见，有钱人出门坐黄包车已够气派了，用小车去接衣衫褴褛的棋手，更可见何衍璿对吴的敬慕，对世俗观念的蔑视。

何衍璿常请吴松亭到家吃饭，见到这位蓬头垢面、身上散发一股难闻气味的老头来同桌吃饭，何家大小包括保姆都纷纷离开饭桌。何夫人婉言相劝："吴先生靠补鞋谋生，你常常带他来下棋，影响了吴先生的生意，他们一家人的生活怎么办?"何衍璿听后认为言之有理，但又不愿意放弃与吴松亭下棋。为了两全其美，何衍璿就把吴松亭一家接到家中住下，发给吴松亭一家的生活费，还给吴松亭做了一套新衣，让他能体面地进入茶馆下棋。有人以为何家有钱，其实并非如此。他家子女众多，又无外援，平常节衣缩食，并不富裕，他只是生性豪爽，爱为棋友花钱而已。

吴松亭一家在何家住了一年有余，直到1938年，日本侵略中国南方，广州沦陷，中山大学奉命迁至云南，何家大小随校离开广州，吴松亭一家也去了香港，他们才结束了这段"棋友"交往。1941年至1947年何衍璿担任云大教务长，虽然工作繁忙，但仍痴迷象棋，经常为下象棋而很晚回家。一次下象棋后回到家已是凌晨，夫人赌气有意不开门，何衍璿怕大声敲门，影响邻居的休息，又丢面子，干脆在住宅（原云大枇杷苑）外生物系用来养鱼的一个大水缸里睡了一宿。他不仅爱下棋，还擅长写诗、题词。40年代，他曾用骈文写过一篇题为《屏风马抵当头炮局》的文章，文中一边讲下象棋一边表达自己对时局的看法，其中写道："兵谈纸上，人攻我守。不为天下之先，敌忾同仇。"表达了他对日本侵略者的仇恨。当时中国政府派远征军到缅甸与日军作战，于是他在文章结尾写道："势蓄盘中，兵扬海外。且览梅花佳谱，伫闻淝水捷音。"表达了他希望中国军队凯旋的心愿。

创三项第一的马光辰

马光辰

我国是一个农业大国，我们云南有史以来也一直以农耕为主，但是1998年我省完成工业增加值已达694亿元，国有工业经济效益综合指数继续居全国首位。

谁能想到这只是几十年的时间，云南就发生翻天覆地的变化。20世纪初，云南的工业几乎是一片空白，除少数几家外国人办的工厂外，几乎没有任何工业。人们在生产生活中需求的工业产品主要来自省外或国外。30年代，一批有志青年为改变这一落后面貌，进行了艰苦卓绝的开创性工作。原云南大学机械系第一任系主任马光辰（1905—1998）教授就是这批拓荒队伍中的一员。他在云南的冶金工业和机械工业发展史上，创造了三项第一。

马光辰早年留学法国、比利时等国十多年，攻读钢铁、机械、冶金等专业，既有理论，又有实践经验，造诣很深。回国后在当时的中央研究院工程所工作。抗战爆发，工程研究所从上海迁到了昆明，马光辰随研究所来到云南。此时，正遇上云南准备建一座钢厂。龙云得知工程所的马光辰等人从事钢铁研究，如获至宝，即聘马光辰担任副总工程师、设计室主任，主持在离昆明30公里外的桥头村筹建一座钢铁厂。

战争年代，人们的吃、穿、住、行都很艰难，建一座钢铁厂谈何容易！马光辰等人不畏艰辛，没有路，他们自己修起简易土路；没有汽车，他们就用马车拉运物资。从国外进口机械设备，不仅价格昂贵，而且运输十分困难。为了节省开支、缩短时间，凡是能自己制造的生产设备，就由马光辰负责。1939年，云南历史上第一座电力制钢厂诞生了。

40年代初，中国生产玻璃的方法是把原料放在耐火材料制成的缸里，再把缸放到火炉中烧制。这种生产工艺只能生产出瓶状玻璃器皿，而且烧制玻璃原料的缸容易被烧坏。1941年，马光辰率领七八个工人，在昆明马街的几间草房中办起了私人玻璃厂。他借鉴外国办玻璃厂的经验，自己设计图纸，改进生产工艺。筑成云南第一套烧制玻璃的池炉设备。这种生产方式不仅提高了生产效率，增加了玻璃的花色品种，而且生产出我省第一批平板玻璃。马光辰生产出来的刻花玻璃窗片，被安装在当时昆明最豪华的建筑物——云南省政府办公大楼上。

1945年，马光辰被云南大学熊庆来校长聘为矿冶系教授。1947年云大创办机械工程系，熊庆来又聘马光辰为机械系第一任系主任。成立当初，机械系没有任何设备，实验用具靠向外借用，教师也仅有六七人，第一届只招收了9名学生，但它标志着云南省有了自己培养的第一代机械制造的专门人才。新中国成立后高校院系调整后，机械系成为昆明工学院（现为昆明理工大学）的最主要系之一，为我省的冶金机械工业发展起到了重要的推动作用。

1952年，中国科学院院长郭沫若得知旧友马光辰三四十年代在工程研究所成就卓著后，即将马光辰调回科学院并负责抗战时留昆的工程所，即今天的昆明贵金属研究所。

斗转星移，往日桥头村钢铁厂已成为我国大中型钢铁生产基地——昆钢的一分厂；云南机械已形成了具有一定门类和规模的机械制造行业；昆明平板玻璃厂是全国大中型玻璃生产企业之一。现代化的工矿企业在全省星罗棋布，云南那种贫穷落后的工业面貌已经一去不复返了。但是，马光辰等老一辈拓荒者艰苦创业的精神，却始终激励着当代青年去开拓未来，走向新世纪。

彭桓武：我爱云大

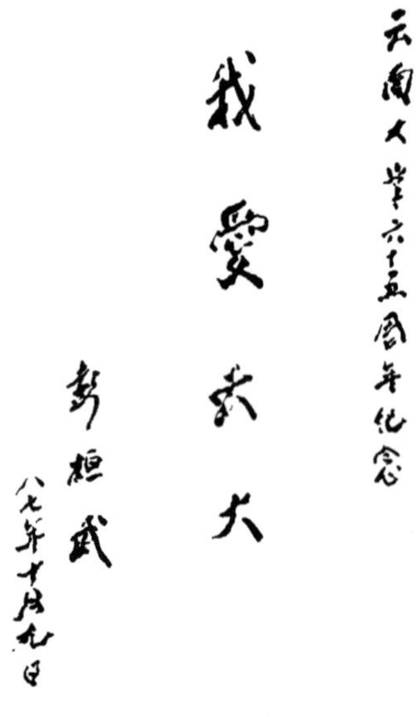
云南大学六十五周年纪念
我爱云大
彭桓武
八七年十月九日

彭桓武的题词

1999年9月中旬，正在云南大学讲学的彭桓武接到一个北京的长途电话，匆匆结束旅程赶回北京，连他向往已久的大理之行也未能成行。9月18日，接待彭老的云大人从电视里看到他在人民大会堂接受“两弹一星”功勋章。这才清楚他匆忙离开云南的原因。彭老这次到云大，是他第五次来云大，他多次来云大是因为彭老与云大有着不解之缘。

祖籍湖北麻城的彭桓武1915年生于吉林长春。1935年，彭桓武从清华大学物理系毕业后，跟随周培源教授从事相对论研究。1937年，因“七七事变”的发生，为避免战乱，到云大理化系任教。1938年冬，又从云大考取公费留学，赴英国攻读学位。1940年和1945年先后获得爱丁堡大学哲学博士和科学博士学位。在爱丁堡与都柏林两地从事固体理论、量子物理和量子场论的研究工作。1947年返回祖国后，清华大学、南京中央研究院都发函相聘，但他仍然接受了熊庆来校长的聘请，再度到云南大学物理系任教授。他在云大开设了物性论、高等电磁学等核物理方面的课程，同时还进行核力的研究工作，指导云大物理系年轻教师唐懋荧进行量子力学应用于原子核方面的研究，这一工作在当时是走在国际前列的。1949 年初，他到清华大学任教授。

1999 年作者采访彭桓武（右）

彭桓武在新中国成立之初，转入理论核物理研究，领导了我国核反应堆与核武器的理论设计工作。在固体和统计物理、原子和分子物理领域，做了大量的组织和研究工作。还培养了一大批优秀的科技工作者，其中不少人后来当选为中科院院士。他先后担任中科院高能所副所长、二机部九院副院长、理论物理所所长等职。他开辟了中国核反应堆和核临界安全研究，领导开展了核潜艇研究设计的前期工作，组织了一支彼此协作的核反应堆理论、实验和工程的科研队伍。1955 年当选为中科院院士。曾荣获国家自然科学一等奖、国家自然科技进步特等奖、何梁何利基金科学与技术成就奖。在 60 年代初参与了我国核武器的研制工作，是当时核武器理论研究的主要奠基人之一，为我国的原子弹、氢弹的研制作出了贡献。

彭桓武十分怀念在云大的岁月，难忘熊校长热情的聘请、云大同人深厚的友情及昆明四季如春的气候。50多年过去了，他始终关心云南高校的发展。彭桓武与云大物理系杨桂宫、顾建中两教授有着深厚的感情。几十年来，他们一直都有着密切的往来。通过与杨桂宫、顾建中的联系，为培养云南的物理学专门人才做了大量的工作，使云大物理系的教学科研一直处于全国领先地位，在全国享有盛名。对从云南去北京拜访他的学者，无论是否曾是教过的学生，都热情接待，帮助他们解决一些教育、科研方面的问题。2004年个人出资五万元设立杨桂宫、顾建中奖学金，以兹纪念老友，勉励学子。

新中国成立后，他曾四次来到昆明，每次到昆明都要与科技教育界的同人进行学术交流。1979年，云南省物理学会在粉碎“四人帮”恢复学会工作后，召开了为期一周的第一次会员大会。彭桓武恰逢在昆明，闻讯后放弃其他活动，参加了这次大会。1987年4月，他来昆明为在筇竹寺圆寂的姐姐扫墓，住在顾建中教授家。原云大党委书记吴道源等特意去看望他，并请其题词，从不轻易为他人题词的彭桓武欣然挥笔写下“我爱云大”四个强劲的大字。这四个字包含着这位老科学家对云南的深情厚爱。

1999年9月，已是84岁高龄的彭桓武应学校邀请再度到云大进行访问讲学。虽然年事已高，但精力十分充沛。9月13日上午，与物理系教师进行了两个多小时的座谈。下午又参加物理、生物、化学三系组织的报告会。在报告会上，彭桓武讲了自己的成长与治学经验，他的讲话不时博得阵阵掌声。陪同他来访的其子、美国康耐狄克州立大学博士彭征宇应邀介绍了自己的研究工作及该学科的热点问题，这给我省的生命科学与化学研究很多启发和帮助。彭桓武这次来访，还特意把最近出版的专著《理论物理基础》，赠送给云大图书馆。他对云大非线性研究中心所从事的物理与生物相结合的研究工作，给予了高度的评价和大力的支持。特意为其题词：“祝非线性中心人才辈出，永攀高峰。”

我是中国人，回中国做事天经地义

原数学系主任卫念祖教授 1938 年从北京中法大学数学系毕业。为了鼓励优秀学生出国深造，中法大学规定毕业成绩在前五名，分数在 70 分以上者，可以享受公费派送到法国里昂大学学习。卫念祖毕业成绩优秀，当年被公费选送到法国。1941 年获法国里昂大学理科硕士学位并留校做研究工作，从事数学方面关于调和函数论、积分论和位势理论的研究工作。

青年时代的卫念祖在法国

1948 年，卫念祖写信给同去法国留学而时任云大航空系系主任的王绍曾，信中说道：指导他做博士论文的导师西尔，已到退休年龄，年高体衰，很少来学校，论文工作进度很慢，他想把很多工作带回国内继续搞，学位不要了，在法国已经十一年了，不想再待下去了。希望王绍曾在国内给他介绍工作。王绍曾回信说：云大数学系要人，工作没问题，不过博士论文已进行这么久，功亏一篑，很可惜，莫若把它做完。卫念祖又来信说，经过再三考虑下决心回国。因卫念祖决定回国，王绍曾向熊庆来推荐卫念祖，很快卫念祖就接到云大寄去的聘书。

卫念祖 1948 年 8 月底抵达昆明之时，正值处于内战中的国民政府摇摇欲坠，民不聊生。在学校里，学生罢课，教师罢教，教学秩序混乱不堪。亲友对他此时回国疑惑不解，卫念祖则很坦然地说："我是中国人，中国人回中国做事天经地义。外国再好，毕竟是人家的，中国再穷也是自己的，穷才有用武之地。"

卫念祖回国前，四川大学、中山大学和云南大学都邀请他去任教。论当时的工作和物质条件，广州和成都都比昆明优越得多，但他却看中了云大，吸引他的是当时云大校长熊庆来先生的为人和在学术界的名望。"天时不如地利，地利不如人和。"人和才好做事。卫念祖抱着这信念毅然选择了云大，在这片红土高原上辛勤耕耘终身。

1954 年他担任数学系主任直到 1984 年。在主持系务工作中，他放弃了多次外出学习进修机会和心爱的学术研究，全身心地抓教学、抓管理。他认为搞好教学工作，提高教师素质是关键。对青年教师的培养采取送出去、请进来的办法，选送青年教师到省外高校或研究所进修，与此同时还聘请华罗庚、丘佩璋、杨乐等著名专家、教授到系讲课，这些措施对数学系发展壮大起到积极作用。卫念祖在管理上要求严格，刚毕业的青年教师要经历老教师的传帮带和考评合格才能上讲台。他经常抽查青年教师批改的作业本，跟班听课，收集意见，及时纠正教学中出现的问题，指导青年教师阅读数学文献，撰写科研论文。卫念祖在抓教学管理中，重视对师生的思想教育，培养师生良好的品德修养，鼓励学生刻苦学习，帮助生活有困难的学生，关心学生思想进步。

“严师出高徒。”在卫念祖任教和担任系主任期间，数学系涌现了一批对国家作出突出贡献的人才。如朱永津于1965年与刘振宏首次提出最小树形图算法，被国际上称为“朱—刘算法”，成为新中国成立后国际上用11位中国人名命名的科技成果之一。卫念祖任职期间还为云南省培养出九位大专院校的校长，有的学生毕业后获得国家“五一”劳动奖章、全国优秀教师、国家或省有突出贡献的专家教授等称号。

1987年，卫念祖退休以后，仍关心国家建设和云大的发展，继续担任云南省数学会名誉理事长、民盟云南省委委员、《云南大学志》编审委员会委员等。1995年，卫念祖把精心保存几十年的二战时期的法国公路交通图、法国邮票、法国政府配发给他的面包票等113件物品，捐赠给中国革命博物馆，这些物品见证了二战时期法国人民的生活状况，具有一定的历史价值。卫念祖一生喜欢购书，尤其法国书籍，家藏上千册。1996年，在他80岁生日的时候把自己的藏书捐献给了云大。

作为一名老知识分子，卫念祖亲身经历了新旧中国的变化，对近代中国有深刻的认识。他坚信只有中国共产党才能救中国，并积极投身于新中国的建设。从50年代申请加入中国共产党后，一直不放弃自己的追求。1979年，年过六旬的卫念祖光荣地加入了党组织。卫念祖曾被选为第三、五、六届云南省人大代表，中国数学会第二、三届理事，云南省数学会理事长。1992年获得国务院颁发的“有突出贡献的政府特殊津贴”。

岑纪：云南俄语教学的拓荒者

岑纪（前排右3）参加外语系1954级学生毕业留影

岑纪原名赵济，字巨川。1902年7月28日生于大理农村一户白族家庭，于1994年12月11日逝世。他6岁在本村私塾发蒙，跟着私塾先生背诵《三字经》、《百家姓》、《孟子》以及《论语》等旧学经典。10岁那年在昆明教书的父亲带着他到省城入第四区模范小学，1915年回大理入省立第二中学。1920年只身赴北平入世界语专门学校。受五四运动的影响，于1921年经北大学生何孟雄，北平高师学生许兴凯介绍加入中国社会主义青年团。1923年转学入上海大学，学习社会科学，同时在上海参加工人运动。1924年由任弼时通知，转为中国共产党党员。1925年党中央派他赴广州对滇军杨希闵部进行策反工作，后在国民革命军第三军做政治工作。北伐战争时任该军第19团党代表，攻入南昌后改任第九师政治部主任。1927年“四一二”蒋介石叛变，大肆屠杀上海工人，武汉开始搜捕共产党人。正在武汉任38军政治部秘书的岑纪由组织安排，赴上海乘船后经海参崴到莫斯科东方大学学习。经过三年的刻苦学习，他能够用俄语流畅地对话，熟练地阅读、翻译俄文资料。为他后来从事俄语教学打下了坚实的基础。1930年秋回国后加入“中国共产主义同盟”，不久该组织遭破坏，遂在上海从事翻译工作，曾用笔名岑纪翻译了考茨基所著的《土地问题》、柯金著的《中国古代社会》、鲁滨著的《经济思想史》等书。其中《中国古代社会》1933年由上海黎明书局出版，《土地问题》列为中山文化教育馆编辑的中山文库丛书，分上下两册，于1936年3月由商务印书馆出版，同年12月再版。1937年日本帝国主义侵占上海，他逃离上海返回云南，先后在昆明欧亚航空公司组织的职员读书会、滇缅铁路工程技术人员俄文补习班等私人团体讲授俄文。1949年8月经云大社会学系主任杨堃推荐，岑纪被聘为社会学系教授，讲授“社会主义思想史”、“社会科学”等课程。

1949年10月1日，中华人民共和国成立，揭开了中国历史的新篇章。新中国成立初期，在党和人民面前还存在着许多困难，面临着严峻考验。党中央及时提出借鉴苏联的社会主义建设经验，进行中国社会主义建设。为了便于直接学习苏联的先进经验和知识。中央提倡“国家一切机关和部门的工作人员利用业余时间学习俄文”。政务院1952年9月1日还颁发了《奖励学习俄文试行办法》。其中规定“能独立阅读、翻译俄文书籍者得按月享受其原有薪金或供给标准10%的奖励；能用俄语直接与苏联专家讨论业务问题，但有时需求助于人者，得按月享受其原有薪金或供给标准5%的奖励”等。办法一经公布，立即在全国掀起了学习俄语的高潮。云大也同全国一样，师生以高昂的热情，投入到学习俄语的活动中。新中国成立前云大外语系未设俄语专业，云大乃至云南的大中学校开设的外语课程主要是英语，仅有云南航空军官学校等极个别的学校开设俄语课。云大教授大多从欧美留学归来，能讲英语法语而不会俄语。在云南懂俄文的人少，教俄文的教师更是凤毛麟角。

岑纪积极响应中央号召，利用业余时间进行俄语翻译，先后翻译费多诺著的《翻译理论导言》、希尔费丁著的《财政资本论》第二分册，又将已翻译过的《土地问题》作适当的修订，将竖排改为横排，于1955年由三联书店出版。学校视岑纪为俄语教学的骨干，将其由社会学系调入外语系担任俄语教授。1951年他在云大中苏友好协会举办的俄语补习班讲课，有八十余名师生获得结业证书。1953年学习俄语达到了高潮，学校将教师俄语培训列入教学计划，成立教师专业俄语学习教研组，任命岑纪为教研组的组长，由他负责组织教师进行俄文培训。在培训中首先遇到的困难是参加学习的人多但是没有教材，他不等不靠，根据自己过去在私人团体做成人俄文教学培训的经验，结合云大教师学习的基础及工作的需要，编写了一本《俄文速成讲义》（油印本），该书用16开纸书写，共有134页，讲义分为俄语字母表、俄语语法、文章选读、俄语练习等章节。这本讲义受到参加培训教师的充分好评，认为该书浅显易懂，给他们的学习带来了极大的方便。参加培训的不仅有刚毕业留校的年轻教师，也有从欧美留学归来的老教授，有理工科教师，也有外语系讲授其他语种的教师。外语系一些非俄语语种的教师经过培训改为教俄语，成为我校俄语专业首批教学骨干。

云大教师的俄语培训成绩斐然。截至1954年6月，全校接受过俄文培训的教师占全校教师的65%。经过8个月的学习培训，参加培训的人员每小时可以阅读150个单词，最多的可达500个，每人掌握生字平均在1 000个左右，可以借助词典阅读专业书籍。有的教研组能集体翻译苏联教材，有的教师能够使用俄文教材教学或阅读本专业的俄文杂志，进行学术交流。数学系教授张燮新中国成立前留学美国，精通英语。他参加俄文速成学习后，翻译出版了苏联俄文高等学校教材《实变函数论》、《高等代数》、《概率论》等，他是西南地区高校翻译并讲授“概率论”的第一人，为云大争得了荣誉。岑纪所领导的教师俄语学习教研组为云大俄语教学发展奠定了基础。1959年教育部批准在云大外语系设立俄语专业，并于当年招收了第一届本科学生。此后每年招生，毕业后大多分配在省内大中学校任教。“文革”前全省大中学校的外语课都是讲授俄语，俄语教学风靡全省。在取得如此巨大的成就面前，我们不能忘记曾为云南特别是云南大学的俄语教学立下汗马功劳的拓荒者岑纪先生。

王士魁的不平凡人生

艰难的求学之路

王士魁

曾任云大教务长、数学系主任的王士魁(1904—1969)，是我国早期勤工俭学留学法国的学生之一。他利用数学上的张量分析对天体物理做过系统研究，赢得国内外天文界的好评。他为此走过了一条不平坦的求学路。

王士魁出生在海南海口近郊一个店员家庭。1919 年小学毕业时，正逢传播新文化的五四运动，革命思潮席卷全国，边远的海南也不例外。在当时掀起的出国勤工俭学的浪潮推动下，家境贫困，但天资聪慧好学的王士魁，仅在当地法文学校补习了几个月法语，就取得到法国勤工俭学的留学生资格。1920 年夏，他和 15 名海南籍学生经香港乘船赴法国留学。轮船到马赛港后，转乘火车于 10 月 10 日到达法国巴黎，自此开始了他长达 16 年艰难的留学生涯。因语言基础差，初到法国在一所公学补习法语。1921 年春，年仅 17 岁的王士魁突发急性阑尾炎，险些丧命。幸好在一位心地善良的房东老大娘精心照料下，得以康复。王士魁非常感激这位善良老人的救命之恩，长期与她保持联系，直到二战爆发后才中断。当时海南政府对海南籍留法学生有部分资助，学习环境相对安定，王士魁进步很快。1924 年王士魁以优异的成绩读完中学课程，进入巴黎一所高级中学数学班学习，其数学才华得以显露。但不久资助中断，生活陷入窘境，从此开始了艰难的半工半读历程。20 世纪 20 年代，法国的经济尚未复苏，失业率高，就业困难。他为了生存，先后当过送货员、空气压缩机操作工。1928 年经人介绍，到里昂附近的小城——哥勒乐贝尔的一家测量公司做测量工作。工程测量大部分时间在野外作业，跋山涉水、风餐露宿，但他并不畏惧。测量工作需要大量的数字计算，这正好是他的长处，因此他很快适应工作并出色地完成任务，得到主管的信任，不久便升任技师，有了稳定的收入。生活安定后，他利用工余时间在法国格罗潘伯大学读书，并获得高等数学证书。1932 年，这家公司不能抵御经济危机的冲击而倒闭，他又一次失业。正处于生活无着、四处找工作的王士魁，打听到中国政府在法国组织的官费留学考试，就报名参加了这次考试。在众多的考生中，他以优异成绩被里昂中法学院录取。被录取的学生所有费用都由中国政府支付，进校后王士魁也不用为生计担心，从而结束八年来失业和失学的痛苦，可以安心读书做学问。快到而立之年的王士魁重新走进大学的殿堂，更加珍惜这来之不易的学习机会。他起早贪黑看书学习，教室、图书馆、宿舍是他一天生活圆周上的三个点。一分耕耘一分收获，超常学习让他在短短的一年中获得数学分析、理论力学、天文学三张证书，完成了法国教育部规定的大学本科学业。1933 年夏，他师从里昂大学教授、巴黎科学院通讯院士、里昂天文台台长杜菲（J. Dufay），攻读硕士。1934 年获硕士学位，继而跟杜菲攻读数学博士学位。

数学与天文学历来有着很深的渊源，杜菲指导王士魁用数学工具研究天体物理学中的前沿问题，得出一系列令人瞩目的成果。

20 世纪初，人类科学技术的发展迈入崭新时期。1905 年，爱因斯坦提出狭义相对论，10 年后又建立了本质上与牛顿引力理论完全不同的引力理论——广义相对论。爱因斯坦的相对论一开始就与天文学密切相关。他对天体物理学，特别是理论天体物理的发展有很大影响，解决了天文学上多年不解之谜，水星近日点静动问题，这使天体物理学的许多研究工作进入了相对论天体物理学及相关的分支学科领域，形成了天体物理学中最为活跃的分支。夏尔·法比利（C. Fabry）在 20 世纪初利用照相技术，最先对夜间天空发光强度进行了测定，随后斯利菲尔(Slipher)、杜菲等学者对夜空发光强度进行了探讨。1934 年，物端棱镜技术有了很大发展，这为该项研究的进一步深入提供了条件。认识到地球大气高层具有光的散射作用，但宇宙中太阳和恒星光的散射则更为复杂，这一问题的提出，引起物理学界和天文学界的关注。奥特·斯特里夫（O. Struve）对星际吸收与散射的关系进行了研究，后来杜菲在研究中证实了斯特里夫的研究过于粗略。杜菲在此基础上对小恒星在夜空中的作用作过粗略计算，提出宇宙光线存在散射，但未作详细证明。要详细证明必须用到大量的数学知识和繁杂的计算，杜菲把这个问题交给王士魁完成。王士魁依托扎实的数学功底，用数学中的奇异积分、张量分析与黎曼几何等基础知识及里昂天文台的良好设备，在杜菲的指导下，开始了有关宇宙光线散射规律的研究。

王士魁与导师研究了恒星在夜天光中的作用，得出因大气上部的散射，使暗恒的亮度只占邻近北极天空照相测量亮度的 15%—22%，证实了由于夜空中无数谱带和谱线的传输作用，使照相星与仿视星等的数据相兼容，其研究成果发表在他与导师合著的《夜天光和星光》（Brillance du ciel noctume et Lumiere de toutes les etoiles）论文中。在这基础上结合夜天光部分偏振，证明一部分夜天光确实来自太阳光的散射的结论，并且掌握了宇宙中光的吸收规律。王士魁还进一步研究了关于星光的散射规律，并分别发表了《恒星光的散射》、《银河光的散射》等论文，这些研究归纳起来是以分子散射的基本规律为基础，导出关于银河系初级散射的发光强度公式：

$$I_{1(s)}=\frac{k}{4\pi}E_{(s)}=J_0\frac{k}{2}\int_0^k\int_1^\infty\frac{\mathrm{e}^{-ak|s-t|}}{a}\mathrm{d}a\mathrm{d}t,$$

及所有连续散射公式：

$$I_{(s)}=\frac{kJ_0}{4\pi}\int_v\frac{\mathrm{e}^{-kr}}{r_2}\mathrm{d}x\mathrm{d}y\mathrm{d}z+\left(\frac{k}{4\pi}\right)^2\int_v I_{1(t)}\frac{\mathrm{e}^{-kr}}{r^2}\mathrm{d}x\mathrm{d}y\mathrm{d}t$$

$$+\cdots+\left(\frac{k}{4\pi}\right)^n\int_v I_{(n-1(t))}\frac{\mathrm{e}^{-kr}}{r^2}\mathrm{d}x\mathrm{d}y\mathrm{d}t+\cdots\Big)$$

进而得到：

$$I_{(s)}=I_{|(s)}+\frac{k}{2}\int_0^k\int_1^\infty I_{(t)}\frac{\mathrm{e}^{-ak}|s-t|}{a}\mathrm{d}a\mathrm{d}t$$

这就是关于 $I_{(s)}$ 值的费雷德霍姆（Fredholm）方程。王士魁研究了 $I_{(s)}$ 的特性与“核”的计算，着重进行了初级散射的计算，计算结果表明来自散射的亮度大约为直接来自恒星的一半，这与照相测量的结果接近。对于次级散射的计算，他采用科斯提特兹近似算法，并由此计算出了散射的最高极限，得出散射亮度总是小于恒星的亮度，认为来自星际的散射相当于夜天光的 33%。国际天文学联合会会员、中国天文学名词审定委员会主任、北京天文学会副理事长、中国天文学会理事、中国科技史学会理事、博士生导师李竞教授评价说：“王士魁不负导师的期望，在较短的时间取得研究成果，出色地完成了博士论文，成为天体物理和地球物理两个领域内的一个交叉学科的重要文献，也推动了天文学界对夜天光问题的探讨。在随后的许多年内，王士魁的成果成为夜天光散射理论问题的研究中经常被引用的科研文章。”

1935 年，王士魁的学术正处于关键时期，发生了中法大学史上的“施内”事件。长期以来，里昂中法大学存在许多对中国留学生不公正、不合理的规定和做法，加之法籍女秘书施内一直对中国留学生持种族歧视态度，隔阂很深。对此不满的王士魁参与了这次事件，事件结束后校方对他和其他两人作出开除学籍、立即回国的处分。消息传出，震惊校内外各方人士，都为这位大有作为的中国留学生失去继续研究的机会而深表遗憾。他们从中斡旋，校方勉强同意王士魁做完博士论文再回国，但取消所享受的官费待遇。里昂中法大学的部分师生及他的导师杜菲，共同出资帮助他解决生活、学习所需费用，使他能继续完成博士论文。1936 年他获得法国国家数学博士学位，结束了他在法国的艰难求学之路。

一张奇特的布告

1949 年，中国人民解放军以秋风扫落叶之势，解放了江南大部分国土，国民党政府仓皇退守西南，妄图以云南作为最后挣扎的基地。此时中共云南地下党组织领导的民主运动也空前高涨，风起云涌，云大成为昆明民主运动的堡垒。蒋介石为扼杀民主运动，消灭云南的中共党组织，电召国民党省政府主席卢汉到重庆，胁迫卢汉执行其“围剿”云南人民武装、消灭云南地下党的反共计划。国民党中央保密局长、特务头子毛人凤，亲自坐镇昆明进行镇压。9 月 9 日晚解散了云南省参议会，封闭全部地方和民营报馆，关闭大中学校，大肆逮捕共产党员、工人、学生、民主人士，制造了“九九”整肃事件。

9 月 13 日上午 10 时，卢汉打电话给云大，指名要代行校长职务的教务长王士魁和文学院院长方国瑜到省政府所在地五华山，称“有要事相告”。王、方二人急忙赶到五华山。卢汉面告王、方：“中央政府已决定解散云大，宪兵部队将在下午 6 时进驻云大。”并婉以相告：“让有共产党嫌疑的人赶快离开。”

王、方深感事关重大、情况紧迫，立刻返校，打算尽快通报全校师生。由于他们不认识地下党员和进步师生，怎么把消息传出去？王士魁想到用张贴布告的形式来通报情况，这个主意却遭到学校训导处主任的反对，王士魁坚持这样做，亲笔写了一张布告。布告落款是教务处，内容和以往不同，上面写到“今天下午6点宪兵进驻云大，有共产党嫌疑者迅速离校。”中午12点他将这张布告贴在来往行人多、最显眼的校北后门城墙上。布告一贴出，学校顿时骚乱起来，学生停课、许多科室停止办公，共产党员、进步师生纷纷转移，连一张纸也没留下。

同时，王士魁布置总务处抓紧给教职工提前发工资。为防止宪兵进校后再度出现捣毁学校主楼——会泽院的情况发生，他召集各院系负责人在下午6点到会泽院会客室集合，共同抵制宪兵对学校的破坏。

下午6时，国民党宪兵乘坐两辆军用卡车进驻学校后，由隐藏在学校内部的国民党特务带路，拿着事先拟好的逮捕名单四处抓人。但宪兵扑了空，要逮捕的共产党员、进步师生早已离开云大。第二天早晨，驻校宪兵发现了城墙上的布告，带队的宪兵团长王栩看后气得直跺脚，问：“墙上的布告是谁出的？这是私通共党，要严加追究！”王栩把“布告”撕下来送到五华山，请示卢汉处理。

王士魁为什么要冒着“私通共党”的嫌疑来出这样一张奇特的布告呢？

1937年，王士魁应熊庆来之邀，由法国回国到云大任教。时值战火连天的年代，国民党政府的腐败，对人民的残酷镇压，国家的贫穷落后，泱泱大国却被视为“东亚病夫”，使王士魁丧失了对国民党的信心，他的“科学救国”梦成了泡影。他慢慢从同情转到倾向学生的爱国民主运动，抗战胜利后，他和其他教授上书国民党教育部部长朱家骅，要求增加教师工资，增拨教育经费，改善师生生活条件。

1948年昆明爆发“七一五”爱国学生运动，两千多名军警包围了云大，攻打据守在会泽院楼上的爱国学生，逮捕学生达800余人，王士魁与方国瑜等5名教授不仅挺身而出，代表全校教职工向国民党省政府主席卢汉请愿，严厉斥责国民党军警镇压学生的暴行，且亲自出面具保被捕学生。

1949 年 8 月，熊庆来奉命赴法国参加联合国教科文组织会议，请教务长王士魁主持学校工作、代行校长职务。他在代行校长职务时面对国民党的残酷镇压，不畏强暴公开张贴向“共党”通风报信的布告，保护了云大的共产党组织及进步师生。

不想当天文学术会评委

1937 年王士魁应熊庆来之聘回国在云南大学任教。由于王士魁教授在天文学界颇有名望。1946 年至 1957 年一直兼任云南凤凰山天文台主任，1946 年担任国民政府中央研究院兼职研究员。1950 年被选为中国科学院专门委员会天文组两成员之一，这个头衔相当于今天的中国科学院院士。1958 年王士魁被错划为右派，便失去了继续从事天文研究的工作条件，他的研究工作从此中断。

王士魁（左）与熊庆来（右）在凤凰山天文台

1965年中科院在北京召开全国天文学会议，特意聘请王士魁到北京担任这次会议的学术评审委员。这对于一位政治上长期受迫害的教授来说是一次难得的抛头露面的机会，但一向严谨治学的王士魁深知这一工作担子的分量。他认为，一名学术评审委员必须全面了解现阶段国内外天文工作进展才能胜任，而自己已多年不接触天文研究工作了，因此很难胜任这个职务，于是他婉言拒绝了中科院的聘请，放弃了去北京参加这次盛会的机会。有人对王士魁教授此举很不理解，王士魁教授却诚恳地说："我已多年没有研究天文了，已经不知道近年天文学的发展，我怎么能去评审别人呢?"

金宗佑与他的记录本

2008年4月13日，我校原校办主任金宗佑去世，噩耗传来，我简直不敢相信自己的耳朵，1月份我还与他一起商量，争取在年内把他保存的104本记录本整理出来，这些记录大多是他1953年至1966年在校办任职时作的工作笔记。这些记录对我们今天研究校史、总结学校教育发展的经验教训有很好的参考价值。当时见他还精神矍铄，思维敏捷，说话铿锵有力，一点没有患病的预兆，怎么一下就走了呢？

金宗佑20世纪40年代从中学毕业后到云大图书馆工作，1949年6月参加革命，1954年加入中国共产党。他靠着自己的勤奋好学，练就了一手好字，他的钢笔字写得流利整洁。1952年被学校送到四川大学高校行政人员训练班学习，1953年回校后，被组织安排到校长办公室从事统计打字工作。1956年被任命为校长办公室秘书，负责办理校长、副校长的来往信件、公文起草、会议记录等。作为一个文化程度不高的行政人员，负责相当于今天校办主任的工作，开始他顾虑重重，当时的校长李广田见他有畏难情绪，不仅鼓励他而且手把手教他写文章作记录，通过李广田的耐心教诲及个人努力，他很快成长为校长的得力助手，被称为云大“四大秘书”之一。他会速记，他做的会议记录较准确全面，几次陪同李广田去省委听报告，会后李广田往往把他的记录本借去核对自己的记录。他的记录本记录了五六十年代学校的各种会议，到省委听的报告，省市领导到学校做的讲话，校长书记布置的工作，内容丰富。通过他的记录能够从一个侧面反映一段学校发展的历程及领导对一些重大问题的决策、处理情况。“文化大革命”中李广田被打成“反党、反社会主义分子”遭到批斗，金宗佑因此受牵连，他的记录本成为“罪证”，被当年的造反派抄走。“文革”结束后，在清理退还抄家物资中归还给他。以后，这些记录本就一直留在他家里。

2006年，在李广田百年诞辰纪念活动中，我协助他写一篇怀念李广田的文章，发现了这些记录本，就提出把这些记录整理出来，他欣然答应。由于记录本上面的字密密麻麻，有些地方还用一些符号来代替，别人看起来比较吃力。所以开始时采取他口述，我记录，但是效果不理想，后来又采取他重新誊写，再由打字员按他的誊写稿录入电脑。每录完一篇誊写稿，他都要一个字一个字地校对，即便是有一个标点符号有错，他都要提醒打字员纠正过来，就这样，我们已经完成了二十多篇，五六万字。还有很多记录本的内容没有整理出来，他就去世了。

我在为他的去世感到悲痛的同时，也感到一个校史工作者在抢救资料方面的责任更重，在我们学校像金宗佑这样既保存了不少的文字资料又是云大历史亲历者还有不少，协助他们作好口述和文字资料整理，对研究云大的历史、加快学校的建设步伐都有积极的作用。作为后学更要奋发工作，不要留下过多的遗憾。

黄同志

2009 年 4 月 5 日，路过云大北苑广告栏见到一帖“82 岁的离休干部黄琴竹同志 3 月 27 日逝世，3 月 31 日举行遗体告别仪式”的讣告，当时我怔住了，这不是受大家尊重的“黄同志”吗？

黄琴竹

黄琴竹同志是一位经历过战火硝烟的女战士，10 岁参加革命，16 岁入党，1960 年随其丈夫高治国同志调入我校，任数学系党总支书记。1979 年在中共云南大学第五次代表大会上当选为党委委员，中共云南大学纪律检查委员会第一任书记。

在我的印象中，黄琴竹同志是位对人和蔼可亲、始终保持革命乐观主义精神的领导干部。她身材小巧，经常穿着一套褪色的列宁装更显现了质朴的性格，她走路就像在行军一样，总是挺直腰杆，精神抖擞，大步向前。因为长期从事党务工作，大家都亲切称呼她为“黄同志”，就是在当了校纪委书记以后，大家也是这样。黄琴竹同志对这样的称呼非常满意，但称“黄书记”她会感到别扭。

1957 年“反右”斗争，1958 年“交心”运动和 1959 年批判右倾机会主义等一系列政治运动，把教师特别是老教师整得灰头土脸，人人自危，生怕哪句话哪件事被指责为走白专道路、反党言论，遭到批斗。在这样的政治环境下，哪还有教师敢向学生传道、授业、解惑。新到任的“黄同志”虽然文化低，但长期从事党务工作的经验使之明白，要团结广大教师，完成党在学校中的工作，就要真心实意的把教师当做自己的同志、朋友，充分调动他们的积极性。在党务工作中，她依靠教师党员，给他们交任务、压担子，带头遵守党的民主集中制原则，党员在组织生活中，不打棒子，不戴帽子，畅所欲言发表不同意见。“黄同志”的民主作风，使数学系的党员更加团结，更好地发挥党员的先锋模范作用。60 年代的数学系党总支委员杨光俊回忆说：“与‘黄同志’工作，心里没有顾虑，可以自由表达个人意见。”在教学行政上，她尊重老教授意见，放手让担任系主任的党外知识分子卫念祖教授抓教学行政管理工作，教学业务方面的问题她主动与卫教授商量，尊重他的意见，并协助卫教授落实教学任务，工作中出现失误主动承担责任。“黄同志”对老知识分子的尊重感动了卫教授，使他放下思想包袱，根据自己长期从事数学系管理方面的经验，大胆做好教学行政管理。在做教师思想政治工作上，“黄同志”改变前任总支书记以工农干部自居、对教师盛气凌人的工作态度，遇到教师闹思想情绪，不是采取动辄训人，简单粗暴的做法，而是采取促膝长谈的方式，耐心说服，化解矛盾，消除思想隔阂，从而赢得教师的信任，大家愿意与她交心，请她帮助解决工作生活以及家庭中的实际问题。在极“左”思潮泛滥成灾的年代，知识分子是团结、改造的对象，“黄同志”尊重、信任教师，将承担一定的政治风险。

“文革”初期，时任云南省委书记处书记兼省委宣传部部长的高治国被定为“一个钻进党内的资产阶级代表人物”，“一个反党反社会主义的反革命分子”，“黄同志”因此受到牵连，遭到造反派批斗，要她认罪。批斗会上她慷慨激昂地反驳道：“我从小参加革命，从不反党，从不反毛主席，我有啥罪！”造反派拿她没办法，但她的三个孩子难以承受这突如其来的打击而精神失常。她遭受如此大的打击和折磨，但在“文革”结束后，从不在别人面前发出半句怨言。同时照顾三个患病的孩子，对一般人来说都是难以承受的，对于还担任一定领导职务的“黄同志”来说更是一件难以承受的事情。可是她从不因家庭困难，向组织提出经济补助之类的要求。虽然孩子的医药费开销大，经济并不宽裕，可是她积极参加慈善活动。2007 年学校离退休处发起了向“会泽盐水沟小学贫困学生捐资助学”活动，因她住在校外，又正在照顾住院治疗的孩子，离退休处没有通知她参加这次活动。事后她听到这个消息，竟毫不犹豫地拿出存折，将存折上的 2160 元悉数捐献，并要求不留姓名。虽然她捐款时间比别人晚，但捐款数额却是这次活动中最多的一个。对慈善事业“黄同志”争着做，而对学校出售的价位低于市场价的龙泉路教职工住宅，她则放弃了购买的机会。

“黄同志”未给子女留下丰厚的物质财产，却给云大师生留下了一个老共产党员高风亮节的品质。她虽走了，但她在任何情况下，始终保持坚定政治原则的品格是我们永生学习的榜样。我未能参加“黄同志”的最后送别，深感遗憾！

马荣柱捐赠文物

我校离休干部、校工会原副主席马荣柱平素爱好收藏具有历史价值的文物。收藏种类广泛，小到一个纪念徽章，大到桌椅、砖瓦，几乎无所不包。他收藏这些文物不是为了发财致富，而是为子孙后代留下一批珍贵的历史文物。他把收藏的部分文物分别捐赠给学校及省委有关部门。

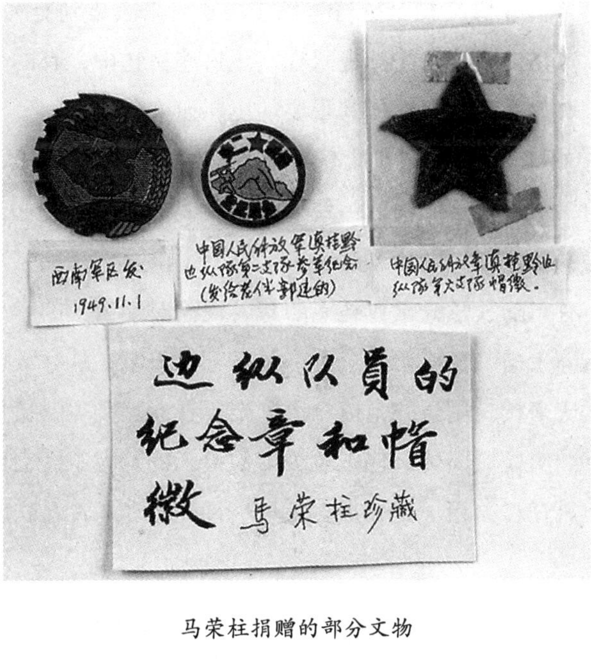

马荣柱捐赠的部分文物

1948年，正在读云大附中的马荣柱因参加“七一五”运动，受到国民党反动派拷打、关押。“七一五”运动使他受到革命熏陶，走上革命道路。在参加武装斗争中，担任过“边纵”六支队32团政治处主任。特殊经历使他更珍惜特殊时期留下的各种文物，精心珍藏了“边纵”手工制作的“五角星”帽徽、解放大西南胜利纪念章、“边纵”在滇办的《快报》原件；1948年6月17日昆明市3万大中学生在云大民主广场宣读的“反美扶日”誓词原件、因参加“七一五”运动被捕入狱学生从牢房中送出来的信件等。

新中国成立后马荣柱多次调动工作，无论走到哪里都把这批文物带到哪里。即便“边纵”被诬陷为“叛徒组织、地主武装”，他仍冒着被打成反革命的危险，不肯销毁这批文物。由于他精心收藏，50年后这批文物基本未破损，完整地保留着历史的原貌，让后人通过它们能感受到当年革命的艰难程度。

1998年6月4日，马荣柱将这批文物及后来收集到有关“七一五”运动照片、实物捐赠给省委党史研究室。这些文物中，有的是省委党史研究室第一次收集到，有着极其重要的史料研究价值。

20世纪60时代初，马老从昭通调回云大任校刊室编辑，出于个人兴趣与直觉，对学校所忽视的一些物品，敏锐地认识到它们的价值。他从学校准备送往造纸厂的废纸堆中找到了民国时期师生的照片、书画、证件，其中有东陆大学开学典礼老照片、民国时期云大的学生毕业证书及楚图南、陈荣昌、李广田、李群杰等名家的墨宝；从存放旧杂物的仓库中找到熊庆来校长用过的坐椅、火盆架；在兴建动力科楼房工地上捡到9块完整的明代城墙砖；他把垃圾堆中捡来的云大工警会会旗清洗干净，平整地放在自家箱子里，成为1949年成立的云大五联会组织唯一留下的文物。

2003年3月24日在学校档案馆举行的马荣柱捐赠仪式上，学校巡视员林超民教授高度赞扬了马老保护文物的意识，他说“马老无论在工作期间还是离休后，都注意收集学校文物，为我校保存了不少有价值的文史资料和实物，更为可贵的是今天又无偿捐赠给云大，这说明马老不仅有保护学校文物的意识，而且具有高风亮节。文物是历史的记载，是将来书写历史的重要档案，不可复制、不可多得。我们要向马老学习，为保护云大的文物作贡献。”档案馆副馆长彭荣说：“马老捐赠的这批档案资料和实物非常珍贵，它进一步丰富了我校档案馆藏。我们要对这批档案资料和实物进行编辑、研究，用现代管理的手段提供给使用者，使它发挥更大的作用。”

学苑英华

师生情深——浦光宗与袁嘉谷

袁嘉谷赠浦光宗联

在省交通厅干休所，离休干部浦光宗家中悬挂着一副由著名书法家袁嘉谷在20世纪20年代赠予他的一副对联。上联：读书须识得头脑，下联：为人要立定脚跟。苍劲有力的十四字浸透着袁嘉谷对浦光宗的期望和深情。七十多年后，浦老指着这副对联谈起当年他与袁嘉谷的一段师生之情，仍是激动不已。

袁嘉谷，人称“径耳无遗，触目成诵”，被视为神童。光绪二十九年（1903）清廷开经济特科，尚书魏光焘荐袁嘉谷应试，榜发列第一，袁嘉谷成为有科举考试以来云南唯一的状元。光绪三十年（1904），他被派到日本考察教育，兼任云南留日学生监督，对维新后的日本社会、经济、政治情况十分赞叹。逾年回京，调为学务处副提调、学部编译图书局局长、国史馆协修。当时清廷废科举制度，推行学校教育，他积极参与这一改革，承担了编写大、中、小学教科书和参考书的任务，从此我国学校采用教科书教学。

1923 年，云南首创东陆大学，校长董泽聘袁嘉谷主讲国学，以后他讲学不断，直至终年。他讲课以经学为主，旁及考据辞章义理，因材施教，不限一科，命学生各习所好，希望能学有成就，这具有不同一般教授的大师风度。每当袁嘉谷讲课之日，听众除本校学生外，好学之士往往临时加入，面叩笔录。可容四五百人的校内“至公堂”经常满座。下课后，学生常常趋前问难。每当好书出版，他常购赠学生。对学生的好作品，口诵不忘，先后汇集为《东陆诗选》，并为之作序，竭力表彰，以资鼓励。

浦光宗 1923 年进入东陆大学预科，后升入土木系，1928 年毕业。是东陆大学的第一届毕业生。几十年来，他为我省的公路、桥梁建设作了不少的贡献。新中国成立前曾任过省公路局局长；新中国成立初期就任省交通厅副厅长，曾亲自参加指挥过我省一些重要公路、桥梁建设。他虽是土木系学生，但爱好文史，更仰慕袁先生的学识。每次听袁先生讲课，他都争坐前排，认真听讲，做好笔记。期末考试，袁先生出的题目内容广泛，包括诗词、散文、考据等，让学生自选题目，堂下完成。浦光宗爱好文史考证，其中两篇文章深受袁先生的赏识，一篇是《杞宋轶事考》，另一篇是《稷下先生考》。

《杞宋轶事考》是浦光宗 1926 年写的文章。该文对孟子、庄子、韩非子等作了考证，提出了自己的观点。文章最后写到：“虽然彼一也，此一也，故生不知死，死不知生，来不知去，去不知来，坏与不坏，吾何容心哉?”袁先生对该文评了 98 分，并作了批示：“此题殆古人所未作，作者亦所得不少。以臆料之，数年之功，可穹群笈以成完璧不难也。”“仓猝成文，即有可观，再加以十年、二十年，何所不成？勿自画也，勿自矜也！”

浦光宗在写《稷下先生考》时，考证了稷下先生的由来及对社会进步所起的作用。袁先生评卷后给了该文“首名并奖书10部”。1929年，浦光宗随同学出游，在南京停留时，到江南图书馆借阅清代经学家所著《孟子四考》等书。对稷下所在的人物及出生年月进一步作了考证，并将文章寄给袁先生。袁先生复函：“汉卿老弟，接赐书知壮游之余小住金陵，真幸福也。鄙人有志未遂，事事望弟等继长增高，终身读书。即如我命作各题各书，弟作多佳。今又得多书考证，兄喜而不寐。”而后又对浦光宗在文中举的很多例子来论证威王和宣王是一个人的观点表示赞同。他写到：“齐威宣为一人，此大妙解，一切疑难皆解。”并称谓：“威宣一声之转。”

1928年，浦光宗大学毕业前夕，请袁先生写副对联留作纪念，袁先生欣然提笔写下本文开头讲的那副对联。

浦光宗毕业后，离开东陆大学，但仍与袁先生书信不断，往来频繁，成了忘年之交。1930年，浦光宗在浙江义县因从事中共地下党工作而被捕。袁先生闻讯后，焦虑不安。曾在浙江做过提学使兼布政使的袁先生，利用上层社会关系参与营救浦光宗，最终使浦光宗获释。

1937年，时任宣（威）昭（通）公路工程分处主任的浦光宗闻恩师袁嘉谷的逝世而悲痛万分，他以尽快修通这条长300多公里的公路作为学生对恩师的最好缅怀。

他时刻铭记恩师的教诲，几十年来，恩师送他的那副对联伴随他度过人生的风风雨雨。问及对联含义，浦说：“上联意思是要我集中精力读好经、史、子、集几部名著，认为这些名著可教其做人，明辨是非。下联讲的是做人要旗帜鲜明，立场坚定，不要左右摇摆。”

1997年在举办袁嘉谷诞辰125周年的纪念活动中，已是94岁高龄的浦光宗还挥笔撰文，抒发对恩师的怀念。

徐悲鸿与袁晓岑的师生友情

袁晓岑在画室工作

2002年一个秋高气爽的下午，我叩开了画家、雕塑家袁晓岑的家门。这是一所独家小院，庭院内翠竹成林，十分雅致，草坪上还安放着袁老亲手雕塑的孔雀等，人与自然显得很和谐。而四周高高的楼房与小院显得不协调。一走进袁老的客厅，就能看到他近期的一些雕塑新作，如安放在丽江石鼓的《金沙水暖》原作，近年完成的《金碧腾辉》等，使人更加敬仰这位国内外知名的写意孔雀画派创始人及雕塑大师。袁老虽已过耄耋之年，但精神矍铄，思维敏捷，十分健谈。谈及他的艺术成就，他回忆起60年前与徐悲鸿（1895—1953）的一段不寻常的师生友情。

1940年，日本侵略军的铁蹄肆意践踏中国大地，中国的部分土地已被日军占领，在印度讲学的徐悲鸿不得不从缅甸回到祖国。他一踏上祖国土地，就受到各界人士的欢迎。在保山举办画展后，于1941年底到达昆明。云南大学校长熊庆来盛情接待了往日的留法同学。当熊庆来了解到徐悲鸿要在昆明举办“劳军”画展，还没有找到住处时，就邀请他住在云大。熊庆来把设在映秋院小阁楼的数学系办公室腾出来让给徐悲鸿居住。徐悲鸿喜欢云大的环境，在这个阁楼住了近一年时间，直到离开昆明。

30年代初，袁晓岑靠特具的天赋，自学美术，在贵阳读师范时学习传统中国画的“六法”，以气韵生动为准则，打下坚实基础，到昆明求学后开始潜心学习岭南画派，师法自然，追求新意，私淑岭南画派创始人高剑父、高奇峰兄弟，初步形成了自己的画风。1938年他在昆明开办第一次个人画展，就崭露头角，被誉为青年画家。为加强文学修养，他自费进入云大文史系深造。1941—1942年，他与联大哲学系学生、熊庆来之子熊秉明等人成立了谷风画社，举办“劳军”画展，还参加谷风画社为熊庆来夫人姜菊缘女士捐资修建弥勒大桥而举办的义卖画展。当他获知徐悲鸿近在咫尺，心里难以平静，盼望能得到仰慕大师的教诲。

一天熊秉明陪他到映秋院，登门拜访徐悲鸿。由于事先熊庆来已经将袁晓岑的情况告知过徐悲鸿，因此他们一见如故，寒暄几句就进入到绘画与雕塑问题上。他们都喜欢画马，袁晓岑就把自己画的一匹在河边悠然自得饮水的马展开请教徐悲鸿。徐悲鸿看后说：“你画的是中国马，我画的是西洋马，各有各的风格。”然后徐悲鸿找出了他的速写本，翻开一幅马的速写画给袁晓岑看，叫他要多做速写画，强调画的结构，要求画出雕塑感来。徐悲鸿还将速写本借给袁晓岑，让他拿回家去琢磨琢磨。袁晓岑又拿出几样自己作的小雕塑请教徐悲鸿，徐悲鸿将它们托在手掌上看过后赞扬说："做得不错。"接着就向他介绍了法国雕塑家鲁德、巴里、罗丹、蓬蓬等的作品。袁晓岑向徐悲鸿讨教对岭南派的看法，徐悲鸿认为岭南派在当时是比较先进的画派，有很多值得借鉴学习的地方。袁晓岑问起岭南画派中高奇峰与高剑父两位大师有哪些差别。徐悲鸿说："高奇峰的画作气势磅礴，造型严谨，用水用得好；高剑父更注重笔墨的苍劲和意境，文人画的味道更浓些。"徐悲鸿的见解与袁晓岑对"两高"的看法完全一致，这不仅使他更加敬佩徐悲鸿，而且坚定了走自己艺术创作道路的决心。从那以后，徐悲鸿的住所就成了袁晓岑向往的地方，只要有机会就去拜访徐悲鸿，聆听他的教诲，看他作画。一次，他随徐悲鸿去翠湖边的一个军官家里作画，徐悲鸿画的是水牛图。一张四尺宣纸平铺桌面，很快一头耕牛跃然纸上。气势奔放，笔墨淋漓。就在即将画毕，不慎将一滴墨汁洒于纸上。袁晓岑感到惋惜，这么好的一幅画被这一点墨汁污损了，而徐悲鸿笑而不言。徐悲鸿思考片刻后，从容抄笔，将牛的尾巴甩向墨点处，随即题款"悲鸿写泥牛"。墨点成了牛尾巴甩出的泥水，真是天衣无缝，妙趣横生，引得大家一阵欢笑。

袁老说徐悲鸿不仅是艺术大师，而且是位品德高尚的人。他把作画裁剪剩下来的纸一一拾起来，他说当一幅画某处坏了，因纸的厚薄、颜色一致，可用剩料来修补，比用别的纸补更好。在他的画室里找不到一张随地乱扔的纸屑。徐悲鸿在昆明期间送给袁晓岑两幅画，一张是他在新加坡画的《双鹅图》，徐悲鸿说，当时这张画画得太满，没有题款的地方了。另一张是《立马图》，该画题款为"晓岑仁弟存"。袁老很受感动，他说："本来我是去请教他，他是我的老师，可是他很谦逊，把我看成是朋友。在我一生中接触过很多前辈师长，他是最谦虚、最诚恳、最乐意助人、扶掖后进的先生。他的教诲对我的画有很大的影响，可以说是我艺术生涯中的转折点，从此逐步形成了我自己的独有风格。”1942 年秋，日本飞机时时飞临昆明上空，进行狂轰滥炸，市民经常都在跑警报，几无宁日，徐悲鸿赠送的这两幅画在日本飞机的狂轰滥炸中丧失了。这年徐悲鸿离开昆明经贵阳去重庆创办中央美术学院，袁晓岑从云大结业赴昭通教书，以后袁晓岑再没见过恩师徐悲鸿。

革命老人李群杰的书法艺术

笔者采访李群杰（右二）

云南省书法家协会主席、云南大学校友李群杰闻讯《春城晚报》副刊开设了《东陆感旧录》，专登有关云大人物、往事。他感到非常高兴，欣然为专栏题写了栏名。作为一个蜚声海内外的著名书法家为该栏题写栏名，使更多的读者关心这个栏目，也呈现了一位革命老人的精湛书法艺术。

李群杰 1928 年就读于东陆大学预科。在校期间，他不仅学习刻苦、好学上进，还喜欢体育运动，是当年学校的足球队队员。他在教师言传身教下，成为一名优秀学生，1931 年被推荐到北平民国大学学习。1932 年转入中山大学。1936 年，从中山大学毕业后回到云南大学任校刊编辑委员会编辑。1937 年 5 月加入中国共产党。1938 年云南省工委成立，任省工委书记，成为云南省地下党早期领导人之一。新中国成立后长期从事文化教育和统战工作，历任省文教厅副厅长、省民委副主任、省政协常委及秘书长等职务。

李群杰幼入私塾，师从纳西族著名书画家张文湛学习书法，后得袁嘉谷、袁丕佑名家指点，习学各种碑帖。初宗钟繇二王、魏晋碑刻，继师颜柳，后专意钱南园、何绍基，终自成风格。他的书法开张峭拔，雄伟古拙，外柔内刚，婀娜多姿，清新脱俗，通篇气韵生动，神融笔畅，如端人正士，风格独特，自成一家。其正书于端庄中现潇洒，用笔劲爽，藏头护尾，笔笔入纸，中掺篆意，无飘浮轻佻之弊，正气逼人；行书在恣肆中见飘逸，一行中时如壮士斗力筋骨涌现，时又似衔杯勒马仪态超然，笔画断续行止纯任自然，一气呵成。

他的书法作品远传日本、新加坡、美国、瑞士、德国、西班牙和中国台湾、香港等地；国内毛泽东纪念堂、周恩来纪念馆、中央民族文化宫、中央文史馆等收藏有其书法作品；江南碑林、三苏祠碑林、翰园碑林、黄河碑林、圣泉碑林、郑和公园等均有其作品刻石为碑。作品曾入选历届云南省书法展、国际邀请展、中国书法艺术博览会全国书法作品展、海峡两岸书画展、全国文史研究馆书画作品展、五百里滇池书画展、纪念宋庆龄诞辰 100 周年书画展、海内外书画名家作品展、王羲之故里国际书法展等。作品曾编入《中国当代书画家大辞典》、《当代书法家传记》、《国际当代书法篆刻大观》、《当代书法家楹联墨迹选》、《当代中国书法艺术大成》、《唐诗三百首书画集》、《辛亥革命 80 周年纪念册》、《全国文史研究馆书画藏品集》、《纪念宋庆龄诞辰 100 周年书画作品选集》等等。1995 年在云南省昆明市举办了《李群杰书法作品展》，出版了由启功先生题写为名的《李群杰书法作品选集》，获得广泛好评。1998 年国家民政部、劳动部、全国总工会、共青团中央、全国妇联、中国老龄委共同授予他“全国老有所为奉献奖”荣誉称号和金质勋章。

1997 年他将自己出版的书法作品集所获得的 10 万元捐献给家乡，设立奖学金资助贫困学生上大学。三年中有 29 名纳西族中学生得到资助走进了高等学校大门。1999 年 8 月 20 日已是 87 岁高龄的李老，专程回到家乡丽江县为 9 名获得资助的学生颁发了奖学金。他非常兴奋地说：“在这次获奖学生中，有 4 人到我的母校（云南大学）读书”，“云南大学是一所世界有名的重点大学，曾经培养过许多有成就的学者，为云南的发展建设作出了很大的贡献，希望有更多的家乡学子到云大读书。”他还希望云大师生继承云大的光荣传统，团结奋进再创辉煌。

雅　　号

20世纪90年代初，我校苏升乾、熊思远、石鹏飞、金子强4名中年教师的课堂教学受到校内外听众的热捧。许多陈旧的话题被他们讲得十分鲜活，枯燥乏味的内容从他们口中出来就生动活泼。故此，坊间流传这四位教师是“云大四大名嘴”。这个雅号越传越远，听众是越来越多。在20世纪五六十年代，也有一些教师因其卓越的学术成就或管理能力或教学效果，赢得师生赞誉，留下各种雅号。

物理系的“车”、“马”、“炮”

杨桂宫

物理系的师生用棋盘上的“车”、“马”、“炮”的作用来比喻顾建中、杨桂宫、张永立三位先生在系上的作用和地位，赞扬他们的能力及成就。顾建中（1913—1999）在教学中独领风骚，成绩斐然，被喻为物理系的“车”。顾建中1937年刚从北师大毕业，就被熊庆来聘到云大任教，1951 年晋升为教授，是云大物理系奠基人之一。1952 年成立普通物理学教研室，他是首任主任。“普通”这两个字一些人是不大喜欢的，甚至还有点鄙视它。认为普通物理学是低年级学生学的课，进行这门课的教学，既不能发挥自己的才智，又不能通过教学提高自己的业务水平，不安心在这个教研室工作。而顾建中无怨无悔的长期从事普通物理学的教学与研究，用自己的行动教育那些不安心工作的青年教师。

张永立

普通物理学分为力学、电学、光学、原子物理等门课程，是物理专业的基础知识课，为本科生进入更高深的物理学理论学习奠定基础，被称为“物理大楼”的基石。顾建中讲授过普通物理学的所有课程，尤其是讲授力学这门课更是得心应手。力学是物理系重中之重的一门课，占普通物理学内容和总学时的五分之二，本科生进校的第一年就学力学。讲好这门课就为物理系把好了入门关，配备讲授这门课的老师非常重要。顾建中常年讲这门课，又被称为物理系的“把关人”。顾建中讲课非常注意细节，环环相扣、深入浅出、循循善诱、启发学生独立思考，形成一套独到的教学方法。深奥复杂的原理被他讲解得通俗易懂；难点、重点他常用一些比喻来加深学生的理解；容易理解的地方自己少讲，让学生独自思考。他把讲课视为一种艺术，精雕细刻，学生听他讲课，是一种美的享受。他讲课声音洪亮，语速快，板书也快，做到了说完写完，而且

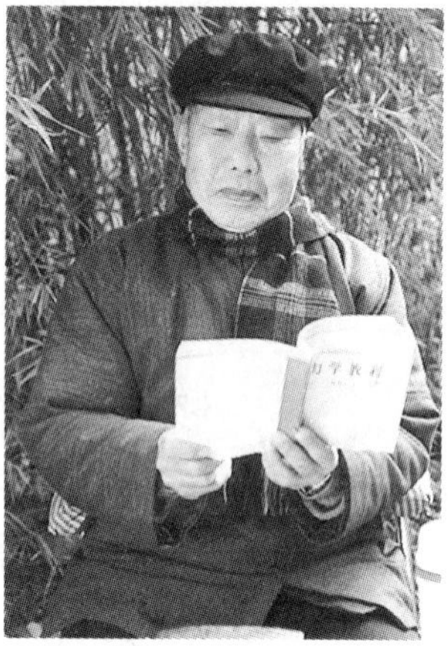

顾建中

字迹工整，学生听他的课很快就进入了兴奋状态，调动了学生思考问题的积极性，达到事半功倍的效果。顾先生能做到如此好的效果与他长期从事普通物理教学有关，更为重要的是他对物理学教材的潜心研究。50年代全国各高校物理系的普通物理学课程统一使用苏联教材，制定了详尽的教学大纲，要求各校必须严格按照大纲规定的进度完成教学内容。中国学生与苏联学生相比，不仅文化背景不同，而且教育基础有差别，大多数学校难以按教学进度完成教学任务，但教学大纲是大学的“法律”，不能随意修改。为了完成教学内容，教师只有利用休息时间给学生加课时，这不仅加重了学生负担，而且很难达到预期的教学效果。顾建中不仅看到问题的严重性，而且自己动手编写教材。他所编写的《普通物理学——力学部分》和《普通物理学——分子物理学部分》，既适应中国学生实际情况又不降低学习质量的教材。这两本教材在1960年全国高校教材建设会议上受到与会专家的好评。在众多高校选送的同类教材中脱颖而出，被教育部推荐为高校物理系指定教材，于1961年由人民教育出版社出版。但顾先生并不满足于此，1977年将修改后的《普通物理学——力学部分》易名为《普通物理学简明教材》（力学部分），由人民教育出版社出版。1978年他根据教育部有关部门的建议在教材中增添了“狭义相对论”，并以《力学教程》的书名于同年由人民教育出版社出版。该书1988年获得国家教委高校优秀教材二等奖。他编写的《热学教程》（修订本）及《原子物理学》先后于1981年和1986年由人民教育出版社出版，成为全国理科院校普通物理学主要的参考书。

常言道：台上一分钟，台下十年功。顾先生编著出这一系列高质量的教材，足见他在教材的研究上是下了很大的工夫。这就是他授课内容深厚、系统又新颖迭出，被称为“车”的重要原因。

杨桂宫（1914—1999）被喻为物理系的“马”。他1937年毕业于北师大物理系，1941年到云大任教，1945年参与创建物理系，1951年晋升为教授，1957 年任命为物理系主任。在他任系主任期间十分重视师资队伍建设，为了强化教师的业务能力，他组织本系的老教师以师傅带徒弟的方式对青年教师进行培养，同时尽力争取名额，选派青年教师到北大、南开、东北人民大学等著名高校进修。他经常利用晚上或节假日到教师家串门，了解他们的疾苦，做深入细致的思想工作，帮助教师解决生活、工作中的困难。他邀请教师到家里聊天，探讨学科发展，了解全国物理学发展动态，共商物理系发展大计，研究教学科研工作及学生教育问题。这不仅增进了相互的信任，改善了干群关系，其他教师也为他做好系务工作提供了好点子。60 年代初，他根据国家对经济建设的需要，及时增加物理系新学科，先后建立了金属物理、固体物理、电子物理、电介质物理、无线电物理、光学、半导体物理、电声技术、基本离子物理和原子核物理等专门组。在物理系的学科建设上他不仅看得远，而且抓得实。大多数专门组成立之初，他都亲自披挂上阵，兼任组长，在取得一定的经验，配备好每个组的人员及设备后，再辞去所兼任的职务。在这些专门组建设中，师资培训与教材建设同时并举，每建一门新学科，他都通过参与编写讲义，带头授课，促进教师特别是青年教师尽快地胜任本学科的教学与研究工作。他曾与金属物理实验室的教师一起拟定建设规划，为金属物理教研室确定研究方向。他和教师同学一起设计制作晶体结构模型，三元系相图模型等教学模型，并使用在课堂教学中。在他任系主任期间，只要有利于学科建设的，他从不推辞，总是身先士卒带头去做。

他从自己多年教学实践中深知物理学是一门实践性很强的学科，教学仪器在教学中起着十分重要的作用。1952 年他受学校之托，组建了金工车间，生产出一批全国高等学校普遍缺乏的物理教学仪器。这些教学仪器不仅满足了云南大学的物理教学需要，还为全国 60 多所院校提供了一批急需的仪器，有力地促进了国内高校物理教学。由于杨桂宫在这一具有开创性的工作中作出了突出贡献，受到了教育部的表彰，1956

年被授予“全国先进生产者”称号，参加了在北京召开的“全国先进生产者代表大会”。1958 年，在金工车间的基础上又组建了云南大学科学仪器厂，该厂生产的“麦克逊干涉仪”等较高水平的精密物理教学仪器，被全国多所高校采购。

杨桂宫不仅注意物理系教学仪器的添置与生产，还扶持青年教师做科学试验，把自己做的一些研究项目交给青年人去完成。不少青年教师在他培养下成为了某一学科的带头人。1958 年青年教师陈尔纲在做电磁透视镜试验中，发现了清晰的观察物图像。他在此基础上开展了云南最早的电子显微镜的研究工作。杨桂宫极为重视陈尔纲的研制工作，为了获取研制经费，他多次到省委省政府找分管领导反映情况，解释这个项目的重要性。在他的努力下，省政府为陈尔纲的项目特批了一笔经费，促成陈尔纲在 1960 年独立研制成功中国第一台放大倍数为 3 万倍、分辨率为 800 埃的电透视镜，该仪器 1966 年送全国仪器仪表展览会展出，受到表彰。

杨桂宫在物理系主持系务工作的 9 年中，像棋盘上的“马”，固守物理系阵地，明确物理系的发展方向。善于协调校系之间、教师之间的关系，善于用人和筹集经费，使物理系从弱到强，成为全校最大最强的一个学系，其教学和科研水平在全国高校物理系居于前列。因他领导物理系成绩卓著，1966 年被提升为副校长。

被称为物理系的“炮”的张永立（1913—1972），1931 年考入上海震旦大学，1939 年从比利时 Louvain 大学获博士学位后，回国后到震旦大学、大厦大学、贵州大学任教。1950 年全国高校院系调整，来到云大物理系任教授，1954 年成立理论物理研究室，他是首任室主任。

张永立天资聪慧，数学基础扎实，在上海震旦大学读本科时，著有《矢算初步》，并于 1937 年由商务印书馆出版。该书出版后受到读者欢迎，1942 年由交通书局再版。他在比利时留学期间，师从天体物理学家 G. E. Lemaitre，进行宇宙的地磁效应研究。他使用小参数方法找到宇宙线强度的锥体分布规律，还在 Bruxelles 的《科学年鉴》和《自然杂志》上发表《单氚乙烯的拉曼光谱》、《单氚乙烯的频谱模型计算》、《$C_2H_xD_y$，$x+y=4$ 分子的基频和位函数计算》等论文，其博士论文《论宇宙线和乙烯分子的振动》成为国际上早期讨论星际分子形成的奠基性论著。这为以后追溯地球大气演化中的痕量元素反应提供了可贵线索，引起国际学术界注意。1941 年著名物理学家吴大猷教授在其名著《Vibrational Spectra and Structure of Polyatomic Molecules》一书中多处引用了张永立的研究成果。1962 年中国物理学会的年会上，钱学森在讲到国防需要大气科学研究时，特别点出云南大学张永立研究过这方面的课题。

50 年代初，学习苏联进行教学改革，高教部要求各高校物理系开设“量子力学”课程，当时国内的大学从未开设过这门课，学习过这门课的人很少，一度造成了全国只有两三所学校能开出这门课程，云大物理系就是其中之一，这让不少大学刮目相看。为云大物理系讲授这门课的教师就是张永立。1962 年他还在《云南大学学术论文集》上发表了《量子力学的统计解释与因果性量子力学》，将物理学与哲学、统计学相联系，对量子力学作了进一步深入探讨。1963 年在《云南大学学术论文集》发表《关于萨里雅克效应》，用广义相对论原理探索光的传播性质。

在学术研究中张永立注重理论联系实际，将学术研究成果应用于工业及环境保护。1956 年他通过光谱分析，发现个旧锡矿石中有铊的光谱线，而在炼出的初锡中铊却消失了。他根据这一现象进一步寻找原因，发现铊附着于冶炼烟道内，这一重大发现引起了周总理的关注，指示中央有关部门和云南省政府重视云南锡尾矿及锡渣灰中稀有金属的研究工作。在光谱分析取得成果后，他又把光谱学的研究引向深入，开展了原子光谱研究。1957 年他在《云南大学学报》发表论文《金属钴中的镍、铁、锰、铜光谱的定量分析》，根据这一研究成果，在云南首次组织相关企业的科技人员进行光谱分析培训。

张永立先生的学术成就就像棋盘上的“炮”一样，射程远，其研究范围涉及多个领域，有不少的研究成果在物理学界处于领先地位，产生较大影响。

化学系的“大赵”“小赵”

大赵、小赵指的是赵雁来和赵树年两位先生，他们都从事有机化学的教学与研究。虽同姓赵，但不同宗。赵雁来（1900—1991）生于河北蠡县，赵树年（1921—2009）是云南鹤庆人，两人相差21岁。赵雁来1921年留学法国，1933年获法国里昂大学博士学位，1934年被聘为云大兼任教授，1937年改为专任教授，曾任理学院院长，理化系系主任。赵树年1946年从云大化学系毕业后，一直在化学系任教。在20世纪五六十年代两位先生都是系里受人尊重的骨干教师。同系教师私下称赵雁来为大赵、赵树年为小赵。

赵雁来

赵树年

两赵虽是师生关系，又同

在一个教研室，但在学科的研究方向上有差别，成名时间有早迟。大赵研究范围广泛，涉及有机化学的多个方面，特别在有机合成上卓有成就。他曾在里昂大学格林尼雅实验室从事格氏试剂及炔类合成研究，其研究成果受到俄、法、美等国家化学界的重视。他提出的炔醇、溴醇及二炔的合成方法，已被国外教科书引用。1932—1933 年间，他在法国里尔煤炭研究院研究煤炭化学，其论文《在高度真空中热解煤研究》，于 1934 年发表在法国里尔煤炭院学报上。

有机合成是用简单的原料合成生产、生活中需要的重要化工产品。而当时这在中国工业中是很薄弱的一个环节。大赵先生 1934 年回国后在有机合成方面做了一系列研究。在云南省建设厅化研所任所长时，致力于云南褐煤的开发利用。1935 年他根据对云南井盐的调查研究，指出云南井盐缺碘，以致不少云南人患甲状腺肿大症。其研究结论引起井盐研究专家沈祖堃等人的关注，并解决了碘在井盐中的均匀分布和稳定保存问题。1935 年至 1937 年间，他在个旧古山利滇采矿公司任经理，解决了精选锡矿砂的问题。1937 年被熊庆来聘为理化系专任教授后，安心从事有机化学的教学与研究，先后编写了“普通化学”、“有机化学”、“有机分析”、“高等有机”、“燃料化学”、“国防化工”、“煤炭化学”、“有机合成”等讲义。这些讲义一度作为云大化学系本科及有关专业的教材。他讲课深入浅出，很受学生欢迎。在教学中他注意教学方法研究。为解决学生学习中反映的“有机化学不难学，但内容多记不住”的问题，在 20 世纪五六十年代摸索了一套用理论串联感性知识的教学法。这个方法的特点是先讲要用于串联内容的理论，然后再讲感性知识。这对于有一定感性知识的学生大有好处，减轻了他们记忆的强度。在讲煤炭化学课中，常讲到法国和德国为争夺煤炭资源发生战争，以此教育学生珍惜国家煤炭资源。他认为直接将煤用于煮饭是极大的浪费，从煤中提取煤焦油等成分，既是资源的开发利用，又有利于环境保护。从具体事实讲清了爱国主义的道理，给学生留下了很深的印象。

大赵先生不仅教育学生要进行煤的开发利用，自己还身先士卒，1954年承担了云大煤气厂的筹建工作。在设备简陋、资金不足的条件下，土法上马，用褐煤制造煤气，所造出的煤气曾送往化学馆、学生食堂等处。今天煤气已通到昆明的千家万户，成为大家最熟悉的生活能源，但在当年这可是云南首次尝试煤气为生活生产服务。鉴于他的煤气化建设的经验，20世纪80年代，政府实施昆明煤气化工程建设，特邀他作为专家参与这项工程。1959—1960年，他在玉溪钢铁厂用当地黏性煤合成炼焦，制造出块状焦，其间发表论文多篇。1979年，他注意到中国杂环化学与国外的差距，提出大力发展我国杂环化学的建议。受中国化学会之托，在他的率领下，云大化学系在国内率先开展杂环化学的研究工作，招收了研究生，获得重要成果。他主持翻译并审定的《有机合成中的杂环化合物》，1985年由中国化学工业出版社出版；他主编的《杂环化学导论》于1992年由高等教育出版社出版。此外，他还发表了与杂环化合物有关的论文多篇。他主持的“新型酰代吡唑酮类螯合萃取剂的合成与研究”1984年获得云南省科技成果三等奖。

几十年来大赵培养的有机化学人才，遍及各地，他所开创的学科后继有人。云大化学系教师刘复初、何森泉等继续进行赵先生开创的有机合成的教学与研究，并取得成就。大赵先生在有机化学特别是有机合成领域享有盛誉，1990年被瑞典皇家科学院邀请为诺贝尔化学奖的提名人。同年他获得国家教委授予的“从事高校科技工作成绩显著的教授”称号。

小赵先生一生在云大化学从事教学与研究工作。在教学中他平易近人，真诚关爱学生，师生关系如家人。无论在本系或是外系讲课，常用课前课后时间主动与学生接触，既了解他们学习中遇到的问题，也关心他们的思想生活。发现有自骄自大情绪的学生，常用自己因自以为是阻碍进步的亲身体会劝勉之。1953—1955年他向林学系1953级学生讲授普通化学、有机化学课程。该年级有四五个调干生（即以同等学力考入大学的在职青年)，化学、物理、高等数学的基础较差，课堂讲授内容很难听懂。赵先生知道后，主动利用每周星期三下午自习时间，为调干生和其他化学基础较差的同学补课。他从最基本的化学知识讲起，坚持了半年。这些同学很有长进。在补课时，有一个调干生同学仍然感到听不懂，他冲着小赵先生说："你讲些啥子，我还是听不懂!"赵先生和颜悦色地说："不要紧，再利用晚上自习时间，我来专门给你讲!"经过他的循循善诱的辅导后，这位同学大有长进。事后他很内疚地对小赵先生说："过去是我不好，不该冲着你喊，太不礼貌了。我现在听懂了，有了长进，十分感谢。"小赵先生说："只要你们在课堂上能听懂，学习有长进，我就高兴了，其他什么都不计较。"小赵先生的话感动了调干生，也感动了全年级同学，大家学习劲头更足。在化学课考试中，该年级绝大多数同学的考试成绩都是优或良。

小赵先生兢兢业业从事教学工作，但他并不满足。1963 年他在自我鉴定中写道"做一个高校教师，自己不进行科研，只单方面从书本知识来提高教学质量是很不够的。为此要自己一方面积极钻研书本知识，另一方面做到养成蹲实验室的习惯"，在科研上"从易到难，从简到繁，逐步提高"，"坚决克服光说不做，大事做不好，小事不愿做的不良作风"。他按照这样的认识和工作作风，几十年如一日地从事科学研究，成果斐然，成长为一名出色的化学家。他擅长植物化学，是我校天然植物化学的奠基人，他潜心研究云南野生植物中有效成分，特别是提取药用植物有效成分综合利用，在全国享有盛誉。

20 世纪 50 年代，苏联专家川巴洛夫来云大化学系讲学，带来了植物化学研究的新课题。从此，云大化学系开始了天然植物有机化学的教学和研究工作。小赵先生就是云大化学系最早从事这一领域的几个教师之一。

云南特殊的地理位置和地形气候的复杂多样性，形成了种类繁多的植物，有"植物王国"之称。据统计，我国有高等植物二万六千多种，云南就有一万三千多种，占一半之多。云南的自然资源优势为小赵先生研究天然植物提供了十分便利的条件。1962 年，小赵先生在《云南大学学术论文集》第一辑上发表了《大黄中色素初步研究》、《飞机草中含糖量的测定》两篇论文，这是他对植物有效成分研究的最初成果。后来研究越来越深入，特别是在提取药用植物及野生植物综合利用上成果卓著。1978 年，他与谢家敏在《云南大学学报》上发表《鱼腥草素的合成》；1984—1988 年间，他与陈于澍、谢家敏等合作，在《云南大学学报》发表对雪茶、岩天麻、珍珠草、四块瓦精油、短萼梅桐等化学成分的研究论文。1985 年他带着自己的研究成果参加了在上海举行的关于天然药物化学成分的国际会议。1986—1989 年，在《中草药》、《中药通报》等刊物上发表了关于石树草、蓑衣莲、黄花苦参等植物的化学成分的研究论文。1988 年，参加了在昆明召开的有关植物资源的国际会议，并交流了研究论文。因他在云南民族民间药用植物化学成分研究上的成绩显著，1988 年获云南高等学校科研成果三等奖。1989—1990 年，他在《化学学报》、《中国中药杂志》、《植物学报》、《药学学报》等学术刊物发表了关于七星草乌、毒箭树、罗麻藤、石椒草内酯、树萝卜、青蒿素母液精油等的化学成分的研究论文以及《云南植物药四块瓦药理实验研究》。

小赵先生长期致力于植物化学并卓有成就，所开创的云大植物化学不仅后继有人，而且得到很大发展，成为云大有机化学的一个重要研究领域，现在的云大化学工程学院药物研究中心，某些方面延续了他的学术风格。化学工程学院的国家基金研究课题，不少也是植物化学方面的。云大植物化学长盛不衰，赵树年先生功不可没。

从 20 世纪五六十年代称赵雁来、赵树年两位先生为“化学系的大赵、小赵”，至今已过去了几十年，化学系仍有教师和校友记得他们的称号。提到云大的有机化学、有机合成就会想起大赵；提到云大的植物化学、药用植物、野生植物综合利用就会想起小赵。大赵小赵不再是一个简单的称谓，它已成为今日云大化学工程学院的学术成就的代名词。

数学系的“两个车”

张燮在纽约

20世纪50年代，时任学校教务长兼任数学系主任的王士魁，每年向数学系新生介绍该系教师情况，提到张燮、张福华两位先生，常用棋盘上的“车”来比喻他俩在系上的作用。

张燮（1919—2008），江西南昌人，1938年考入西南联大工学院土木系。1947年在美国麻省理工学院获数学硕士学位，即被熊庆来聘为数学系副教授。1951年晋升为教授。张福华（1914—1992），昆明人，1937年北师大数学系毕业，随熊庆来到云大创办数学系，1953年晋升为教授。

两位张先生无论是教学还是科研，在数学系都高人一筹。50年代初，全国高校学习苏联教学经验，进行教学改革。受当时思想意识形态影响，凡是苏联高校教学大纲列出的课程，中国高校都要照办。为此教育部对高校各专业每学年要讲授的课程在设置及上课时间上都做了严格规定。按照这个新标准，数学系要开不少新课程。有的课程数学系教师过去未学过，甚至有的课程名称都从未听说过。教育主管部门下了死命令，当年必须开讲，根本不允许等到教师进修完这些课程再向学生讲授。这可难倒了系主任。两位张先生很理解系主任的苦衷，他们以自己精湛的学术造诣，敢闯敢干精神，帮助系主任排忧解难。张燮先生承担了“域论”、“概率论”和“高等应用数学”的教学，张福华先生承担了“复变函数”的教学。张燮先生是西南各高校开设“概率论”的第一人。

两位先生过去也不懂俄文。为了完成教学任务，他们一边参加学校举办的教师专业俄文速成班学习俄语，一边钻研教材。经过短期的俄文培训，不仅能看懂俄文教材，还能翻译俄文数学教材。张夔先生从1950年至1954年的短短四年中，翻译了《实变函数论》、《高等代数》、《微积分方程式》、《概率论》等十二部俄文数学名著。1957年至1958年，科学出版社陆续出版了其中的十部。

张福华刚到云大时在会泽院

聪明能干又富有朝气的两位张先生受到系主任的器重。数学系要开的新课都找这两位张先生。两位张先生讲新课，系主任要求系里的年轻教师随班听讲，用这种方式培训青年教师，让年轻教师早日接替两位张先生的教学工作。两位张先生承担过数学系大部分的基础课和专业课，但在教学科研上各有特长。张燮先生在课堂教学中，条理清晰，重点突出，深入浅出，引人入胜，随时提出问题引起学生思考；讲到重点难点部分时，旁征博引，常用数学发展史中的典故来帮助学生加深理解，提高学生的学习兴趣，需要在黑板上写字时，他习惯把右手往后伸，不用转身，只需手对黑板写字，写出的字与面对黑板写出的一样清晰、工整，堪称一绝，受到同行和学生的交口称赞。有的学生毕业后从教，仿效他的教学方法。张福华先生在教学中注重讲授内容的规范性、每个环节间的联系性，深入细致。学生记下他的课堂讲授内容，就能成书。他的板书工整，字迹清晰，讲究书写格式。他在教学上特别讲究备课，无论是开讲新课还是讲过多遍的课，他都要在上课前重新备课。为此，他经常晚睡早起，刻苦钻研教材，写好讲稿，做好习题。他把自己的教学经验总结为“三遍备课法”，每一遍都有不同的要求，达到不同的效果。他上课时从不带讲稿，把要讲的内容完全记在脑子里，而能保证所讲内容准确无误，没有废话。系主任多次组织青年教师进行随堂观摩，学习他的讲授方法。

张燮先生擅长实变函数的研究，50 年代在云南大学学报上发表了《囿变数列的性质》、《取值于收敛数列空间 C 的囿变函数》等论文，对囿变数列几个方面的性质进行了较为深入的研究。张福华先生擅长常微分方程的研究，先后发表多篇论文，其中《普通项为：$W_n = \binom{n}{1} + \binom{n-1}{2} + \binom{n-2}{3} + A$ 的一种级数》于 1952 年发表在《科学记录》第五卷 1—4 期。1962 年云南大学学术论文集第一辑刊登了他的《常系数线性微分方程的解的稳定性》。他还结合国内外常微分方程研究的新成果，给师生做学术报告。60 年代中期，意大利出版了该国数学家 G. 商松与 R. 康提合著的《非线性微分方程》。在这本书中提出了一些新的观点和方法，是国际上研究微分方程的最新成果，各国的数学工作者都在积极研讨其中的观点和方法。该书当时还没有译成中文，这给中国的学者研究这一新成果带来了不少困难。为了使数学系常微分方程教研室研究不落后于形势，张福华先生边学习意大利文边翻译这本书。并把翻译的章节及时向教研室同事作报告，大家共同提高，这项工作一直坚持到“文化大革命”才被中断。

两位张先生不仅是王士魁主持系务工作的“两个车”，而且他们的教学和科研工作，为云大数学系的发展壮大起到了“车”的促进作用，至今数学系的师生还记得他们。

历史系的“三座大山”

江应樑

1954 年 3 月云大社会学系停办，社会学系的民族组教师并入历史系，组成云南民族史研究室。从社会学系调入历史系的江应樑、杨堃与历史系的方国瑜同在民族史研究室。三位先生有三大共同特点，即资格老，都在 20 世纪三四十年代成名；三人的学术成就宏富，著作等身；都在民族学、民族史领域久负盛誉。学生们不仅是尊重更是崇拜这三位先生。他们在历史系民族史研究室的学术地位如同三座大山，是扳不倒的，其他人也很难超越。

1950 年杨堃（后排右 3）和社会学系学生在会泽院合影

方国瑜（1903—1983），云南丽江人，1932 年毕业于北京大学，1936 年到云大任教。曾任云大西南文化研究室主任，文法学院院长及历史系主任。1935 年，他赴滇西考察，将收集的有关各民族不同的社会经济、地貌风物和各地的物质资源情况，写成《滇西边区考察记》。该书1942年刊于《西南文化研究丛书》之二，这是方先生专攻云南地方史以来的首部专著。

方国瑜

1938年，云南通志馆聘方先生兼任编审，负责审定、续修之职，撰写了《建置沿革》、《疆域考》、《金石考》、《宗教考》、《族姓考》诸目，并参加全书的编纂和审定工作。他还协助李根源编辑《永昌府文徵》。1938年末，他与向达、楚图南等创办了《西南边疆》杂志。其后，他主持"云南大学西南文化研究室"，开展对西南文化的研究并编印《西南文化研究丛书》，先后出版了徐嘉瑞的《云南农村戏曲史》、《大理古代文化史》和方树梅的《明清滇人著述书目》等共10种。50年代，方先生承担"云南民族史"课程的讲授，编写了《云南民族史史料目录题解》，从而开创了这门学科的体系。

1956年，全国人民代表大会民族委员会云南民族研究组成立，其任务是在以前调查的基础上，继续调查各少数民族的社会经济结构，调查各民族的上层建筑，并追溯历史发展过程。方先生积极参与并领导这项工作。他带领学生连年奔波于哀牢山区及大小凉山，编写了一部约50万字的《彝族史稿》。

1970年，在国务院关注下，方先生参加编绘《中国历史地图集》工作。在绘图组里，他毫无保留地献出历年来搜集的资料，四易其稿，终于完成了《中国西南历史地理考释》这一巨著。他治学严谨，在其论述中，根据每一地区社会经济的具体情况，提示疆域区划及地名建置的本质。他指出云南自古就是中国不可分割的一部分，其区域设置与汉代以后大的改变息息相关，驳斥了帝国主义曾一度妄图把云南与祖国分裂的谬论。

1975年《思想战线》连续两期刊登了方先生与缪鸾和撰写的《云南郡县制度两千年》及《清代云南各族劳动人民对山区的开发》两篇论文，这是他研究云南地方史的重要成果。前一篇文章以大量的史实记载驳斥了苏联政府1969年涉及中国版图的“声明”及苏联科学院1957年出版的《世界通史》中对云南历史的歪曲。该文发表后，引起世人广泛关注，中国香港《大公报》全文转载。1982年方先生的专著《滇史专题论著》由上海人民出版社出版，易名为《滇史论丛》。1983年方国瑜主编，徐文德、木芹和林超民参编的《云南地方史讲义》由云南广播电视大学印行，到1985年全部出齐。该书不仅是我省第一部较完整的地方史书，而且反映了方先生毕生的研究成果，不失为一部进行爱国主义教育的好教材。

方先生一生从事民族史研究，直到晚年仍笔耕不辍，被学术界称为滇史巨擘，南中泰斗。

江应樑（1909—1988），广西贺县人。1932年毕业于上海暨南大学。1936年考取广州中山大学研究生，先后受业于朱谦和杨成志两位著名人类学家。抗战爆发后，中英庚款董事会为补助文化教育事业，用庚款基金协助8名科学人员到云南大学继续从事研究，江应樑就是其中之一。1938年他到云大后，在著名社会人类学家吴文藻指导下，调查傣族社会文化发展。

千百年来，傣族聚居地被历代朝廷视为边远的蛮荒之地。由于复杂的地理环境，高山大川的阻隔，语言的障碍，使这里长期处于一种相对封闭的、几乎与世隔绝的状态。内地人视其为酷热卑湿、蛮烟瘴雨的荒野之地，传说外人进去，十有八九会中瘴毒而死。在云南内地，除邻近傣族区域有少量商贩短期到那里做生意和一些工匠进去打短工外，很少有外人进入这个区域。云南内地大量流传着那个地区种种神秘的传闻，江应樑“很想在这神秘的区域中发现一些神秘的原理，纵不能即时以科学理论解决，也可以给科学界带来一些研究的资料”。他不顾亲友劝阻，翻山越岭，到离昆明几百公里外的云南西部思茅、普洱、腾冲、龙陵等傣族聚居地作田野调查，掌握了大量的第一手资料，完成了《云南西部的摆夷研究》。这是他第一部系统论述云南西部傣族的处女作，受到国内外学术界的高度重视。

1941 年，江应樑先生到凉山实地考察彝族社会，是其学术成就中又一里程碑。20 世纪三四十年代，凉山是与汉族地区隔绝而保留有极原始形态的彝族聚居区。凉山彝族社会属于奴隶社会，也是当时全国范围内最完整、最典型的尚存在的奴隶制地区。凉山奴隶中许多是被掳去的汉人。汉人被掳入山，须剥去汉装，由男女主人轮流毒打一顿，然后换上彝族的羊皮披毡，督令做苦工，或在高山放牧牛羊，或在平坝锄地犁田，或在奴隶主家担水磨面，哪怕朔风大雪，也不能休息。若有逃亡被捉拿回来，实施酷刑，直到甘心为奴。江应樑先生为了学术研究，不顾个人安危，于 1941 年底从成都乘船进入彝区。经人介绍他结识了凉山的一位黑彝酋长乌抛勾卜和他的弟弟，由这两位头人带路进凉山。经过数年的实地考察，他以丰富而翔实的调查资料为基础，完成了《凉山彝族的奴隶制度》的写作。这是我国最早记载和研究凉山彝族奴隶制度的专著。该书不仅系统研究了其社会生活、经济结构、家庭婚姻，而且从理论与实践的结合上，为我国民族学和民族史研究树立了典范。该书被一些大学列为人类学、民族学和民族史专业的必读教材。50 年代初云大历史系学生由佩带枪支的当地干部带路，到凉山做民族调查，还能看见被奴隶主打残的奴隶，这些学生亲身感受到江应樑当年在该地区做考察所付出的艰辛，更加崇拜他的治学精神。

新中国成立后，江先生继续从事民族学、民族史研究。20 世纪 50 年代，编写了大量的民族学教材、讲义。经由历史系印出作为教学用书的有：《吴越与白越诸族研究》（1954 年）、《金齿研究》（1954 年）、《元明载籍中“僰”族考》（1954 年）。1956 年《云南日报》刊登了江应樑的《傣族在历史上的不同名称》等文章。1956 年江应樑写成《明代云南境内设置土官与土司》一书的初稿，该书原标题为《明代云南境内设置土官与土司及其所在地丛考》。此外，还发表了《凉山彝族社会的历史发展》（《云南大学学报》1958 年第 1 期）、《南诏不是傣族建立的国家》（《云南大学学报》1959 年国庆专号）、《清咸同年间云南各民族人民大起义中的几个问题》（《学术研究》昆明版 1961 年第 2 期）、《傣族在历史上的地理分布》（《云南大学学术论文集》1962 年第 1 期）、《古代文献记录中的傣族》（《民族团结》1962 年第 4 期）、《李定国和少数民族》（《学术研究》昆明版 1962 年第 9 期）、《略论云南土司制度》（《学术研究》昆明版 1968 年第 5 期）、《傣族进入封建社会的探讨》（《民族团结》1968 年第 4 期）等一系列关于民族学的文章。

1980 年，江应樑《百夷传》一书由云南人民出版社出版，获云大科研成果三等奖。他编写的《傣族史》1984 年由四川人民出版社出版，获 1979—1989 年云南省社会科学优秀成果一等奖。这是他长期从事傣族研究的结晶，是一部成功应用人类学和民族学方法研究中国民族史的奠基之作。《傣族史》出版以来，受到国内外同行的欢迎，成为掸泰民族与百越民族研究的重要参考书之一，国外已有多种版本。日本、德国的一些学者亲临中国与作者探讨傣族史问题，美国图书馆藏有此书。

杨堃（1901—1998），河北大名人。1920 年考上保定农业专门学校留法预备班，1921 年考取法国里昂中法大学。1925 年获理科硕士学位即转入该校哲学系，由法国著名汉学家古恒教授指导攻读文科博士学位。1928 年完成博士论文《中国家族中的祖先崇拜》后，被推荐到巴黎民族学研究所进修，师从法国社会学年刊派学术继承人莫斯教授。其间常到巴黎大学中国学研究所所长、著名汉学家、社会学家葛兰言处求教和研讨，还在巴黎民族学博物馆实习，进行学术访问与交流，参观各地民族博物馆，博览社会学与民族学著述。

1930 年杨堃先生获里昂大学文科博士学位后返回祖国。1931 年初，回到北平，先后在河北大学、燕京大学、天津北洋大学、朝阳大学、华北大学等高校任教。1948 年熊庆来聘请杨堃先生为云南大学社会学系教授兼系主任。云大社会学系 1938 年由吴文藻创办，后任系主任费孝通任职的 6 年是社会学系发展的鼎盛时期。1946 年费孝通等人离开云大，使社会学走上下坡路。杨先生的到来，使该系能继续办下去。社会学系停办后，他调入历史系任民族史研究室主任。1979 年初调入中国社会科学院任民族研究所研究员、研究生院教授并兼任北京师范大学、北京大学和中央民族学院教授。杨先生是中国早期社会学社的理事，1934 年又与蔡元培、吴文藻、凌纯声、孙本文等发起成立中国民族学会并担任该学会主办的《民族学研究集刊》特约撰稿人。1941—1944 年担任中法汉学研究所民俗学专任研究员，1979 年与钟敬文等人发起研究中国民俗学，在 1983 年中国民俗学会成立大会上当选为副理事长。

国外对社会学、民族学的研究，因研究的观点、方法不同存在着不同的学派。其中有法国的年刊学派和英国的功能派。法国的年刊学派产生于 19 世纪末，这个学派重视实证主义哲学，用民族学资料研究社会问题。尽管该学派不像文化历史学派那样激烈反对进化论和马克思主义，但他们的理论基础是哲学家 A. 孔德的实证主义，因而还是与马克思主义相抗衡的。功能派盛行于 20 世纪 20 至 50 年代，许多人类学家用社会文化系统运行的功能来解释社会文化制度、社会关系及行为，并形成了一些理论模式。功能学派较为重视现实，而不注重历时性研究。这既是功能学派的特点之一，也成为该学派最大的缺点。

杨先生是法国年刊学派在中国的代表人物之一。他上课时有个习惯，每堂课都夹着一个黄色皮包走进教室。从皮包里取出讲稿和这堂课要涉及到的参考书。把书整齐地放在讲台的右上角后，才开始讲课，一副十足的“洋博士”派头。在讲一个问题时，常常爱讲三个观点：法国年刊学派的观点，马克思的观点，杨堃自己的观点。让学生开阔视野，进行比较分析，加深对这个问题的理解。这种讲授方法显露了他的渊博知识，丰富阅历，但在1958年的反右斗争中则因此而遭到严厉地批判。

杨堃的教学与科研是建立在继承和借鉴古今中外的优秀文化成果和立足于社会调查两个坚实的基础之上的。他在北平各高校任教期间，经常带领学生到清河镇、八家村一带进行汉族社区民族学的田野调查。初到云大社会学系，便在昆明附近的彝族聚居地小麦雨村、大麻苴村一带设立了民族调查工作站，工作站负责人刘尧汉经常带领学生去附近农村调查实习。

他的民族学研究成果及方法受到党和国家的重视。1955年4月，周恩来总理和陈毅副外长在昆明接见杨堃夫妇。五个小时的交谈中，周总理与杨堃先生主要谈论了民族的分类、少数民族跨国居住情况、民族宗教、民族区域自治以及民族学研究的立场、观点、方法等民族学问题。1956年他参加了云南省少数民族社会历史调查。1959年参加民族问题三套丛书的编写，先后到思茅专区、德宏州、楚雄州、大理州、红河州及四川大凉山，对佤族、彝族、白族、苗族、哈尼族进行实地调查，搜集并撰写大量资料、总结、报告和论文。这一时期，他力图批判地继承法国年刊学派中民族学学说的合理成分，建立中国自己的民族学理论和学派，运用马克思主义的观点和方法探讨民族学、民俗学与人类学的有关问题，发表论文10余篇，编写讲义3部（油印），撰写调查报告3份（内部资料，铅印），主要论文有《马散大寨历史概论》（1957）、《什么是民族学》（1957）、《试论云南白族的形成和发展过程》（1957）、《试论恩格斯关于劳动创造人类的学说》（1957）、《凉山彝族手工业》（1960）、《关于民族和民族共同体的几个问题》（1964）、《关于摩尔根的原始社会分期法的重新估价问题》（1964）、《哈尼族的宗教生活》（1966）等。此外，还参加了《彝族简志》等书的编写工作。

杨堃先生在1985年致云大《思想战线》编辑部的信中写道："我自1948年春季从北平到昆明云南大学社会学系任职以来，至今已三十六载。在这三十六年中，我的民族学调查研究工作，主要是在云南。我的《民族与民族学》论文集（四川民族出版社1983年出版）和《民族学概论》第一册（中国社会科学出版社1984年出版）及我现在正撰写的《民族学概论》第二册：《民族学调查方法》，准备今年底以前交稿，明年仍由中国社会科学出版社出版。这些著作的资料来源和我的调查经验、心得体会，基本上是以在云南的民族调查和云南大学的教学科研经验为主。"

屹立在历史系的三座大山也是历史系发展中的丰碑。它提升了云大历史系在全国高校中的学术地位，也为今日云大民族学、民族史的学科建设和发展奠定了坚实基础。

五六十年代在云大校内外流传的雅号还有医学院的"一把刀"，讲的是兰瑚精湛的外科手术；组织部的"活字典"，讲的是组织部长杨家寿对学校干部基本情况了如指掌、随问随答。生物系的植物生态课要用到植物图，植物图一般是由教师事先用铅笔等工具一笔一画描出来，讲课时带着图纸进教室，这样费时费事。朱彦丞教授讲授植物生态课不用带植物图，需要植物图时，能用粉笔准确无误地在黑板上画出来。故此被称为生物系的"一支笔"。李广田的"四大秘书"，讲的是担任校办秘书的金宗佑、图书馆秘书张传、科研办公室秘书欧应钦、函授大学秘书苏克等。

这些雅号不是人人都公认，也没有经过评定，只是坊间有此一说。有雅号的教师只是云大杰出人物的极少数，未有雅号的教师也有很多特长，对学校教学、科研及管理亦作出过很大贡献。但这些雅号反映了那个时代的文化精神及人们崇拜什么样的偶像。这些具有积极意义的雅号，成为云大历史文化的符号，从一个方面反映出云大是一个卧虎藏龙之地。有这样雅号的教师越多，云大实力就越强。希望这种文化现象能够延续下去，发扬光大。

潘清华：自学成才的动物学家

潘清华

潘清华（1916—2002），江苏省宜兴县人，出生在一个贫苦农民家庭。父母忠厚善良，虽然家庭贫寒，但总希望子女通过读书找到出头之路，因而再困难也要让子女上学。排行老大的潘清华懂得自己的责任，在努力学习的同时，还替父母操持家务、分担农事。他每天从村办小学回家后，不是割草喂猪就是挑水浇地，没有一点玩耍的时间。父母见他既懂事又肯学习，也很高兴，在他小学毕业后，送他到县城精一中学读初中。初一下学期，家中经济更为拮据，只能让他改寄宿生为走读生，在离校近的姨妈家借宿就餐。最初姨妈对他还客气，时间一长，姨妈的态度越来越坏，甚至让他吃剩菜剩饭。更让他伤心的是姨妈的冷嘲热讽，姨妈说："家里穷得连饭都吃不上的娃娃，还读什么书！"这给年仅13岁的潘清华幼小的心灵造成很大伤害。他只有躲在僻静处吞声饮泣，唯一安慰是成绩在班上一直名列前茅。好容易挨到学期结束回家，他向父母诉说遭遇，求父母不要再让他寄宿在姨妈家，母亲听后抱着儿子直流泪。为让他继续读书，父母变卖家中值钱的家当，竭尽全力筹措了一些费用。可这点钱只维持了他三个月的学习和生活，就被校方勒令停课回家拿钱。但家中一贫如洗，哪还有钱让他读书呢？他只好辍学在家务农。

虽然他在中学读书的时间不足一年半，心情也很压抑，但却在他心灵上播下了发愤学习、立志成才的种子。徐悲鸿到校作的一场报告给他留下深刻印象。徐悲鸿早年家境亦十分贫困，但经过刻苦努力终于成就了一番事业。他想徐悲鸿能做到的，我也应该做到！

失学后，他读书的愿望更加强烈。农耕之余读书成了他唯一爱好，劳累一天后，还在油灯下认真阅读祖辈留下的古书，不认识的字就找村里的读书人请教。到田间地头做活，还随身揣一本书，休息时就在树荫下读书。家中的书读完了就去邻居家借书。读过的书，能倒背如流。他读的书多，长进快，村里的小学生在学习中遇到疑难问题，常来找他帮忙解答。他还能写一手好字，行、草、隶、篆都中规中矩，尤以行楷见长。过年过节，村里各家各户门头的楹联多出自他之手。时间长了，人们都夸他有学问，是编外的教书先生。然而，当祖母带他去村小学央求校长收下他做教员时，却被一口拒绝。这件事又给他留下一道伤痕，萌发了离开故土的冲动。当时村里已经有人到外边做事，他们回家后总是津津乐道谈外面的事情，这更搅动了那颗萌动的心。他向父母提出远行的要求，深知长子心情的父母含泪答应了。

1933 年初，父亲将未满 17 岁的潘清华托付给回家探亲的堂弟，请他带潘清华外出谋生。堂叔在苏州中学当职员，便介绍他到该校做一名校工。工作是打扫学生宿舍，每天早上将各宿舍里满是粪便的便壶、便桶拿出去倒掉、洗干净，然后铺床叠被，抹桌扫地。虽然地位低下，却与老家的环境截然不同。学校有这么多书、这么多教师，让他兴奋不已。“上有天堂，下有苏杭”，有着人间天堂美誉的苏州，对刚从乡下来的年轻工友有着强烈的吸引力。公休时，工友们就三五成群去逛街聊天，而他则在屋里如饥似渴地读书。不懂的，可以请老师指教。他什么书都读，尤其对自然科学的奇妙世界感兴趣。他的好学精神和认真勤快的工作态度使校方满意，就让他管理校博物室和帮助化学老师清洗实验用的器皿。

一年很快就过去了，堂叔把他好学刻苦的情况写信告诉他的表兄周蔚成。周在南京中国科学社生物研究所任研究员兼中央大学生物学讲师，堂叔希望周能帮他找一个更好的学习、发展环境。这年底，表兄回信要他去南京中央大学生物系做校工，还让他住在中国科学社生物研究所。他去南京后，每天天不亮就从生物所赶到学校，上课前清扫完两间实验室，然后洗刷实验用的瓶子、玻璃片等。工作一段时间后他开始练习做切片，并旁听表兄所讲的普通动物学。晚上回到生物所，在表兄的指导下看书，温习所听的课程内容或做一些有关动物切片的练习，往往忙到深夜。加倍的努力和超强的学习实践，让他逐渐积累起不少知识和经验。表兄更是全心帮助他，专门请一位从英国留学归来的同事教他英语和英文打字，为他打牢扎实的英文基础。这段经历尽管十分辛苦，但他为能进入生物世界领域兴奋不已。

1934 年学校放暑假，表兄交给他一本厚厚的《脊椎动物比较解剖学》英文原版书，告诉他这是当今世界上最新的一本脊椎动物比较解剖学专著，是英国动物学的教科书。表兄要他花五年时间读懂、弄通这本书，并按照书上的要求做实验。他不负期望，每天废寝忘食地攻读，就连做梦都在思考书中的内容。这本书对自学者来说确实十分困难，好在生物研究所和中央大学生物系有许多像表兄一样热心的人可以请教，最终仅用一年的时间就基本能弄懂全书的内容，英文水平也因此有了很大提高。

南京的工作学习，是潘清华像海绵一样吮吸知识的黄金时期，也是他启蒙受益最多的时期。只要有时间，他就会钻到生物研究所的实验室里，看研究人员做实验切片。每逢学校放假或星期天，他就整天待在实验室学习和动手做切片，研究人员总以热忱的态度欢迎他。时任生物所所长的秉志教授虽已是国内外著名的动物学家，但仍天天在实验室里做实验，从来就没有休息日。潘清华看得最多、学得最多的就是跟秉志学习。学秉志怎样解剖，怎样取实验用的材料……秉志看潘清华如此好学，就经常给他讲解有关解剖取材方面的技术，并有意让他做一些助手工作。他悟性很好，经秉志的点拨很快就掌握了做切片的基本技术，并逐渐积累了一些经验。潘清华是一个喜欢创新、责任感很强的人。他全身心投入做切片，总希望片子做得更好，在不断的探索中摸索出一套独特有效的方法，成了做切片的好手。

1935 年 7 月，河南大学医学院解剖室主任李赋京教授写信给秉志，请他推荐一个能做组织胚胎切片的技术人员到该院解剖室工作。秉志打破世俗的观念，竭力推荐潘清华到河南大学任职。秉志的推荐，让他走上更高台阶。

在河南大学，潘清华的主要工作是为学生提供人体组织切片，指导学生做实验，同时帮李赋京做螺蛳等解剖的切片。这些工作开拓了他的思路，在做好工作的同时，还注意收集和整理有关动物学方面的资料和信息，开始学着把研究心得写成论文。他的第一篇研究论文《内分泌腺》，发表在家乡宜兴的一家科学期刊上。他在为学生做实验时，要用到一些生物技术上的方法，按行规每一种方法都要冠以发明人的姓名，称之为某某方法，但有些方法存在着缺陷。为让学生在实验中能达到更好的学习效果，他总结各种方法的长处，寻求更完善的新方法，在无数次失败后终于摸索出一种更简捷有效的方法。用他的方法做切片不用石蜡包，时间、温度都控制得更好，做出的切片干油透明、染色合适，分色和结构清楚。学生们都很喜欢，以为是哪一位“大人物”的新发明，纷纷询问这是谁的方法。因为他毕竟连初中都没有毕业，不敢说是自己总结出来的，含糊其辞说是“潘氏法”。

李赋京勉强同意接受潘清华后，还是不放心，特别关注这位年轻技术员的一举一动。从实际工作中，他看出了潘清华的业务能力和潜力。寒假过后的一天，李赋京把潘清华叫到跟前，让他准备好讲稿给学生讲授显微镜技术。这在当时很讲资格和牌子的大学校里，确实难能可贵。潘清华的心情也很复杂，既为知遇而感动，又为自己能否讲好课而忐忑不安，但他清楚迈出这一步对自己的重要性。那天，他宿舍的灯一直亮到了天明。第二天，凭着对显微镜光学原理的熟悉和丰富的实践经验，他所讲的第一堂课赢得学生的欢迎。校方见他讲课效果好，就让他一直承担这门课的教学任务。

潘清华在河南大学工作期间，意外碰见了曾在生物所认识的严楚江教授。严楚江 1936 年 8 月从北师大到河南大学生物系任教。在生物所潘清华请教过严楚江，再次见面分外亲热。严楚江对潘清华离开生物所后的进步感到高兴，潘清华对初来乍到的严楚江亦特别照顾，他们之间有了更深的了解与友情。

1937 年抗日战争爆发后，河南大学从开封迁往镇平。到镇平后，也是天天躲警报，无法正常上课。这年 8 月，严楚江离开河南大学受聘到云大组建植物系。不久，严楚江来信问他是否愿意到云大工作。潘清华因战事紧张，实验工作处在停顿状态而无事可做，因而表示愿意到云大。在收到云大校长熊庆来的聘书后，辞去河大的工作，于 1938 年 3 月 1 日离开镇平。

从镇平出发，经汉口、广州、香港，绕道越南海防进入云南。在香港，潘清华为云大植物系采集了海洋动植物标本。在艰难的两个多月路程中，潘清华夫妇几乎丢弃了所有的家当，却带来保存完好的四大箱海洋动植物标本和严楚江留在河南大学的两大箱书籍和植物标本。这些动植物标本，成了云大植物系有奠基意义的财富。

1938 年 5 月 27 日潘清华夫妇到昆明后，熊庆来校长派专人到东站迎接，并帮他在学校附近的玉龙堆 18 号租到一套房子。熊校长的关心让人生地疏的潘清华十分感动。他到云大后，先任植物系的助理员，负责系务工作。他将这些工作做得有条不紊，使严楚江很满意。这年暑假，动物学家崔之兰应熊校长邀请到云大任教，并和严楚江一起把组建不久的植物系改建为具有动、植物两个专业学科的生物系。潘清华按系主任严楚江的要求，在做好系务工作的同时，协助崔之兰做实验。他娴熟的解剖和实验技术，给崔之兰留下了很好的印象。1939 年初，崔之兰的助教因故离校后，严楚江竭力推荐潘清华，甚至用人格担保他能胜任这份工作，但校方犹豫不决。直到 8 月，在崔之兰的干预下，他才被正式提升为助教，并开始了师从崔之兰长达 7 年之久的学习。

潘清华以助教又是学生的身份，跟随崔之兰从教和做科学研究。崔讲的每一堂课他都仔细听、认真做笔记，跟了崔七年，就听了七年的课，从而打下了坚实的理论基础。当然潘清华的成长并非一帆风顺，尽管他出色完成了助教工作，但多次申报讲师职称，都因无学历未能通过。他很伤心觉得不公平，但不气馁，挫折也更激发他奋发向上。导师崔之兰很理解他，并帮助他在原有基础上不断地凝练讲义和教案，改进教学方法、提高教学水平。为此他付出了比其他教师更多的努力。他整天泡在实验室做实验，反复印证教案和学理，认真的备课、注意推敲教案中的每一个细节。还从学生角度考虑，怎样才能达到最佳效果。由于准备充分，总能脱开讲稿生动地讲课，把实践经验潜移默化传授给学生，有说服力地回答学生的疑难问题，他讲的课受到学生欢迎。他先后担任过“普通生物学”、“普通动物学”、“脊椎动物比较解剖学”、“动物胚胎学”等课的讲授和实习工作。为了提高生物系学生的专业外语水平，他用英文为本系学生编写了《脊椎动物比较解剖学》讲义，又为外系学生编写了有关生物学的中文教材。

在做好教学工作的同时，潘清华牢记导师崔之兰的再三告诫：要在讲台上站稳脚跟，就要做好科研。他跟随崔从动物解剖学领域，进入到形态学的研究工作。在崔的指导下，参与了蛙嗅觉器官发育的研究和白鼠生长及血液的研究。崔之兰在来云南前曾用黑疤蛙做研究并取得了成果，潘清华改用雨蛙做研究，然后再利用崔的成果，进行两种蛙的比较研究。在实验中，他从不同年龄段的蛙体上取下细胞样本做切片，在显微镜下观察细胞的结构，研究嗅觉器官结构的每一变化，并把观察到的情况及时绘在图纸上，以便精确描述蛙的嗅觉器官发育过程。这项研究耗时而艰苦，需要对科学的敬重和负责。那段时间他吃住都在实验室，以便及时提取蛙的实验材料，在显微镜下观察、比较蛙嗅觉器官细胞的变化。工夫不负有心人，终于成功完成了不仅在当时，就是在现在也有前沿意义的研究。研究结束后，对助手要求严格的崔之兰要他认真写出研究论文，并经崔反复订正和请国内知名教授审阅修改后，与崔之兰的其他几篇论文一起在 1946 年的英国《显微科学》期刊上连续发表。从此，潘清华又推开了一扇新的大门，进入自然科学的研究殿堂。潘清华以锲而不舍的精神取得的科研成果，终于被承认了。曾因“潘清华不是大学毕业生”而反对他晋升职称的同仁，也对他有了新的认识，转而支持他晋升职称。1946 年 8 月晋升为讲师，仅过三年又晋升为副教授。

1949 年 12 月，昆明和平解放。随着解放的到来，云南的科技教育也迎来一个新时代，潘清华和所有爱国师生一样，精神焕发地投入到发展高等教育和科学研究的热潮中。1953 年 8 月他被选为昆明市第三区人民代表，代表学校的广大群众参政议政，真实反映师生对政府的意见和建议。1956 年 8 月，他被任命为生物系副系主任。同年 9 月 13 日光荣加入了中国共产党。1958 年 12 月他受命主持筹建中国科学院昆明动物研究所，先后任副所长、党委副书记、所长、研究员、所学术委员会主任、研究生导师等。

奖掖后学　志在育才

张文勋

2009年11月17日，省委、省政府在昆明隆重召开第二届“兴滇人才奖”表彰大会。著名文学家、美学家、我校中文系教授张文勋先生因其突出的学术成就而获此殊荣。

当张先生从白恩培书记手中接过奖状走下领奖台后，即向守候在会场上的记者表示他将用所获得全部奖金在云大设一个奖学金，奖励在社会科学领域取得优秀成果的在校研究生。设这样一个奖学金并非他一时兴起，而是他多年来的一个夙愿。

张先生出生在洱源县一户农家，父母务农。此处虽属农村，但素有尚学之风。母亲不识字，但对读书才有出息的道理坚信不疑，家庭经济收入再困难也不误子女读书。在他五岁时，父母送他读私塾，中学毕业后考入云大文史系，主修文学专业。受父母影响，张先生从小就勤奋好学，在读私塾时，对四书五经熟而成诵，深得塾师喜爱。在洱源县读中学，教他学国文的教师是科举出身的老先生，古文功底深厚。读高中时，教国文的老师是一位大学毕业生，亦有扎实的国学功底。而张先生伯父是一位清末的文生，每到寒暑假，常回家随伯父学习古文。这些教育不仅为张先生后来从事中国古代文化和美学研究奠定了扎实的基础，而且也影响到张先生对职业的选择。后来他立志做一名教师，与此密切相关。

1949 年云南起义，他受组织指派到起义部队进行改编。改编工作结束后，他选择回母校完成学业。因为在张先生看来，如果不能完成所钟爱的学业，将是人生的一大遗憾，因此他宁可将来做一名普通教师，也要回校复学。

云大文史系人才济济，有在校勘学方面成绩斐然的国学大师刘文典，他对《庄子》、《文选》有着特殊的贡献；有在文艺理论和法国文学史方面卓有成就的张若茗，她所著的《纪德的态度》一文在欧洲、亚洲、美洲产生广泛的影响，被誉为“纪德的伯乐”；有在词与音乐方面有独到见解的刘尧民，他在《词与音乐》一书中从理论方面阐述中国宋词受西域外来文化的影响；此外，有在古典戏曲研究方面卓有成绩的叶德钧，有在国学研究方面有深厚造诣的江逢僧、傅懋勣等。张先生师从刘文典、刘尧民，深受名师的熏陶教育，对他以后从事教学工作与学术研究产生很大的影响。1953 年大学毕业后，他不仅实现了自己的当一名教师愿望，而且还是留校当一名大学教师。他认为大学是培养高级人才的地方，作为一名大学教师首先要像前辈那样有着精湛的学问，其次要全力以赴地完成教学工作，尽心尽业地培育人才。在知识贬值、知识分子受歧视的极“左”年代，张先生能坚信此认识，真是难能可贵。因此，他在留校的几十年中，边教学，边做学术研究，即便在“文革”中受到冲击，被批判为“走白专道路的典型”，仍不改初衷，躲在陋室里阅读书籍，抄写《说文解字》，写下了大量札记。“文革”结束后，张先生压抑多年的学术热情释放出来，全身心地投入在学术研究上，他以《文心雕龙》为研究核心，在20世纪80年代陆续发表多篇在学术界产生重要影响的论文，从而奠定了他在我国古代文学理论研究中的地位。50多年来发表200多篇学术论文和学术批判文章，出版了10多部有影响的学术专著，还出版近300万字的鸿篇巨制《张文勋文集》。张先生在中国古代文论和古代美学研究领域中成绩斐然，在古代文论研究方面，以《文心雕龙》为重点，著有《𦒱学文学史论》、《文心雕龙探秘》、《儒道佛美学思想探索》、《华夏文化与审美意识》等多种著作。在少数民族文化和文学研究领域，先后主编《白族文学史》、《滇文化与民族审美》等著作，并发表大量相关学术论文，使民族文化学和民族审美文化理论建设及具体研究都取得了开创性的进展。张先生认为，教师在大学做学术研究的目的首先是为了更好地教学，而教学是教师为国家培植人才的主要工作，张先生在学术上的斐然成就为他高质量的教学工作奠定了坚实的基石。不仅如此，在教学学风方面为人师表，做到“第一认真，第二尽心，第三尽力，第四尽责”，他的弟子张国庆教授在《闪光的师德》一文中回忆张先生当年的教学情况时写道：“当时老师已是全国的知名学者，学术成果累累，仅凭既有的学识，带研究生已是游刃有余。然而，他仍精心准备每一门课，乃至每一堂课，写下了大量教案。同时，老师更继续精研学术，并将最新的见解、成果立即融进教学中来。所以，他的授课内容深厚、系统而新意迭出。”几十年来，张先生正是以这样的师德情操，坚持在教学第一线，勤勤恳恳，一丝不苟，分别为本科生和研究生开设过“文艺理论”、“中国文学批评史”、“中国古代美学”等八九门高质量的课程，为社会培养一批又一批有用之才。如今，他所指导过的学生遍及海内，有不少已成为学术带头人、知名学者。有一批学者继续从事他所开创的研究工作，薪火相传，后继有人。

他不仅尽心培养自己的学生，而且竭力提携青年教师及慕名求教者，把这样的事情看成是教师义不容辞的责任，希望看到更多年轻学者胜过自己。只要对年轻学者做学问有帮助的事，他在所不辞，这是不少人难以做到的事。张先生是我校校志编审委员会委员，因工作关系，我多次上门请教，张先生耳提面命，多次指点迷津，为我们出版的校史书籍作序，题写书名。他的关心与帮助，对我做好校史工作有莫大裨益。

已颐养天年的张先生，虽然硕果累累，桃李天下，但他始终不忘的是父母省吃俭用、恩师大力提携，才使得自己取得这样骄人的成就。因此，在他身体健壮的时候，力求以“教好书、多出成果”来报答父母和恩师。在他 80 岁的时候，意识到已不能像当年那样走上讲台为学生授课，也没有那样旺盛的精力指导青年教师做学问时，但他不愿舍弃教书育人的使命。因此，想设立一个奖学金，激励青年学子勤奋笃学，把培养人才的事业继续下去，以求还能为国家培养人才尽力。2009 年获得“兴滇人才奖”30 万元，使他得以一偿夙愿。

我被张先生培养人才、奖掖后学的壮举所感动，愿获此奖学金的莘莘学子不辜负张先生的厚爱，传承张先生不断进取、不断创造的治学精神，磊落坦荡的胸怀，民主求实的学风和严谨宽厚的师德，为我国社会发展作出更大的贡献。

心系家乡的数学家朱永津

2001 年 6 月，“图论与组合国际研讨会”在昆明召开。我国图论界著名专家、中国科学院研究员朱永津应邀参加本次大会。他利用开会时间，再次回到母校云大，受到师生的热烈欢迎。

朱永津 1931 年生于昆明，1949 年从昆明师院附中毕业后考入云大数学系。1953 年毕业后，曾担任昆八中的副校长，此后考上中国科学院研究生。1960 年朱永津获得我国第一批副博士学位，留在中科院数学所从事运筹学研究。1965 年，他与另一位年轻学者刘振宏在《中国科学》上发表了《关于最小树形图》的论文。文中首次提出了最小树形算法，这个算法后来被国际数学界称为“朱—刘算法”。20 世纪 70 年代，朱永津和他领导的集体又在“二分树”及图论的结构理论方面作出了一系列创造性的工作。国际图论界公认朱永津是结构图论领域中起引导作用的专家之一。

1992 年，国家有关部门公布，新中国成立后，国际上用中国人名命名的科技成果有 11 个，“朱—刘算法”是其中之一。

朱永津不仅发表了许多有影响的学术论文，而且还为国家培养了一批优秀研究生。他在 20 世纪 80 年代培养的研究生张存铨、范更华、李皓已成为国际图论领域中的佼佼者。这次国际学术会，就是由中科院图论与组合中心主任范更华研究员主持的。

朱永津为国家的科教事业作出的突出贡献，受到党和政府的多次奖励。但他始终眷恋家乡，不忘培养教育过他的母校。他曾多次向自己的大学老师、原云大数学系主任卫念祖教授表示，愿为家乡科教事业发展牵线搭桥，更希望云大能选送研究生到中科院学习，由他亲自指导。他对在中科院攻读研究生的云南籍学生格外关心。云南籍研究生李建平在科学院读书时，朱永津不仅热情地指导他的学习，而且还关心照顾他的生活。1991 年李建平毕业时，朱永津又推荐他到云大数学系工作。李建平后来在图论领域作出令人瞩目的成就，成为我国图论研究领域中的优秀青年学者，被破格晋升为教授。

从 1982 年以来，朱永津利用休假或出差的机会，先后八次到云大办学习班或进行学术交流。报告他当下的研究方向，介绍国际图论最新动态。他还热忱帮助在昆工、师大工作的同行进行科研工作，使他们的科研水平上新台阶。

朱永津读高中时，不幸患上眼病，视力很差，看书写字相当吃力。20 世纪 70 年代末眼病进一步恶化，致使双目完全失明。但他在国际上发表的半数以上论文是在双目失明后发表的。在他双目失明后，他的夫人、比他晚两届从云大数学系毕业的汝树芬，先替他找来国际上最新的学术资料和想看的论文，再录在磁带上。他靠听录音掌握学术动态，用心算来进行数学推演。由他口述，其夫人执笔，写成一篇篇论文。他每次回到母校，不仅带来了新的科技信息，更为母校师生带来了一个科学家为国家科技事业发展而顽强拼搏的精神。

许多学生和青年教师被这位成绩卓著双目失明的数学家深深地吸引住了，他们说：“朱老师不仅是在给我们做学术报告，更是在用自己的行动为青年做理想、信念的思想政治工作。”

云大院士知多少

多少年来，哪些院士曾在云大任过教，说法不一，外校对我校公布的部分院士名单也存在异议。根据专家意见，要确认某位院士曾是我校教师，必须找到某位院士曾在我校的档案资料。2003 年，我和学校宣传部的陈旋等人利用暑假时间，查阅了云南省档案馆馆藏云大档案及云大图书馆收藏的有关刊物，从教师聘任书、课表、薪俸表、教师名录等资料中，确认了以下 32 位院士曾在云大任过教：严济慈、姜立夫、陈省身、冯景兰、冯友兰、顾颉刚、华罗庚、金善宝、吕叔湘、彭桓武、秦仁昌、汤用彤、

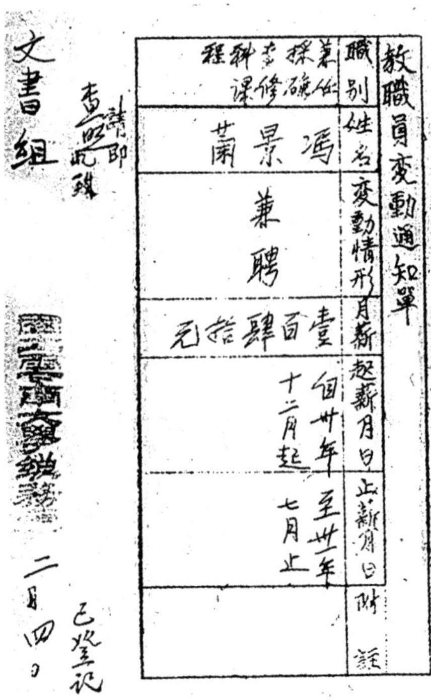
教職員變動通知單
職別：兼採礦課程
姓名：馮景蘭
變動情形：兼聘
月薪：壹百肆拾元
起薪月日：自卅年十二月起
止薪月日：至卅一年七月止
附註
文書組
二月四日

冯景兰职别变动通知单

钱临照、汤佩松、吴晗、吴征镒、徐仁、余德浚、曾昭抡、赵忠尧、郑万钧、张青莲等。根据昆明理工大学档案馆所保存的资料，胡兴仕老师写的《云大历史上的院士》一文（见《云大故事》，云南大学出版社2003年版），查证从云大毕业后当选为院士的有6人。2003年，化学系1962级学生、植物所研究员孙汉董，又当选为中国科学院院士。就此，从云大毕业后当选为院士的学生增到7人。

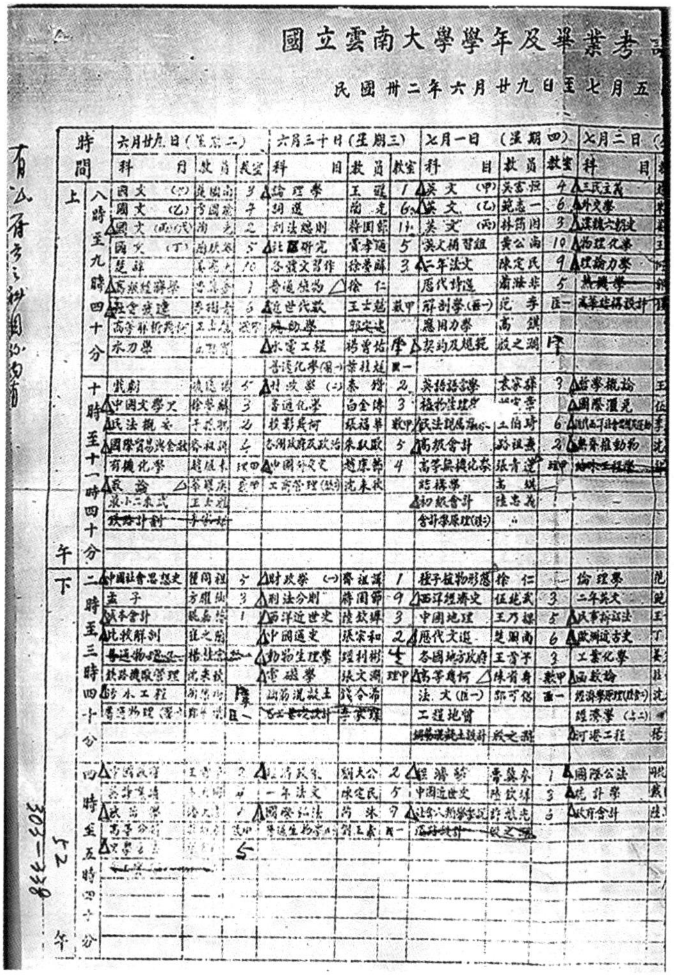

学生毕业考试日程安排表

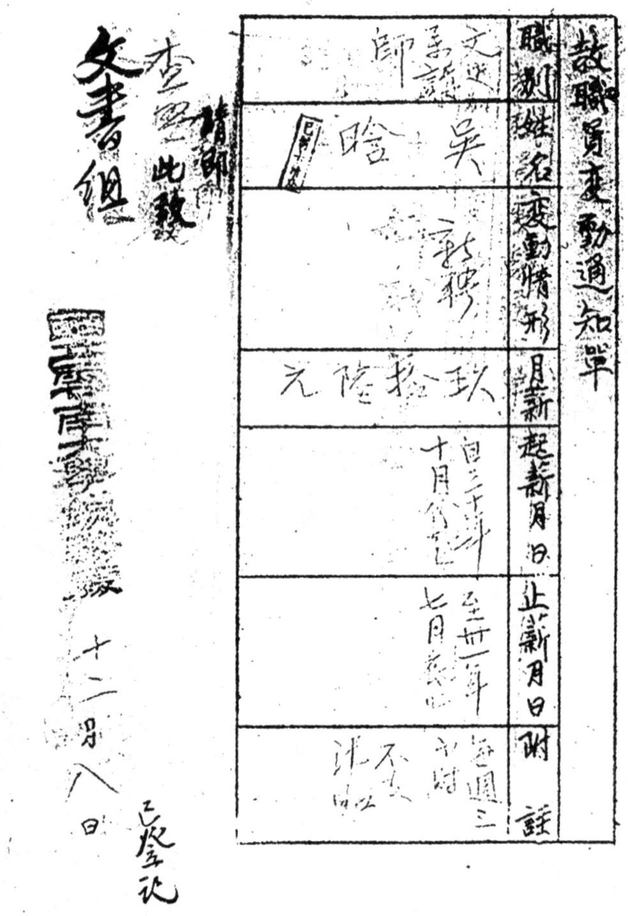

吴晗职别变动通知单

各院士到校时间、任职情况、讲授内容如下：

1. 严济慈：1948 年当选为中央研究院数理组院士。1938 年到云大任理化系讲师。

2. 姜立夫：1948 年当选为中央研究院数理组院士。1939 年到云大算学系任讲师，讲授“微分几何”，每周授课 3 小时。

3. 陈省身：1948 年被选为中央研究院数理组院士。1938 年 8 月—

1939年2月被聘为云大数学系兼任讲师；1938年12月—1939年2月为云大讲授“高等几何”，每周3小时；1942年9月—1943年6月再次被聘为云大数学系讲师，每周授课2小时；1942年上学期，为数学系四年级学生上课，每周讲授2小时“非欧几何”；1943年6月29日—7月5日云大举行学年暨毕业考试，负责“高等几何”。

4. 孙云铸：1955年当选为中国科学院地学学部委员。1939—1941年被云大聘为教授，任教生物系。

5. 冯景兰：1957年选为中国科学院地学学部委员。1940年8月—1942年7月为云大采矿专修科主任；1941年12月—1942年7月被聘为云大矿冶系教授兼工学院院长；1942年下学期为云大农学院讲授“地质学”；1943年4月—7月为土木系兼任教授，讲授“工程地质”，每周2小时；1945年4月兼任矿冶系教授，每周授课4小时。

6. 冯友兰：1948年选为中央研究院人文组院士。1941年11月—1942年4月被云大聘为讲师。

7. 顾颉刚：1948年选为中央研究院人文组院士。1938年6月—1939年6月被聘为云大文史系教授，住云大西寝室2号。

8. 华罗庚：1948年选为中央研究院数学物理组院士。1938年12月—1939年2月为云大数学系讲授“数论”，每周2小时；1942年9月—1943年6月聘为数学系兼任讲师，每周授课2小时；1943年6月29日—7月5日毕业考试，他负责“数论”；1943年8月—1944年7月再次受聘；1944年8月—1945年7月为“龙氏讲座”教授，每周授课3小时。

9. 向达：1955年选为中国科学院哲学科学学部委员。1941—1942年在云大文史系任讲师、教授。

10. 金善宝：1955年选为中国科学院生物学学部委员。1945年7月—1946年7月聘为云大农学院教授，每周授课9—12小时，讲授“特用作物”；1946年8月—1947年7月续聘为农学院教授。

11. 吕叔湘：1955 年选为中国科学院哲学社会科学学部委员。1938 年 10 月到云大被聘为文法学院、矿冶专修科副教授。

12. 彭桓武：1955 年选为中国科学院数学物理学学部委员。1939 年被聘为理化系教员，1946 年底被聘为云大物理系教授；1947 年 8 月—1948 年 2 月在物理系讲授“物理学”，每周 6 小时。

13. 秦仁昌：1955 年选为中国科学院生物学学部委员。1945 年 12 月被聘为云大森林系教授，每周授课 9—12 小时；1946 年被聘为云大毕业考试委员会委员；1947 年为云大招生委员会委员、农学院农场设计委员会委员、农学院季刊编辑委员会委员；每周讲授“植物分类学”3 小时；1955 年从云大农学院调往北京中国科学院植物研究所。

14. 汤用彤：1955 年选为中国科学院哲学社会科学学部委员。20 世纪 40 年代被聘为云大教授，每周授课 2 小时。

15. 钱临照：1955 年选为中国科学院数学物理学学部委员。1939 年 3 月到云大任采矿专修科讲师。1944 年聘为云大医学院兼任教授，每周授课 4 小时；讲授“物理学”；1945 年 9 月—1946 年 6 月再次被聘为兼任教授，每周授课 4 小时。

16. 汤佩松：1948 年选为中央研究院生物组院士。20 世纪 40 年代聘为云大农学院教授，每周授课 3 小时；在第 3 次农事农林专题讲座中，他的讲演题目一是“生物学与农学”，二是“国人之学养与战后农业生产问题”。

17. 吴晗：1955 年选为中国科学院哲学社会科学学部委员。1937 年 9 月到云大，聘为文史系教授，住在南昌街白果巷 4 号；1941 年 10 月—1942 年 7 月聘为云大文史系兼任讲师，每周授课 3 小时；讲授“宋史”、“史学概论”、“明清史”、“中国通史”。

18. 吴征镒：1955 年选为中国科学院生物学学部委员。1944 年 10 月—1945 年 6 月为云大生物系兼任讲师，每周授课 2 小时。

19. 徐仁：1980 年选为中国科学院地学部院士。1939 年 8 月被云大聘为生物系专任讲师，住青莲街学士巷 1 号；1941 年—1943 年 8 月被聘为生物系副教授；1943 年 6 月 29 日—7 月 5 日毕业考试，他负责“普通植物”、“种子植物形态”。

20. 张青莲：1955 年选为中国科学院化学部学部委员。1942 年 9 月被聘为理化系兼任讲师，1943 年 6 月 29 日—7 月 5 日毕业考试，负责“高等无机化学”。

21. 余德浚：1986 年选为中国科学院生物学部院士。1939 年 8 月为云大生物系专任讲师，住黑龙潭；1946 年，1948 年聘为副教授。

22. 曾昭抡：1955 年选为化学部、学部委员。1943—1944 年为云大兼任讲师；后被聘为教授。

23. 赵忠尧：1948 年选为中央研究院数学物理组院士。1937 年 6 月—1938 年 8 月聘为云大理化系教授。

24. 郑万钧：1955 年选为中国科学院生物学学部委员。1939 年 12 月被聘为云大森林系教授兼系主任；1940 年 9 月—1941 年 6 月再次被聘为森林系兼任教授；1942 年 8 月—1943 年 7 月被聘为森林系教授；1942 年下学期在农学院讲授“森林地理”；1943 年 8 月—1946 年 7 月再次被聘为森林系教授兼系主任。

25. 吴中伦：1980 年选为中国科学院生物学部院士。1945 年被聘为云大农学院讲师，讲授林学。

26. 严志达：1993 年选为中国科学院数学物理学部院士。1941 年—1946 年被聘为云大数学系助教。

27. 袁见齐：1980 年选为中国科学院地学部院士。1939 年 3 月—1940 年 7 月任云大矿冶系讲师。

28. 郭令智：1993 年选为中国科学院地学部院士。1939—1940 年任云大矿冶系专任讲师。

29. 许杰：1955 年选为中国科学院地学部学部委员。1942 年被聘为云大教授，讲授地质学。

30. 冯新德：1980 年选为中国科学院化学部院士。1938 年被聘为云大理化系助教。

31. 孟宪民：1955 年选为中国科学院地学部学部委员。1947 年任云大工学院教授兼院长。

32. 钱令希：1955 年选为中国科学院技术科学部学部委员。1942—1943 年被聘为云大土木系教授。

33. 殷之文：中国科学院硅酸盐研究所研究员，1942 年毕业于云大矿冶系，1993 年选为中国科学院化学部院士。

34. 徐祖耀：上海交大材料学院教授，1942 年毕业于矿冶系，1995 年选为中国科学院技术科学部院士。

35. 戴永年：昆明理工大学教授，1951 年毕业于云大矿冶系，1999 年被选为中国工程院院士。

36. 张国成：北京有色金属研究所研究员，1952 年考入云大，1956 年从昆明工学院有色金属专业毕业，1995 年被选为中国工程院院士。

37. 陈景：云南大学化学科学与工程学院教授，1958 年毕业于化学系，1997 年选为中国工程院院士。

38. 胡永康：抚顺石油研究院研究员，1961 年毕业于化学系，1997 年选为中国工程院院士。

39. 孙汉董：昆明植物所研究员，1962 年毕业于化学系，2003 年选为中国科学院院士。

“末代傣王”在云大

“末代傣王”刀世勋

一直关注校史工作的学长、省交通厅离休干部周康告诉我，“末代傣王”曾就读于云大。“末代傣王”是指省政协原副主席刀世勋。弄清傣王在云大学习生活的念头一直在我心中萦绕。2010 年 4 月 1 日，周康和我的同事一行五人到刀世勋家登门拜访，后来从刀世勋的大学同学及学校的文书档案中了解到一些刀世勋在云大的事情，使我对这位“末代傣王”在云大的情况有了较为清晰的认识。

云大是“末代傣王”的人生转折点

历史上，傣王又称召片领，是西双版纳傣族地区的最高统治者。傣王的设置开始于元朝。元朝皇帝封傣王为“车里宣慰使”，官位相当于元朝三品，地位较高。刀世勋的伯父刀栋梁是四十世傣王，膝下无子，刀世勋自幼过继给伯父，成了法定的王储。1943 年，四十世傣王病逝时，年仅 15 岁的刀世勋正在重庆中正中学求学。1944 年 2 月，他奉命赶回老家继位，经过极其隆重的就职仪式，成为第四十一世傣王。正式袭位后，刀世勋将政务交给摄政王——他的父亲刀栋廷执掌，自己又返回重庆继续求学。1948 年，刀世勋探亲返校路过昆明，拜见了时任国民政府云南省主席的卢汉。卢汉听说他要到已从重庆迁到南京的中正中学完成学业，劝他留在昆明求学，还派人为他联系学校。刀世勋听从卢汉的忠告，在昆明城西租了一间住房，到南菁中学补习，准备第二年报考大学。在著名学者方国瑜等人的帮助下，1949 年考入云大先修班。

1946 年西南联大解散，清华、北大、南开的师生复员北上后，昆明学联机构迁至云大，领导昆明大中学校的进步学生自治会。云大学生自治会主要负责人不仅主持云大自治会，也主持昆明学联工作。昆明学联经常在云大组织开展许多进步活动。为发扬五四精神，将革命进行到底，1949 年5 月4 日，由学联组织在云大校园举行了近万名昆明大中学校学生参加的营火晚会。1949 年5 月到9 月初，云大的进步师生组成多个小型服务团队，到工厂、农村、商店、银行，甚至到兵营、警察驻地进行社会服务。进步师生通过开展文艺活动，开办各种文化补习班和文化业余夜校，帮助市民组织读书会提高对国内外形势的认识。1949 年下半年，云大学生运动达到了新高潮，以至有人称云大是昆明的“小解放区”，在这个“小解放区”，可以引吭高歌民主、自由的赞歌，拍着手掌欢迎新中国的到来，可以无情地揭露鞭挞反动的独裁统治。毛主席的著作可以公开翻印，《新华日报》等进步报刊公开传阅。

刀世勋跨进云大的门槛，便受到了这样的革命熏陶，接受着争民主、求解放的革命理想教育。他经常参加营火晚会，跟着同学一起唱《山那边有个好地方》等革命歌曲。

1949 年8 月，中国人民解放军以秋风扫落叶之势解放了江南大部分国土。国民党政府仓皇退守西南，妄图以云南作为最后挣扎的基地，而中共云南地下党组织领导的反蒋斗争空前高涨，风起云涌。9 月，蒋介石接连电召卢汉到重庆，胁迫卢汉执行其“围剿”云南人民武装、消灭云南地下党的反共计划。国民党中央保密局局长、特务头子毛人凤亲自坐镇昆明进行镇压。9月9日，卢汉发表《告云南人民书》、《告保安官兵及青年学生书》，宣布昆明戒严。国民党特务大肆逮捕中共地下党员、民青成员、民主人士、编辑、记者、工人、学生等400余人，实行所谓“整肃”与“整理”。13日，卢汉布告云大师生，于当晚7时前迁出学校，学校解散，由军警进驻，成立“云南大学整理委员会”，卢汉任主任委员，刘英士为副主任委员。20日，教育部又派次长吴俊升来督察。22日，卢汉宣布“整理纲要”，“整理”对象是“赤色鲜明者”，以此为出发点，对云大教职工和学生进行甄审。对甄审允许复职复学的师生员工，要五人互联互保。当时云大被整理委员会解聘、革职、撤职、裁退的教职工近100人，被开除的学生达20多人，10月11日布告开始登记学生，云大原有师生1 000多人，截至10月14日，登记者800余人。10月15日，重新开学上课，刀世勋也在重新登记之册。

12月9日，卢汉宣布起义，10日，有的同学看见五华山升起第一面五星红旗。云大校园沸腾了，全校师生奔走相告，“中国共产党万岁!”“新中国万岁!”的欢呼声在校园里回荡。60年过去了，云大师生当年欢庆解放的激动场面刀世勋仍历历在目。

不甘心灭亡的在滇数万蒋军，在副总司令汤尧指挥下向昆明反扑，昆明危在旦夕。为保卫昆明，配合卢汉起义部队作战，刀世勋响应云大地下党的号召，与住在城墙外西宿舍的师生一起搬到城墙内的东宿舍，一起搬石抬土，把云大周围的城墙缺口砌起来，以防蒋军打进来。刀世勋在炮火中接受了革命的洗礼，迎来了昆明保卫战的胜利。

昆明保卫战胜利后，在中共云南工委的领导下，开始组建各级政权，但残余的反动力量不甘心灭亡，负隅顽抗，不断制造事端，破坏新生政权。到1949年底公粮还未完全征收，昆明市的储粮还不够一个月的消费。市场粮价暴涨，人心浮动。为了巩固新生政权，维护社会秩序，昆明学联号召大中学校学生组成宣传队下厂、下乡宣传党的方针政策。一时间设在会泽院的昆明学联的办公室热闹非凡，不少大中学生踊跃报名。身处历史激流中的刀世勋也走在了历史的十字路口。人民拥护起义、积极投身解放事业的革命热情使他深受鼓舞，也想参加宣传队，但又担心自己的特殊身份而遭拒绝。最终抱着试试看的态度，到了学联报名处登记。1951 年 1 月，他所在的宣传队被编入滇北地方工作团第四武工队。武工队的 120 多人中，有 30 多人是从昆明去的学生，工作队按照部队的建制组成，实行军事化管理，参加征粮，清理积稻，收缴民间枪支，建立乡村政权，维护社会秩序。工作队经常深入农村访贫问苦，征收公粮，斗恶霸地主，打击反动势力的嚣张气焰。工作队既是宣传队又是战斗队，生活艰苦，出入危险，有些工作队员就牺牲在征粮的路上。刀世勋与其他的队员一样，身着本色装束，脚蹬自编的草鞋，吃的是粗糙的米饭，青菜蘸辣椒，白天轮流做饭，夜间持枪站岗值班，过着紧张的军事生活。这是刀世勋从未见过和体验过的生活，但这样的生活与傣王的养尊处优相比，心情惬意多了。他在工作中奋发努力，获得好评。武工队团组织准备吸收他入团，他感到领导和战友们都没有另眼看待他，自己也没有必要再隐瞒过去的历史。他在自传中如实地向组织汇报了自己的身世和经历，其实工作队的领导早就知道他的底细，工作队长杨荫芳希望他放下思想包袱、坚持进步，不久他便光荣地加入了新民主主义青年团。3 月，中国人民解放军第四兵团西南服务团派出的一支工作队到富民，根据上级指示，这支工作队与第四武工队合并组成新的机构，所有队员重新分配工作，刀世勋被分配到富民县银行任政治指导员兼团小组长、县学习委员会委员。

这年 5 月在昆明治病时，他听说逃到缅甸的部分傣族土司头人在边境发动暴乱，他的父亲被委任为游击大队副司令兼车里县副县长、国民党军统局的“军民合作站站长”，妄图利用昔日摄政王的权威招引傣族旧部，恢复他们失去的天堂，他为此感到愤慨，立即投书省军管会主任、第四兵团司令员陈赓，表示要与发动暴乱的人员决裂，协助党和政府争取叛逃人员回国，还上交了国民政府发给他的宣慰使委任状。时任军管会副主任的卢汉在了解他的情况后将其调回昆明，参加《中国人民政治协商会议共同纲领》、《论人民民主专政》等文件和重要著作的傣文翻译工作。军管会副主任张冲不仅从政治上关心他，而且从生活上帮助他，特意委托其夫人惠国芳照顾他的生活，帮助解决生活中的困难。针对他做过傣王又与国民党军统局有过接触的思想负担，张冲指出："你从小在外读书，还被军统特务当做控制你父亲的人质，这些我们清楚。"又说："后来当了四个多月的召片领，如果有什么罪恶，只要改过自新就行了，不要背思想包袱。"张冲的话给了他莫大的安慰和鼓励。刀世勋郑重表示愿意放弃王位，继续求学。张冲立即表示支持，要他先放下翻译工作，抓紧补习功课，准备高考。在张冲的鼓励下，刀世勋参加了1950年的高考，被云南大学社会学系录取，学号为50525，实现了回母校继续深造的愿望。

是年9月，他刚回到云大读书又接到省军管会通知，批准他为西双版纳首席代表，随西南民族代表团到北京参加国庆观礼。10月1日他与各兄弟民族代表一起登上天安门观礼台，见到了毛主席及党和国家的其他领导人。10月3日晚在怀仁堂举行的国庆献礼盛会上，他代表傣族人民向毛主席献上一柄世代珍藏的金伞，毛主席接过金伞并亲切地握住他的手说："跟着共产党建好社会主义新边疆。"刀世勋激动得热泪盈眶。

在云南完成传达国庆观礼及在全国各地参观的任务后，年底他回到云大学习。次年冬天，他和全系师生到蒙自、建水参加土改运动。这场运动使他深受教育，联系西双版纳封建领主对贫苦农奴的剥削压迫，他更加深刻地认识到封建领主制度的腐朽没落，更加热爱社会主义中国，立志终生为各族人民服务。

为协助党和政府争取刀栋廷等傣族上层人士回归，他一边在云大读书，一边按照政府的指示，现身说法如实告知其父亲自己在云大的学习、生活以及西双版纳发生的可喜变化，帮助父亲消除对党和政府的怀疑，看清自己的光明前途。刀世勋的现身说法促使刀栋廷坚定了回归的决心。1954 年 4 月，刀栋廷摆脱国民党军队的监视，带领 69 名土司头人及家眷回归。回归后的刀栋廷先后被选为西双版纳傣族自治州的副州长、全国政协委员、省民委副主任、省政协副主席，成为一名爱国的民族上层人士，他于 1983 年病逝。

刀世勋在云大从最初接受民主进步的爱国主义教育，到成功协助党和政府争取逃亡缅甸的西双版纳土司头人回归，完成了从一个封建贵族领主向一个社会主义建设者的转变。

在云大找到了志同道合的革命伉俪

刀世勋在谈及自己人生转变和事业成功的时候，总会充满感激地提到自己的妻子徐菊芬，他说："我的命运与她有关，我的事业上能有点成绩也有她的一臂之力。"

徐菊芬出身于祥云县书香门第大户人家的汉族家庭，他的叔祖父徐保权是唐继尧执政时期的外交、财政司的司长，祖父徐锟生是民国初期云南优级师范学校的教务长，他的父亲徐绍祖是家中的长子，从云大的前身私立东陆大学毕业后，奉命回家管理家产，二叔徐继祖在美国密西根大学获得教育学博士学位，回国后曾任省立云大附中校长，三叔徐绳祖留学日本东京法政大学攻读经济学，曾任国立云南大学秘书长兼经济学教授。徐菊芬虽然生长在这样一个大户家庭，但没有富家小姐的娇骄二气，她为人正直，遇事不甘落后，是一个追求进步的热血青年。

1948 年，美国为使日本成为它在远东反苏、反共、反人民的基地，明目张胆地扶植日本军国主义再起，构成对远东和平，特别是对中国人民的严重威胁，激起了中国人民愤慨，各地纷纷举行反美扶日运动。徐菊芬响应昆明学联的号召，与同学一起刊出反美扶日的板报，上街宣传，义卖宣传品，参加昆明大中学校学生举行的游行示威活动。在学运活动中发生过一次意外，一次徐菊芬在乘坐马车回校的途中，因马受惊，翻车压伤右腿，做了简单的包扎后仍然带着伤痛与同学在附中校内站岗放哨，防止坏人进校捣乱。附中进步学生从龙头村校区撤到云大校本部会泽院，她是被同学架着走进会泽院的。反动当局出动大批军警围攻驻守在会泽院的学生，爆发“七一五”惨案前几天，学联负责人见她伤势太重，通知家长强行送回家中。几十年后，她对未与同学一起坚持到底，深感遗憾。由于受伤的右腿未得到及时的治疗，昆华医院的专家诊断她右腿的膝关节以下已经坏死，要做截肢手术，这可吓坏了徐菊芬一家人。在中医的治疗下保住了她的右腿，但耽误了很多的学习时间。1949 年她带着尚未痊愈的伤腿参加高考，成绩不理想未直接升入大学本科，进了云大先修班。虽有很多遗憾，但很幸运的是在先修班见到了同期考入的刀世勋，并且同时分在文史组。他们相识、相爱，在学习中互相帮助，确立了恋爱关系。按照傣族的习俗，傣族不与外族通婚，傣王的妻妾都是由大臣负责在西双版纳选美确定。刀世勋敢于冲破陈规旧矩与自己相爱的汉族姑娘私订终身，体现了刀世勋的思想进步。

昆明保卫战结束后，徐菊芬积极响应学联的号召，报名参加宣传队。她见刀世勋还在为去宣传队犹豫不决，就对刀世勋说：“虽然你被封为召片领，但你长期在外读书，实际你只是一个学生，没有做过对不起人民的事。我和你一起去，我会为你作证。”这坚定了刀世勋报名参加宣传队的决心，从此刀世勋走上了革命的道路。

1950 年，徐菊芬与刀世勋同时参加高考，徐菊芬录取在云大中文系，刀世勋录取在云大社会学系。进校不久，因刀世勋参加国庆观礼等活动从而缺课太多，按学校学籍管理办法必须留级，刀世勋一听降级就很不乐意，方国瑜先生劝慰说：“你还年轻，多在学校一年，可以多读书，是一件好事，难道还怕读书多吗？”刀世勋思想情绪的真实原因徐菊芬最清楚，刀世勋不是怕读书多，而是怕不能与徐菊芬同一年毕业，而失去他深爱的恋人。徐菊芬安慰他说："无论我分到哪里我都等着你。"这才使刀世勋接受了学校的决定。

徐菊芬的父亲在家乡听说女儿的恋人是个傣王就有很多担心。他从旁听说土司头人大多会抽大烟，担心女儿也会染上恶习。傣王都是三妻四妾的，担心女儿嫁过去会受欺负。西双版纳天气炎热，女儿不懂傣语，担心女儿嫁过去后适应不了，因此极力反对这门亲事。她父亲想不明白云大那么多高才生，女儿为何就只看中了这个土司。

刀世勋夫妇结婚照

徐菊芬在昆明的两个叔叔思想开明多了。他们知道这件事后没有急于下结论。刀世勋从北京参观回来后，徐菊芬的二叔徐继祖将刀世勋请到家中，说是请来玩其实是想当面考察一下。看到刀世勋一表人才，彬彬有礼，对时局政治侃侃而谈，已经让徐继祖有了几分好感。为了试探刀世勋的学问，徐继祖有意说上几句英语考考刀世勋的英语水平。经过这次见面，徐继祖认为刀世勋并不像他大哥想象的那样糟糕。在他看来，刀世勋是一个有志向有作为的青年人。徐继祖将自己的看法告诉在家乡的大哥，改变了徐菊芬父亲的看法，同意了这门亲事，还邀请未来的女婿逢年过节去祥云的老家。

为了消除刀世勋的顾虑，徐菊芬同意在大学毕业前结婚。一谈到结婚，刀世勋犯难了。他并不是不想结婚，而是没有筹办婚事的经济能力。刀世勋在云大读书都是享受公费生待遇，靠人民助学金来生活，哪还有钱来结婚？省民委知道后，主动承担了他们结婚的费用。从西双版纳到昆明学习的民族上层人士听说刀世勋要与徐菊芬结婚感到十分高兴，表示不再坚持过去的旧观念，只是希望能在昆明学习期间喝到他们结婚的喜酒。

1953 年 3 月，刀世勋与徐菊芬在共和春饭店举行了隆重的婚礼，省政府副主席张冲主持婚礼，各级领导及在昆学习的西双版纳上层人士纷纷到场祝贺。婚宴上，参加婚礼的傣族上层人士按照傣族的习俗边吃边唱赞哈，祝贺这对志同道合的青年结为伉俪。时任省民委副主任的侯方岳在给云大学生讲“民族政策”课时，将刀世勋与徐菊芬结婚作为一个民族团结的范例来举例。

1953 年 7 月，徐菊芬毕业后分配到北京华北行政委员会工作。次年，他们有了第一个孩子。

五十多年来，这对夫妻相濡以沫、相敬如宾。徐菊芬既是刀世勋的贤内助，又是他事业上的好帮手，共同筑就了一个事业成功、生活幸福的爱巢。

云大为末代傣王的学术成就奠定了坚实基础

20 世纪 80 年代，刀世勋已成长为蜚声东南亚的语言学家，长期从事傣、汉、泰、老语的比较语言研究。尤其在傣汉语研究上卓有成就。曾担任中国民族研究学会理事、中国民族语言学会理事、西南民族研究会顾问、云南民族研究所语言研究室主任、所长、研究员，完成了几百万字的论著。

在问及刀世勋取得这样丰硕成果的原因时，他深情地说：“若是我在学术上有些成就，那首先是应该感谢在云大培养过我的老师，云大社会学系的五年学习为我后来从事学术研究奠定了坚实的基础。”

1928 年 8 月，在襁褓中的刀世勋离开生母的怀抱被送进宣慰使衙门的深宅大院。8 岁走出衙门，在允景洪大佛寺皈依佛门，该寺的大佛爷刀栋臣是他的叔父。刀世勋入佛门后大佛爷对他的要求十分严格，要他认真学习用老傣文写成的经文，这为他后来的傣文研究打下了基础。还俗后到车里（今景洪）的汉族小学就读。15 岁被送到重庆中正学校读书。1949 年进入云大先修班，1950 年考入云大社会学系。刀世勋就读于云大社会学系前，已经具备了一定的傣汉文化的基础，这为他在社会学系的学习创造了良好的条件。

云大社会学系 1938 年由著名社会人类学家吴文藻创办，陶云逵、费孝通、许烺光、杨堃、陈达、潘光旦等国内外学术界名宿曾在社会学系任教，20 世纪 40 年代培养出田汝康、史国衡、王志诚、刘尧汉等著名学者。新中国成立后，社会学系继承发扬本系教学中的优良传统，注重社区调查，“以丰富理论的内容”将“培养政府及其他有关部门所需的工作干部及研究人员”作为培养目标。

1951 年，云大根据上级指示将社会学系分为劳动组和民族组，以适应社会发展的需要。民族组的专业课有：“中国少数民族史”、“民族政策”、“民族调查”、“考古学”、“世界民族志”、“少数民族语言”、“云南民族史”等。要求学生通过以上课程的学习，掌握民族学和民族史的基本理论、基本知识和基本方法。刀世勋和德宏的几个土司分在民族组。学校对民族组学生格外关心，为了达到所制定的培养目标，选派了最好的教师负责该组的教学。在法国获得社会学博士学位的杨堃教授 1931 年回国后一直从事民族学教学与研究，是中国早期社会学社理事，1934 年与蔡元培、吴文藻、凌纯声、孙本文等发起成立中国民族学会，1948 年担任云大社会学系主任，他为民族组讲授“人类学”、“原始社会史”、“民族志”、“中国少数民族概况”等。五十多年后，刀世勋回忆起杨堃教授说道：“是他为我掌握有关民族学的理论打下了基础。”为民族组讲授“中国少数民族史”、“中国兄弟民族概况”、“中国社会分析”等课程的江应樑，1945 年任车里县长期间，与刀世勋的父辈有过交往，是刀栋廷的挚友。他关心刀世勋的学习，要求刀世勋读完他所推荐的有关傣族历史文化的论著并写出读书心得。给民族组讲授“云南民族史”的方国瑜把自己深入傣族地区收集到的资料送给刀世勋阅读，丰富了刀世勋的知识体系。省委统战部负责人陈方向民族组学生讲授“民族政策”，使刀世勋对党的民族政策有了更加深入、系统的认识。

新中国成立后，社会学系增开了“语言学”课程，邀请从北京到云南做民族调查的傅懋勣到系讲授“中国少数民族语言”。傅懋勣是中国当代语言学家。1948 年他赴英国剑桥大学攻读语言学，1950 年获剑桥大学博士学位，1951 年到中国科学院语言研究所任职。回国当年就深入到云南做民族调查，在云南的调查持续了三四年。他的代表作是 20 世纪 40 年代出版的《维西么些语研究》和《丽江么些象形文〈古事记〉研究》。其中《维西么些语研究》是我国较早的一部研究少数民族语言的专著。傅懋勣在云大任教时，以傣语为基础讲授我国少数民族语言。他在民族组授课时发现曾做过傣王的刀世勋学习踏实，为人诚恳，傣语的发音纯正，既懂傣文又有汉语基础，就注重对刀世勋的培养。在讲授傣语语音时让刀世勋充当傣语的发音员，领读傅懋勣指定的傣语课文。这不仅使同学们很好掌握了傣语的基本发音，也激发了刀世勋对语言学的兴趣，加深了对语言学的认识。他认为要发展傣族地区的经济文化就应该向内地学习，接受现代科学文化知识。但受到语言不通的障碍，严重限制了傣族地方的经济发展。作为西双版纳傣族的第一个大学生应该首先学好语言学，将来在傣汉语言交流方面作贡献。1953 年西双版纳傣族自治州成立时，他谢绝了组织上让他回去担任副主席（即副州长）的安排，义无反顾地选择了民族语言学作为毕生学习和研究的领域。1954 年 4 月，刀世勋参加了由傅懋勣领导的傣族语言文字调查组到西双版纳实地调查。调查组在掌握大量傣语语言文字的基础上，提出了傣文文字的改进方案。现在使用的傣文文字就是经过这次调查后改进的新傣文，它比改进前的老傣文简洁易学，而今，西双版纳大街小巷的街名标志牌都注上了汉傣文字，学校也用汉傣双语教学。刀世勋在这次调查中，负责用国际音标记录各地的方言及参与借用汉语对生僻难懂的傣文进行注音、注释。参加这次调查为刀世勋后来从事傣文研究积累了丰富的资料。1959 年，科学院要求各研究所出版一批著作向国庆 10 周年献礼。已在中国科学院语言研究所从事语言研究工作五年的刀世勋借助这次的调查资料，编写出《西双版纳傣语语法纲要》、《西双版纳傣语语言简志》、《汉语在傣语丰富发展中的作用》三本书，共几十万字，作为自己向国庆 10 周年献礼的成果，以后又陆续发表了《西双版纳老傣文字声韵系统初探》、《西双版纳允景洪傣语音节结构》、《西双版纳傣语描写法》等论文。

他沿用老傣文主编的《傣汉词典》于 2007 年由云南民族出版社出版，他用新傣文主编的《汉傣词典》也于 2009 年由云南民族出版社出版。这两部词典既是抢救和保护傣语传统文化的书籍，更是一部阅读傣语文献资料的工具书。对傣汉交流起了巨大的促进作用。

1956 年，周总理在听刀世勋汇报傣汉语言比较研究时，勉励他在语言比较研究中作出贡献。从此他加倍努力，学会了泰文和老挝文。研究傣、汉、泰、老等有关语言之间的关系，著有《巴利语对傣语的影响》及与泰国朱拉隆功大学副校长巴拉尼博士合作编写了《傣汉泰英简明词典》等。他多次访问泰国，与泰国语言学家交换意见，进行比较研究，为两国文化交流做了许多有益的工作。

一个人的命运往往就由关键的几步所改变，刀世勋从昔日的末代傣王成为一个著名的专家学者，这个转变过程虽然漫长艰辛，但他在云大学习的经历不仅决定了他后来所走的道路，也为他走进学术殿堂奠定了坚实的基础。

四川学子到云大求学记

新中国成立初期，全国高校迅猛发展，招生人数大幅增加。1949年云大在校人数仅为1361人，而1950年云大招生人数就达到1017人。招生规模的扩大后，云南本省生源则出现困难。由于云南开发较晚，文化不昌，直到新中国成立初期，仅有少数几个经济较发达的地区办有高中，根本不能满足云南仅有的两所大学，即云大和昆明师范学院的招生需求量。好在云大是部属院校，可以在全国范围内招生，大量省外学生涌入云大，弥补了当时本省生源匮乏的现状。邻近的四川省生源充足，且与云南省同属于当时西南区管辖，促使大量的四川学子来云大求学。1952年云大招生428人，四川学生就有199人，几乎占了一半。1953年云大招收新生595人中四川学生增加到306人。云大数学系1955级60名学生中，有四川学生45人，贵州学生7人，福建、浙江、江苏、湖北4省各1人，而云南学生仅有4人。1955年4月10日，周恩来总理到云大视察。在映秋院门口，他问围在身边的一群学生家在哪里？被问到的几个学生都回答“四川”。总理诙谐地说“云南大学成了四川大学在云南的分校!”这个现象直到20世纪60年代初，本省的高中生大量培养出来后，才得到改变。

四川与云南虽然相邻，但两省被高山巨川所阻隔，交通极为不便，给四川学子到云大求学造成很大困难。新中国成立前，云大从四川招来的学生很少。新中国成立后，政府为了保障大批四川学子安全到达云大，采取了一系列措施。在运送新生到校途中出现了许多难忘的往事。仅以1953年秋从四川来云大的新生为例，讲述他们求学的几个片断。

投报云大

新中国成立初期，国家急需建设人才，为了招收更多的优秀人才考入大学，不仅招收高中毕业生，而且允许具有同等学力的在职干部参加高等学校统一考试。在职干部被高校录取后可享受调干生助学金待遇，这使参加考试的人数剧增，竞争亦更加剧烈。高考结束后，面临填写志愿，不少人选择了留在当地读大学，但亦有报考省外大学的。填报云大的学生大多数都冲着昆明四季如春的天气来的，而对当时云大的状况知之甚少。1953年报考云大林学系的重庆考生魏国瑞看了苏联著名作家西蒙诺夫在报纸上写了一篇“春城——昆明”的报道。西蒙诺夫对昆明风土人情的赞美打动了他的心，加之对生物科学有兴趣，于是填报了云大。四川威远县的考生杨明江喜欢生物，他从有关资料介绍中了解到云南生物繁多，是个植物王国，第一志愿填报了云大生物系，他的妹妹杨明芳见他哥哥报了云大，也不假思索地把云大数学系作为第一志愿。四川叙永县的考生刘佐权1953年考入云大物理系，他的哥哥刘修才听弟弟讲昆明气候宜人，是个读书的好地方，也在次年考入了云大中文系。

发　榜

1953年9月30日，重庆《新华日报》将全国高等学校西南考区录取的新生名单逐一刊登。很多考生闻知此消息，天不见亮就到报纸发行处和各县邮政局等候当天报纸。由于等候的人太多，邮局怕引起混乱，要求每个学校推选一名代表领取报纸。报纸分发出去后，大家怀着忐忑不安的心情迅速地在报纸上搜寻自己或亲友的名字。一时间，有的欢笑，有的叹息，甚至有的落泪。人群中有个叫朱绍宣的四川内江考生，看到报纸上有个叫“朱绍萱”的被云大录取，这一字之差，使得他几分喜欢几分不安，他想这个名字就是自己，应该是报纸印错了，但也有几分忧虑，直到接到录取通知书后，他才喜笑颜开。

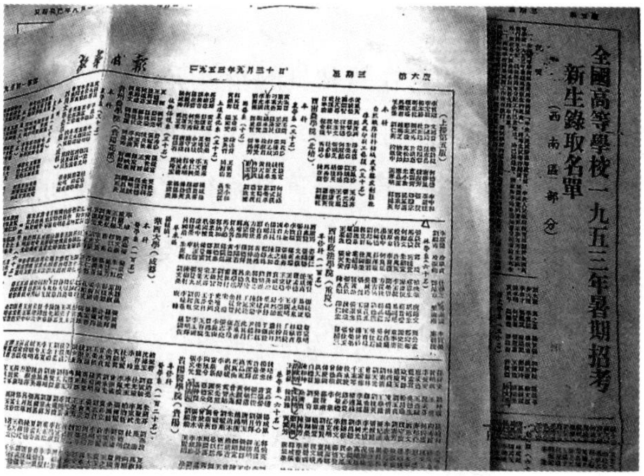
全國高等學校一九五三年暑期招考新生錄取名單（西南區部分）

《新华日报》刊登的新生录取名单

整装待发

不少新生接到录取通知书后激动不已，但随之而来是父母对儿女出远门的担忧，有的新生是在母亲的眼泪中告别亲人、告别家乡的。按照当时的政策，新生凭录取通知书到当地政府办理出川手续，对家庭困难的新生，可以补助车费和途中膳食费，并发给每个新生一枚“新生赴校队”胸章。这是一枚长方形的白底蓝框布质胸章，胸章的正面写有新生姓名，背面盖有西南区招生委员会公章。根据通知要求，川东新生从重庆出发经过贵阳进入云南。川东以外新生从泸州出发，经贵州赤水进入云南。两条路出发的新生都在云南沾益改乘火车到昆明，整个路程都需要七天。川东各县市的新生在当地办完手续后，到设在重庆求精中学的新生接待站报到，再由接待站安排车辆统一出发。这些对未来怀揣憧憬的年轻人，在接待站互相询问对方所录取院系，听说是与自己分到同一个系，欣喜无比，如同许久不见的朋友一样，彼此有说不完的话。为了保证学生安全到达，接待站组建了新生赴校队的临时团支部，还指派了每辆车的车长。

1953 年 10 月 7 日清晨，在驾驶员的指挥下，同学们将行李搬上大篷车。由于行李要当座位，驾驶员要求每位新生把行李摆放平稳，以便途中乘坐。准备完毕，随着一声令下车队徐徐启动，驶向昆明。

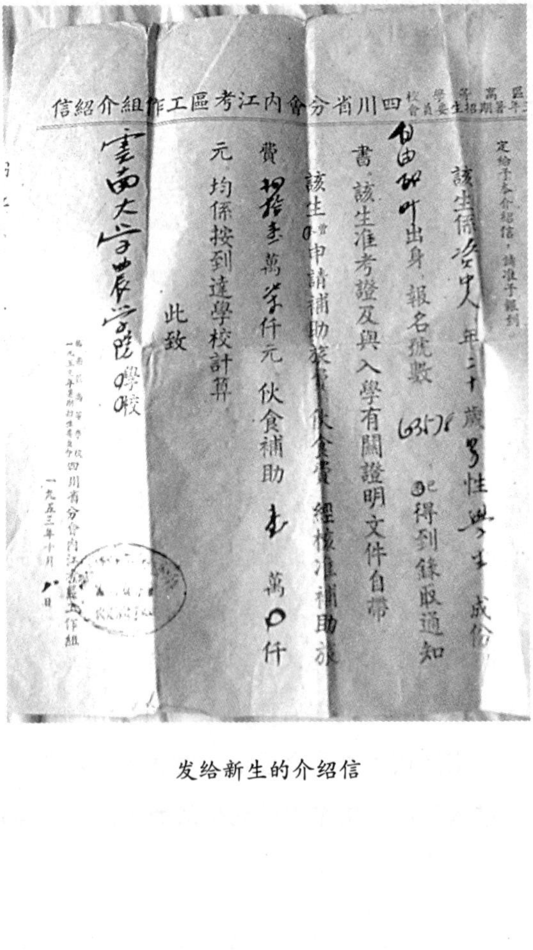
四川省分會內江考區工作組介紹信
定給予本介紹信，請准予報到
該生係[illegible]人，年二十歲，男性，成份自由職業出身，報名號數63571，已得到錄取通知書，該生准考證及與入學有關證明文件自帶。
該生曾申請補助旅費伙食費，經核准補助旅費[illegible]萬[illegible]仟元，伙食補助[illegible]萬[illegible]仟元，均係按到達學校計算。
此致
雲南大學農學院學校
四川省分會內江考區工作組
一九五三年十月八日

发给新生的介绍信

一路惊叹，一路欢歌

川东考区新生乘坐的三辆大篷车在重庆的储奇门乘轮渡过嘉陵江，到海棠溪后踏上川黔公路。汽车像老黄牛一样在弯弯曲曲的弹石路上缓慢行驶，进入川黔边境的莽莽大山，陡峭的山崖，挺拔的大树，茂密的森林，让生活在四川盆地的新生格外惊奇，第一次看见这么高的山，这么大的树。更让新生惊讶的是高空中飞翔的雄鹰好像从未见过这么多的车，这么多的人，一直警惕的跟踪着车队，还不时发出叫声，汽车爬山吃力，有的人下车方便后还能追得上车队；下坡时，遇到下雨，车队就要立即停下来，给车轮加上防滑链，以防汽车翻下悬崖。在公路边还躺有因车祸毁坏的汽车残骸，看到这般惊险情景，同学们心都提到了嗓子眼。第一次出远门的新生，走在崎岖的公路上，也有很多开心的事，路旁的鸟语花香让人着迷，很多花草和树木大家都叫不出名字来。汽车行驶到四川与贵州交界处，一块木质的牌坊树立于路旁，斗大的“贵州”两个字映入眼帘，大家不约而同的欢呼起来，“再见了四川，再见了故乡！”这呼唤冲破了沉寂，随着呼唤有的新生唱起了苏联歌曲《共青团员之歌》，“再见吧妈妈，别难过，莫悲伤，祝福我们一路平安吧……”歌声也打破了沉闷的心情，大家一下活跃起来，前面一辆车的歌声刚刚结束，后面一辆车又传来阵阵歌声，歌声此起彼伏，激情高昂的歌声久久在深山峡谷中回荡。车队行到娄山关一处险峻的山峰，大家下车欣赏美丽的景色。有的同学高声朗诵起毛主席的诗词“山，快马加鞭未下鞍，惊回首，离天三尺三……”经过遵义时，正值中午时分，大家迅速吃过午饭，抓紧时间参观革命历史名城和遵义会议纪念馆。第三天傍晚车队到达贵阳，按计划当晚住在贵阳，次日一早继续赶路。当晚同学们结伴参观贵阳市容，路上行人惊

新生赴校队胸章

奇地看着这一群佩戴“新生赴校队”的年轻人，投来了羡慕的目光。第五天车队行驶在滇黔公路上，车队路过永宁、盘县这些高山峻岭中的村镇，新生见到村民住房的用料与四川不同，这里的房子全是用石头砌成，屋顶的瓦也是用片状的石头做成。路边的稻田还留下整齐的稻草和谷桩，而在四川稻谷早就收割完，稻田已经灌水或者改种其他作物。

留给新生印象最深的还有土壤颜色的变化，四川境内的土壤多呈淡黑色，贵州境内的土壤多呈黄色，车到达富源县的亦资孔乡时，土壤变成了红色，驾驶员凭着土壤颜色的变化告诉大家“进入云南了”。大家立即拥往车的两头，望着自己将在这里度过四年求学生活的云南，有很多不同的遐想。当天晚上，新生住宿沾益，第二天换乘火车，开往目的地昆明。不少新生还是第一次乘坐火车，他们显得格外的兴奋，在列车上来回走动，看看车厢里的乘客和列车的设备，又望着飞速而过的河流、大山、城市。虽然火车的座位是木板做的，坐着很硬，但与在大篷车上坐着自己的行李连脚都伸不直比起来感觉舒适多了。

受到热情的接待

火车行驶几个小时后，在下午四五点到达昆明塘子巷火车站。刚下火车就见到了学校派来接待他们的老生。由于新生多，学校派来的车少，所有的新生在老生的帮助下，把行李放在校车上先拉回学校，新生列队跟着接待的老同学步行到校。一进校门就见到了校内四处贴有“欢迎新同学”的标语，老同学一边帮助他们背行李，一边给他们端茶送水，问长问短。帮助他们办理膳食、注册、住宿手续后，领他们到学生宿舍，帮助他们铺床、整理行李，带他们去食堂吃饭。安顿好后，老同学才告别离开。这一切使这些刚踏进校园的新生很受感动，有一种到家的感觉。

方宝贤：一心为家乡的材料科学崛起作贡献

云大客座教授方宝贤先生，1923 年出生在丽江一个纳西族家庭，其叔父方国瑜是我国著名的历史学家。1945 年方宝贤从云大附中高中毕业后，由云南省政府资助到美国留学。1952 年获博士学位后，在美国、法国等从事铁电、铁磁的研究工作。20 世纪 60 年代，参加了美国阿波罗航天计划工程，负责研制月球上的太阳能电站。

方宝贤（左二）与学校领导在交谈

尽管方宝贤在美国是一个事业上有成就的材料科学专家，却始终未忘记生他、养他的云南这块红土高原。他热爱家乡，与人交谈仍带有浓厚的纳西族乡音，自 1973 年第一次返乡以来，每年都要回云南讲学、作报告，介绍世界材料科学的进展。在他的帮助下，先后有一批云南学者走出国门，到材料科学研究发展最快的美国进修，去他在美国所创办的材料实验室从事研究工作。70 年代末，他被聘为云大的客座教授后，更是竭力为家乡科学研究和经济发展作贡献。

在材料科学方面，碳笼和纳米管是近年受到世人关注的两种新材料。碳笼是一种用处极为广泛的“万能”新材料，不仅适用于尖端科学，还适用于普遍的工农业生产。目前它的生产量极低，价格昂贵，即使在工业发达的美国，人造碳笼年产量也不过只有 100 公斤。纳米管是一种强度硬、比重轻的材料。这两种新材料，有用人工制成的，也有用天然物质合成的。天然碳笼所需的物质可从特殊的煤炭中提取，碳笼是制作纳米管的必要物质，找到碳笼，制作纳米管就不成问题。

方宝贤在从事人工碳笼和纳米管的研究上早已取得一定的成就，他在云大做的人工合成碳笼实验，是要打破常规，用新方法来研究人工碳笼，以适应云南经济实际状况。

一个偶然的机会，他发现禄丰的恐龙化石里含有碳笼，随后又进一步发现禄丰一平浪煤矿的煤层中含有天然碳笼。他每年都要深入到一平浪矿山实地考察。为加快工作进度，他还自购一些化学试剂和仪器设备。他在云大进行的这两项工作已取得阶段性的成果。

一个科学家一个时期做一项科学研究，要花很多精力，方宝贤教授要同时完成人工和自然的碳笼这两项科研工作，那是非常少见的。然而，耄耋之年的方宝贤教授对自己完成这两项研究工作仍信心十足，他说：“我相信可以用自己的方法，把人工和自然的碳笼研制出来，使云大在材料科学领域走在世界前列。”

"拼命三郎"屈超纯

屈超纯

1995年，云大屈超纯教授开始与四川大学联合招收博士研究生，他的科技成果"点源三维视电阻率激发极化高精度算法软件及应用"，获得省科技进步奖。当屈超纯教授迈着矫健步伐走上领奖台时，谁能想到这是他在同癌症病魔作顽强斗争中取得的成果。

屈超纯教授1959年从云大数学系毕业后留校任教。他在科学研究中敢啃硬骨头在云大是出了名的。1965年，全国教育战线掀起理论联系实际的高潮，师生纷纷走出学校，深入工矿、农村进行科技服务。屈超纯与数学系10名师生深入到云南新平县一个待开发的矿区，将数学中的复变函数理论应用到磁法勘探中找矿。他们拜工人、工程技术人员为师，与他们同吃、同住、同劳动，白天一起上山勘测，晚上伏案整理资料，通过连续几个月的努力工作，终于得出了表示磁场强度的一系列公式。省地质物探队在《云南物化探》上刊发数学专辑，对他推导的一系列公式进行推广，矿区运用这些公式在生产实践中取得了显著效果。为进一步推广数学在地球物理勘探中的运用，屈超纯带着幼子与师生一起赴四川、大理、保山推广数学在实际中的运用。

云南冶金物探队欲将电阻率法应用在云南这样一个地形起伏大的地区，他们在研究二维电阻率法地形改正时，被一个数学问题所困扰。1976年他们找到屈超纯，希望他能够帮助解决这个难题。为此屈超纯查阅国内外大量资料，连续几昼夜进行数学演算、推理，终于得出解决该问题的最佳计算公式。欣喜若狂的屈超纯为尽快把所得出的公式告诉冶金物探队，傍晚冒着大雨赶往离学校几公里以外的云南冶金物探队驻地。物探队的同志见到全身湿透的屈老师时，深为感动。冶金物探队的同志应用他所推导出来的公式顺利解决了二维线源电阻率法地形改正研究中遇到的问题。这项研究成果获得1978年全国科学大会奖，并在全国冶金系统全面推广，产生了很大的经济效益。

二维线源电阻率法地形改正研究取得成果后，云南冶金物探队又进行电阻率法三维点源地形改正的研究。在电阻率法三维点源地形改正的研究中，必须用到日本科学家前田得出的角域电位公式，这个公式受到国际物探界的公认。用数学的推导，这个公式是正确的。但计算结果在个别点与实际相差很大，不能被实际生产部门所接受，因此，研究就无法进行下去。为了解决这个问题，冶金物探队再次向屈老师求助。屈老师接受任务后，再三思考，是前田的公式不完善，还是物探队科技人员在运用这个公式中计算上出了问题。若为前者，就面临着向权威人士挑战，自己在研究中稍有差错，就将身败名裂。但为了我国物探研究发展，提高我国科技水平，他勇敢地承担了这项课题。经过半年多的辛勤工作，他利用数学中的发散级数求和法解决了这一难题，弥补了前田公式中存在的缺陷，从而使前田公式更加完善。他的这一结果不仅解决了物探点源电阻率法在地形改正研究中遇到的问题，而且为深入研究直流电法正演问题提供了一个理论公式。中南矿冶学院何积善教授应用屈超纯推导的公式，对三层角域进行计算获得圆满成功。

在此后的物探数学研究中，屈超纯在国内外数学刊物上发表论文 30 多篇，6 次获得省、部级科技成果奖，2 项获全国科技大会奖。在国内外运用数学或其他领域，他也获得一些有意义的成果：提出点源场是近像原理；发现奇异偏微方程的变形算子；对非线性椭圆形方程一个反问题解的存在唯一性，指出日本研究者的错误，并推导出一个类似问题的充要条件；在不可微规划最优配置问题上，推导出求解的充要条件及算法。

屈超纯教授不仅在科研方面硕果累累，而且在教学上成就卓越。1987 年他开始招收研究生。1991 年毕业的硕士研究生宋守根分配到中南工业大学任教后，继续进行地球物探数学研究，在地震波传播的数据处理方面取得重要的科研成果。这一成果具有很大的实用价值，在大港油田实验中取得了可喜成绩。屈超纯教授 1989 年荣获“云南省有突出贡献中青年科技人才”称号，享受政府特殊津贴，同年又获得“全国优秀教师”称号，被英国剑桥世界传记中心收入名人录。

正在他人生最辉煌之际，1992 年 10 月医生诊断他患有“甲状腺髓样型”癌症。他的亲属、同事、学校领导被这一消息所震惊。但在确诊前，他一直在进行教学工作和永无止境的科学研究。学校党政主要领导及同事纷纷到医院看望屈超纯教授，希望他安心治病，学校还多次与院方商量治疗方案，请求医院用最好的医疗手段为他治疗。

屈超纯知道诊断结论后，显得格外平静，他说：“人的生命也是有限的，作为一个长期受党教育培养的人民教师、共产党员不能被病魔吓倒，更不能放弃振兴科技的追求。癌症不等于死亡，我今后的时间可能不多了，但我可以抓紧时间，充分利用最后有限的时间，争取为党和人民再立新功。”他是这样说的，也是这样做的。他感觉自己要做的事还有很多，住院治疗期间也没有停止过研究工作。他让妻子从家里拿来有关资料，在病床上继续完成他的科研论文，在病房里指导研究生。1993 年初，出院不久的屈教授又走上讲台，与他热爱的学生朝夕相处。他那间卧室兼书房的灯又亮了，一篇篇论文在这间小屋里写出来。1992 年生病后，又发表了 10 多篇论文，其中 4 篇发表在美国学术刊物上、2 篇发表在中国台湾学术刊物上。一部 20 多万字的著作《点源场的理论与计算方法》于 1998 年由云南科技出版社出版。

作为教研室主任，他时时关心青年教师的成长。为支持青年教师进修深造，主动承担起教学任务。曾在 1994 年的一学期里同时上三门课，另外还要指导研究生，这比他生病前的教学任务还要重。同事们劝他注意休息，他却说："多做点工作，生活更充实。工作一忙就忘了自己的病，精力集中在工作上可以缓减一些病痛。" 1995 年他结合三十多年的教学体会，通过问卷调查后，提出"主动教学法"的设想。这个方法的特点，是发挥学生对专业学习的主观能动性，把课堂教学与课外学习结合起来，注重培养学生独立分析解决问题的能力。他按照这个方法在 1992 级师范班进行试验，取得了一些成效，受到师生的好评。

屈教授凭着这种坚强的信念，对事业执著的追求，与疾病进行着顽强的斗争，在人生的道路上留下了一串闪光的足迹，不愧为一个"拼命三郎"。

李继彬：永攀科学高峰的校友

云岭高原有一位在非线性科学领域孜孜耕耘的数学家，10 多年来他已发表近百篇论文，出版过 6 本专著，培养了 20 名硕士研究生，他就是昆明理工大学教授李继彬。

李继彬教授 1960 年考入云南大学数学系，大学时就发表过一篇关于常微分方程极限环问题的论文。80 年代起，他开始了非线性微分方程和动力系统的研究。非线性微分方程与动力系统研究是通过构建数学模型，描述客观世界随着时间的发展而改变的揭示运动的长期行为，在自然科学、空间科学、生命科学和社会科学中有着广泛的应用。

20 世纪初，德国数学家希尔伯特提出的 23 个数学难题中，就有关于非线微分方程。几十年来，国内外数学家一直谋略解决这一问题，他们的研究主要集中在平面二次系统的极限环上。那么在三次系统上又会怎么样呢？国内外极少有这方面的成果。李教授认为前人没有做过的事，自己为何不去试试，但在二次多项式系统没有完全研究清楚的条件下，要向更高的理论层次迈进其难度之大可想而知。为完成这项工作，他经常在图书馆一坐就是一天。通过大量演算和论证，李教授在苏联数学家庞特里雅舍等人工作的基础上，对扰动的哈密尔顿系统提出“判定函数法”理论，用这一方法对包含多个奇点的对称三次哈尔密顿动力系统进行研究，获得多种分布。他的这一研究成果在第四届国际微分方程与微分几何会议上引起数学界的重视。之后，他又构造出哈密尔顿三次系统具有11个极限环的例子，证明了希尔伯特H（3）≥11的结果。这一结果虽已发表近20多年，但它至今仍居世界领先地位。

1993年以后，李教授又把研究的重点放在动力系统的混沌理论上。他和北京大学、南京大学等院校的一批专家，共同组建了全国动力系统研究联络组。他本人还先后到国内数所大专院校及美、德、西班牙等国家讲学，培养了一大批动力系统研究的新生力量。经过不懈努力，李教授于1989年底出版了《混沌与麦尔尼科夫方法》等著作，综合了国内外对分支与混沌的研究成果，推动了我国在这门学科的研究进程。

20世纪末，李教授同他的学生一起在广义哈密尔顿系统优化与扰动理论研究上又取得了新的进展。他们对著名的ABC系统与Lorente方程应用的研究填补了国内空白，解决了国内外数学家多年未能解决的问题。在赴美国访问期间，李教授还证明了有关多时滞微分方程的Kaplan Yorke猜想，在哈密尔顿系统的周期解与泛函微分方程周期解问题上，又取得一批居领先地位的成果，再一次引起国内外同行的关注。由他领导的云南省应用数学研究所，成为我国非线性动力系统研究的一支中坚力量。

李继彬虽不断攻克数学尖端，成就卓著，但他把已取得成绩视为迈向远大目标而攻下的一座座堡垒。他认为科学是无止境的，特别是数学的研究。他那双炯炯有神的眼睛始终盯着前方的目标。

学子归国，大有作为——记中科院教授、云南学子程兵

2001 年初，我国股市“新华财经指数”研发成功的消息，在海内外引起极大的反响。“新华财经指数”能够更加完整、准确地反映我国证券市场运行的全貌，创立和发展了具有科学性、真实性的新型股票价格指数。为我国的股民和证券从业人员，提供了更加可靠的参照依据。有关专家分析，“新华财经指数”完全可以成为未来各种金融创新可以依赖的基本工具，以及投资评价的标准和政府实施有效监管的政策依据。

程兵（右一）在指导学生

完成这项研究课题的其中一位专家，是从云南红土高原走向世界的杰出青年专家、现任中国科学院数学与系统科学研究院教授程兵。程兵1963年出生在云南大理，1982年从云南大学数学系毕业后，在我国著名统计学家、原云大校长王学仁教授的指导下，攻读硕士学位，后到中科院应用数学所读博士学位。1989年，在英国伦敦格拉哥大学统计系做博士后研究。1992年任英国肯特大学数理统计系终身讲师，1996年由英国皇家苏格兰银行出资给肯特大学，将他聘为该银行高级定量金融分析师。

程兵在概率统计研究方面的成果得到世界著名专家、教授的一致好评，他在金融数学方面的成果也十分显著。英国皇家苏格兰银行用程兵创建的风险模型，一日平均能省下0.9亿—9亿美元的准备金。

2000年，国务院批准中国科学院面向世界引进300名杰出的华人学者回国工作，即轰动海内外的“百人计划”。为此，国家投入6亿元，作引进人才的经费，每位回国工作人员，国家奖励支持200万元。2000年10月，程兵放弃英国国籍偕夫人回国，成为中国科学院“百人计划”中首批归国的国际知名学者之一。由于他在国际数学金融界卓有建树，回国后被任命为中科院金融避险对策研究组副组长。该组成立于1997年亚洲金融风暴之后，受国务院委托，由中国科学院院长亲自点将，由目前我国在金融数学领域内的11位顶级专家组成，其中包括两位科学院士。目前该研究组承接了中国证监会等多家单位的重大课题研究。程兵于2001年初回国后就被委以重任，可见他的科研能力之强，学术之渊博。他的研究项目是“新华财经指数”的编制模型、编制方法的确立，还指导一位由云南大学送到中科院的青年教师攻读博士学位。

在国外，程兵虽然已有稳定职业和较高的社会地位，但他认为，国内的改革开放政策、国内经济大发展以及对人才的尊重，为海外学者特别是青年学者提供了很大的发展空间，回国参加建设大有作为。

他认为从事金融数学研究在国内还是一个空缺，一是进行该领域深入研究的人才缺乏，二是其应用方面取得的经济效益并不显著。中科院金融避险研究小组就是要把理论和实践相结合，为国家创造直接的经济效益。他回国后，不仅参加研究工作，还利用在国外银行的工作、研究经验，结合中国国情，用数学、统计和金融知识，研究中国证券市场、银行和保险市场中的有关金融风险问题。创造出国际一流的研究成果，提供一种创造极大经济效益的方法和技术；他还要做好学术带头人，培养青年学者，在金融数学领域内，建立一支其理论和方法能被企业接收和应用，并创造良好经济效益的学术队伍。2001 年，他和他的同事所研究的“新华财经指数”，经过三个月的试播和调整，于 2001 年 9 月正式推出。这是程兵回国后，为国家创造良好经济价值的一个具有代表性的研究成果。为此，他获得了“国家青年基金奖”。

潘建新：从云大走向国际著名大学讲坛

原我校数学系教师潘建新在英国经过几年奋斗，崭露头角，在英国统计学界有了一席之地，成为世界知名的统计学专家。他是曼彻斯特大学（University of Manchester）数学学院终身教授兼概率统计系主任，英国皇家统计学会院士，国际著名统计学杂志 Biometrics 的编委。2010 年暑假潘建新应邀回国讲学，借此机会我在昆明采访了他。

潘建新在曼彻斯特大学

潘建新出身于云南个旧云锡公司一个普通的工人家庭。他自幼喜欢数学，1979 年参加全国高考，数学成绩优异，被云大数学系录取。1983 年毕业后留校任教。1984 年到中国科学院应用数学研究所攻读硕士学位。应用数学研究所是一个人才济济的地方，国内许多著名教授在此讲学。指导潘建新的导师是该所副所长、著名统计学家方开泰教授。方开泰教授与王元教授 1978 年发明了“均匀设计”，享有“均匀设计之父”的美誉。1987 年潘建新获得硕士学位后回云大继续任教，1993 年到中国香港浸会大学攻读博士学位。1996 年获博士学位后，又回到云大任教，是年底到英国皇家洛桑（Rothamsted）实验站作博士后研究。英国皇家洛桑实验站在生物、农业方面的研究属于世界一流水平，一百多年前现代统计学就诞生于此。20 世纪最伟大的统计学家费雪（R. A. Fisher）的大半生都在这个实验站从事统计学研究。1999 年，潘建新到英国最古老的大学之一——圣安德鲁斯大学（University of St Andrews）从事统计学研究。2002 年，潘建新被曼彻斯特大学聘为讲师。

曼彻斯特大学建校于 1851 年，是随着工业革命发展起来的首批主要公立大学之一，也是英国比较古老的红砖大学之一。曼彻斯特是英国高等教育领域有着重要作用的城市，获得诺贝尔奖物理学奖的卢瑟福（Ernest Rutherford）就是在曼彻斯特大学发现了原子裂变现象，世界第一台现代计算机也于 1948 年在这里诞生。计算机领域最高奖“图灵奖”就是为纪念现代计算机的诞生作出奠基性贡献的曼彻斯特大学数学学院教授阿兰·图灵（Alan M. Turing）所设立的。中国科学院院士、著名数学家柯召教授曾在曼彻斯特大学数学学院获得博士学位。出自曼彻斯特大学的诺贝尔奖获得者多达 20 余人，是当今国际公认的著名大学之一，备受英国本国和世界各国学生的青睐。

潘建新在曼彻斯特大学任讲师仅两年，又被聘为高级讲师，2006 年被聘为“终身教授”。这是该校有史以来第一位被聘为统计学教授的华人，同时也是在英国历史上的第二位华人统计学教授。英国评审终身教授有着非常严格的规定。每次评定都邀请国际上有影响的业内学者作为评审委员，评委在评审中坚持宁缺毋滥的原则，因此英国的终身教授数量很少，但在国际上有很高的声誉。在英国大学，一般教师很难被聘为终身教授，少数能从讲师做到终身教授的，一般都需要 15 年的时间，而潘建新仅用了 4 年的时间，这不能不说是一个奇迹。2009 年潘建新被任命为曼彻斯特大学数学学院概率统计系主任。潘建新教授主要致力于统计学领域内复杂数据模型的理论研究及其在生物医学和工业上的应用研究，取得了多项创新性研究成果。这些成果发表在包括美国统计学会（JASA）杂志和英国生物计量学杂志（Biometrika）在内的多个世界一流统计学期刊上，受到国际统计学界的高度评价。他迄今为止已发表 60 余篇学术论文，其中被 SCI 收录论文 30 余篇，已出版学术专著两部，其中一部由世界著名学术出版社——斯普林格（Springer）出版。

潘建新在英国执教多年，但心系祖国，热爱家乡。他在曼彻斯特大学培养的 11 名博士生中大部分是来自中国著名大学的学子，有的学生学有所成后归国做了教授。他人在英国却一直关注云大的发展，对云大有深厚的感情，他说："在我学术生涯中，有几次至关重要的转折，云大是我学术生涯起步的地方，也是最重要的一环，是不可替代的。我这次回到昆明第二天，就到云大校园去看一看，追忆当年在云大学习、工作的点点滴滴。"他热爱云大，积极支持云大的建设。1998 年，云大申报统计学博士点，他是申报该博士点的第一带头人。博士点申报成功后，他兼任了云大统计学博士生导师，为云大培养了两名博士，其中，原云大经济学院教师，现云南财经大学统计与数学学院副院长、统计学教授费宇就是他培养的第一个博士。

潘建新在英国从一个普通博士后成长为今天的世界著名大学的教授、知名学者，他认为这些成就的取得离不开云大的培养。在云南大学的本科四年是他人生观形成的最重要时期，云大数学系许多老师严谨的治学态度和高尚的人格魅力至今还在影响着他。潘建新是众多云大学子中的成功者，他把成功归于父母从小教诲他"认真做事，诚实做人"，更归于“学校的培养、良师的指导和不懈的努力”。云大虽然不是当今国际著名大学，但它也培养出了一批佼佼者，有的已经走上国际著名大学的讲坛，成为某一学术领域的顶尖人才，潘建新就是其中之一。

激情岁月

蔡琼芬在云大读书的岁月

1993 年学校组织 70 周年校庆活动，邀请校友返校庆祝，数学系 1940 届毕业生蔡琼芬回到母校。我借此机会对她进行了采访。

昔日云大校舍

蔡琼芬进校的时候，云南大学是在原东陆大学基础上发展起来的。校园规模不大，仅有会泽院一幢楼房，这幢楼房的一楼是教室，二楼是图书馆，其他为校务办公室，会泽院西侧是物理实验室，后边是至公堂、学生宿舍，最后边是食堂，另外还有网球场、篮球场、足球场等并称为“东陆大学运动场”。凡是召开全省性的运动会就在此举行。1938 年，云南省主席龙云的夫人顾映秋女士捐资在实验室后边建盖了一座两层楼的四合院，并以她的名字命名为“映秋院”。院内花木丛生，环境幽雅，是读书的好地方。

云大创办初期，只设了预科。她到省立大学时，就不再办预科，那时，学校已有二个学院、六个系。熊庆来自 1937 年来云大任校长后，云大有了长足的发展。上任不久，国民党政府批准改省立云南大学为“国立云南大学”，学校争取到了一笔数目可观的“庚子赔款”。学校有了经费，首先扩建校园，增设院系，添设科学实验设备，充实图书资料，聘请著名学者教授到校任教，学校面貌焕然一新，如今的银杏树枝叶茂盛，作为云大一大景观，正是熊庆来校长到云大后栽种的，它象征着学校繁荣的景象。

当年的学校教学

1935年，蔡琼芬考入理工学院采矿冶金系，熊庆来任校长后，将理工学院分成理学院和工学院，成立数学系。学校认为采矿冶金系学生外语、数学基础较好，而且入学时间短，将该系部分学生调整到数学系。熊校长给数学系学生讲授“高等分析”等课程。熊校长讲课从不带讲义，他边讲边在黑板上写。那时，学生没有课本，上课完全靠记笔记。若是熊校长上课，还会有工学院的几个同学来旁听。同学们感到聆听熊校长的讲课十分幸运，大家都暗下决心努力学习，不辜负熊校长的栽培。那时的大学实行学分制，学完30多个学分才能毕业，读理工科的教材大多采用法文、英文版本，统一由学校到国外去订购，邮寄来发给学生，参考书亦是外文书，那时国内中文版的教材甚少，只有熊庆来著的《高等分析》，何鲁著的《方程式论》、《行列式》，严济慈著的《电磁学》。

蔡琼芬进大学时，“古文”由白之瀚教授讲授；“英文”、“法文”分别由李静华和马戈泰讲授；“化学”、“定性分析”由赵雁来、苗天宣讲授。杨克嵘讲“立体解析几何”，他上课很认真。

炸弹下的课堂

自从卢沟桥事件爆发后，日本帝国主义对中国人民进行血腥屠杀，华北地区沦陷，昆明被视为抗战大后方，许多高校纷纷南迁，北大、清华、南开到昆明合并成立“西南联合大学”；许多著名教授、专家、学者亦随学校前来昆明。这时的昆明群英荟萃。

在著名教授云集之时，也正是云大大力发展之际。云大趁机聘请不少南下的著名教授兼课，如陈省身、华罗庚、冯友兰等都在文理学院授课。在数学系，庄圻泰教授讲“复变数函数”，陈省身讲“偏微分方程”。有时联大学生也来旁听，那时还有不少外校学生到云大寄读。

1938 年，日寇开始空袭昆明市，日寇空袭初期，学校仍然坚持上课，学生一听到空袭警报，就立即四处疏散。有一次何鲁教授正在给学生上课，突然警报拉响，何鲁教授带学生向校外疏散。越过北城门，城墙外尽是乱坟堆，一片荒野。何先生带着大家边走边谈笑，竟忘记了敌机就要来投炸弹。师生继续走了几里路，见离城区已远，才停步席地而坐。学生围在何先生身旁，听何先生继续讲课。他把纸放在地上当黑板，边讲边在纸上写；学生把笔记本放在膝盖上，专心地记笔记。可以说，当时走到哪里课堂就设在哪里，待警报解除才返校，就这样坚持了一段时间的学习。由于敌机空袭越来越频繁，学生不能正常上课，学校就把上课时间改在夜晚，白天则让同学自行疏散躲警报。

学校对敌机空袭做了防备，为了保护会泽院，便用树枝盖在楼顶上。墙壁上涂抹墨绿颜色的涂料，同时派保卫人员昼夜值班，以防万一。为使学生空袭时迅速疏散到城外，在校园后面围墙（实际是一段城墙）开了一道后门，从这里走到北城门很近。为了安全疏散，数学系全体同学还在后门道路两旁栽种了松柏树。

1941 年 12 月 8 日，珍珠港事件后，日本法西斯更加疯狂地侵略我国，占领了东南亚一些国家。为了控制中国的大后方，它们进攻云南滇西一带，腾冲、龙陵等一带失陷，日本侵略军逼近保山，大批华侨从国外投奔祖国。昆明局势吃紧，居民惶恐，云大会泽院在昆明这座城市中显得目标格外大，势必遭到轰炸。因此，部分院系迁往滇东北地区，数学系搬到嵩明，只留少数师生在校守护校舍。

在抗日战争年代，学校一边坚持上课，一边组织学生参加抗战。

“九一八”事变后，学生编入义勇军，进行军事训练。有的学生奔赴前线，与抗日军民并肩作战，女同学也被组织起来参加救护队，包扎伤员，护送伤员到医院。

1945 年 8 月 15 日，日本宣布无条件投降，历时八年的抗战终于取得胜利。社会恢复了秩序，学校正常上课，学生安心读书，南迁的大学纷纷重返故地，同时也留下了一批教师。这批教师为以后云南教育事业的发展作出了很大贡献。

龙文池：云大第一个中共支部书记

龙文池

龙文池1913年2月出生在云南西畴县一个偏僻小村庄的农户家里。他天生好学上进，从小学起一直成绩优良，名列全班第一。小学毕业后在老师的鼓励和资助下，走出大山来到省城昆明，就读于省立第一师范学校。走出大山后，他的眼界更加开阔，大城市的花花世界没有让他动心，而那浩如烟海的书籍着实让他羡慕不已，读书、看报成了他最大的嗜好。当时省城里已经出现了一些进步书刊，如共产党理论刊物《向导》、《新青年》、《共产党宣言》，布哈林著的《共产主义ABC》等是他最爱看的书。书中讲的革命道理，让一向爱思考问题、沉默少言的龙文池豁然开朗，认识到只有走俄国的“十月革命”道路才能救中国。1931年爆发了“九一八”事变，日本帝国主义的侵略激起了全国人民的极大愤怒。昆明掀起抵制日货运动，他参加了由省立第一师范学校学生会组织的上街游行，揭露日本的侵略野心，捣毁日本设在昆明的“府上”、“保田”洋行。1934年初中升学考试，一向成绩优秀的龙文池因写的作文“过于激进”，未被录取到当时条件优越的昆华师范而进了昆华中学。这反而更加坚定了他对革命的追求，对国民党政府消极抗日的不满。为声援北平“一二·九”抗日救亡爱国斗争，1935 年 12 月，龙文池参加了由中共云南临时工委发动领导的昆明市大中学生游行，到省政府请愿。这年底他加入了中国共产党。1936 年，他成为党在学生中的秘密组织“云南学生救国联合会”负责人之一。1937 年“七七事变”后，昆明举行了大规模的游行，他是昆华师范、昆华中学等校学生抗日救亡示威游行的指挥者之一。这年秋，他考入云南大学理学院就读于理化系。

龙文池进校后根据党的指示，与其他党员一起做发动群众的工作。他们串联进步学生，用不太引人注意的学术团体名义，于 1938 年 1 月发起组织了“云大时事研究会”，并将招聘会员的启事张贴在会泽院。一些进步学生见到启事后，在上面签名要求参加，使会员达到 60 余人。时事会随即召开成立大会，共同讨论时事会的简章和选举负责人，拟定了会务计划。时事会下设总务、研究、宣传三个部，龙文池负责总务，分管发展会员，联系同学，主持会务。时事会组织会员学习《新华日报》、《群众周刊》、《救亡日报》等刊物，阅读艾思奇的《大众哲学》等读物，创办了《动力》壁报，介绍抗战时事、写时事评论、学习心得等；还举办演讲会，请楚图南、冯素陶、徐嘉瑞等进步教授演讲。同时还以“时事研究会”的成员为主，成立云大歌咏团，演唱救亡歌曲、演出街头剧、歌剧和活报剧。利用星期日、纪念日及寒暑假到昆明近郊和外县巡回宣传。

“时事研究会”的活动，吸引了越来越多的同学，激发了他们的爱国抗日热忱，也得到校长熊庆来的支持，队伍越来越壮大。进步的同学通过时事会锻炼后，由龙文池介绍加入了党的外围组织“中华民族解放先锋队”（简称“民先”）。“时事研究会”的活动使云大国民党、三青团组织十分恐慌，国民党云大区党部负责人、训导长伍纯武想方设法破坏瓦解时事研究会。他先用拉拢龙文池等人的办法，要求“时事研究会”的主要负责人与学校三青团一起组织全校学生的抗战建国工作，龙文池等识破了他的阴谋，拒绝邀请。见拉拢失败，他又采取造谣、欺骗的办法来整垮“时事研究会”。在复杂激烈的斗争中，龙文池依靠党员，紧密地团结大多数会员，利用校方同意的组织形式继续从事抗日宣传。

1939 年 1 月，国民党召开的五届五中全会使国内政治局势发生逆转。国民党政策的重点逐渐从对外转向对内，决定了“清共”、“防共”、“限共”、“反共”的反动方针，设立“防共委员会”，制定了一系列反共具体办法。各地的反共摩擦活动日趋严重，发生了“博山惨案”、“深县惨案”、“平江惨案”，袭击和杀害共产党领导的抗日军民或后方工作人员等严重事件。云大当局根据国民党颁布的《限制异党活动办法》，从各方面严密限制共产党和一切进步人士的言论和行动，破坏进步组织，秘密调查甚至抓捕共产党员。

在这严峻的形势下，新成立的中共云南省工作委员会于这年 4 月决定在云大建立党支部，龙文池担任支部书记。当时支部有党员 6 人，他们都是在校学生。支部坚持每周一次组织生活。为了避免敌特破坏，支部生活多数是在莲花池附近的一座废弃的英国花园内举行。龙文池组织大家学习毛泽东的《论持久战》、《新民主主义论》等文章以及党的抗日民族统一战线政策。组织大家对国际、国内斗争形势展开分析讨论，鼓励党员用时事研究会等合法的组织形式带领群众进行抗日活动，同校内的国民党、三青团展开斗争。他在支部用入党宣誓、民主生活会等方式对党员进行教育，加强党内团结。他热情帮助进步青年学生，及时发展他们入党，支部建立不到 4 个月，党员人数增加到 9 人。

龙文池虽然担负着党支部书记的重任，但始终没有放松专业学习。他对数学、物理、化学、英语都感兴趣，学习很刻苦，成绩优良，深受教师和同学的喜爱。在学好专业的同时他还挤出大量的时间学习党的理论文章，把一些当时不能公开发行的书刊，如毛泽东的《新民主主义论》等，秘密传给进步同学阅读。他性格内向，不爱自我吹嘘，在他担任支部书记后，从不以革命者自居，仍然与同学相处甚好，诚心实意与别人探讨问题。大家都把他当做可以依赖的知交。在促膝交谈中，宣传党的方针政策，帮助同学提高对党的认识。

1940 年秋，日本飞机狂轰滥炸昆明，云大会泽院和科学馆被炸，学生无法上课。学校决定将大部分院系疏散到郊县，龙文池随理学院搬到嵩明马坊。1941 年 1 月发生“皖南事变”后，国民党掀起第二次反共高潮，大肆逮捕、屠杀共产党员和进步人士。党组织获悉龙文池和时事研究会的其他负责人被云大的国民党、三青团列入黑名单的情报后，派党员王仁芳从昆明乘火车赶到嵩明马坊，通知他立即转移到沾益县磨西村，并安排他在从昆明疏散到磨西村的昆华师范兼课，以教书为掩护继续从事地下工作。他离开马坊时，把一个脸盆留给理学院的学生党员陈天锡，并吩咐陈天锡将带到马坊的党内文件尽快烧毁。

“皖南事变”后，省工委根据党中央“隐蔽精干，长期埋伏，积蓄力量，等待时机”的十六字方针，决定云大党支部停止活动。

1941 年 9 月因叛徒出卖，龙文池被捕，关押在宜良县监狱。入狱后，他机智、勇敢地与敌人展开斗争，保护了省工委的领导和其他同志。在狱中他坚持学习英语，规定自己每天必须背熟一定数量的单词。狱外，党组织通过各种关系展开营救工作。一个学生依仗其父是县商会会长，负责每天把饭送进监狱。云大学生赵建中等联名上书理学院院长赵雁来，请求学校当局营救龙文池。经熊庆来和省政府秘书长袁丕佑出面作保，省政府命令宜良县政府将他取保释放。释放后，他回云大复学并于 1943 年毕业。因其学业成绩优秀，被云大理学院理化系聘任为助教，管理理化系实验室及组织学生实习。

1945 年 12 月 1 日，国民党反动派制造了震惊中外的“一二·一”惨案，激起全国人民的愤慨。龙文池邀请一些进步的同事、同学到西南联大图书馆向四烈士灵堂致哀，积极参加抗议示威游行。他在四烈士灵柩前义愤填膺地发誓："我没有像四烈士那样牺牲，但我活着就要向国民党反动派讨还血债，为四烈士报仇。"

1946年2月，他第四次接受省工委的指派，利用学校放寒假的机会，以探亲为名回西畴县向群众介绍"一二·一"惨案真相，发动群众，组织革命武装队伍。不料，他的行动被敌人发现，在回家途中被敌人蓄意制造的车祸暗害。

噩耗传到昆明，大家深感悲痛。3月3日，云大理化系的师生和他的生前好友为他举行了追悼会。熊庆来校长亲临会场并致悼词，称赞龙文池是云南不可多得的人才，他的遇难是云大的重大损失。

赤色教授

20世纪40年代，云大出现各种政治倾向鲜明的教授。师生将倾向中国共产党的称为“赤色教授”。在校任教的中共地下党员楚图南、周新民、华岗、尚钺、郭凤珊以赤色教授身份，积极从事党的工作，贯彻执行党的方针、政策，推动学校的爱国民主运动向纵深发展，给师生留下深刻印象。

深受学生敬仰的导师楚图南

楚图南1922年在北京高等师范学校加入社会主义青年团，1926年转为中共党员。1937年他受云大附中校长、进步人士杨春洲之聘回到昆明，在该校任教，后为云南大学讲师、教授兼文史系主任。他利用这些任职便利，在青年学生中传播进步思想，与同校任教的中共早期党员冯素陶、杨一波等在附中开展抗日救亡运动，指导学生阅读进步书刊、办进步壁报，支持学生积极参加抗日宣

楚图南

传和抵制当局对学生运动的限制。与学生一起参加跨学校组织的“夏令营”，到路南农村进行抗日宣传活动。楚图南等在附中的影响，使这所学校的学生救亡运动展开得有声有色，与昆华师范、昆华女中一起成为当时抗日救亡运动的中坚力量。后来活跃在各个时期积极参加革命斗争的江毓琛、欧根、何宏年、王以中等，都是楚图南的学生。

楚图南在昆明近十年期间，积极参与和指导爱国民主运动。他为团结当时在昆明的进步教授和文化界人士，宣传党的抗日民族统一战线，为抗日救亡、反对内战、反对独裁做了大量工作。1942年，几个民主党派建立了中国民主政团同盟，他参与同盟在昆明的活动。民主政团同盟改组为中国民主同盟，他正式加入民盟，担任民盟云南支部主任委员。抗战时期，他在云南与中央南方局的代表直接联系，以民主人士的身份从事各项活动。在这几年中他的重点是抓民盟工作，工作对象主要是教师和上层文化界人士，还与进步学生和社会青年有着广泛联系。通过不同途径指导和帮助青年学习革命理论，提高认识，认清时局，明辨方向。他是一位深受学生敬仰的导师，在云南一代青年中影响很大。“李闻惨案”发生后，为摆脱国民党的暗杀，1946年8月楚图南离开云大到上海。

领导民盟云南支部工作的周新民

周新民1926年加入中国共产党，长期从事统战工作，是国共合作中有影响的知名人士。1942年加入民盟后，按照周恩来、董必武等的指示，到昆明开展地下工作，贯彻执行党的“团结进步势力，争取中间势力，反对顽固势力”统战政策。他倾注全部心血多交朋友，为民盟的组织巩固和发展，做了不少工作。1943年春，周新民以云南大学法律系教授的公开身份作掩护，与罗隆基、潘光旦、潘大逵负责青年工作。

为更加广泛团结知识分子、宣传党的政策，周新民组织了有潘光旦、罗隆基、闻一多、楚图南、吴晗、冯素陶、李文宣、费孝通、华岗等参加的“西南文化研究会”。他们以轮流作报告、讨论学术问题和时事政治为活动方式，分析国内外形势，关注第二次世界大战，揭露法西斯罪行，抨击国民党政府的贪污腐化，积极拥护抗日反蒋，关心教育，关注民生。“西南文化研究会”实际上是党领导的昆明教育文化界爱国民主统一战线的核心，其成员成为 1944 年以后逐步高涨起来的民主爱国运动的中坚力量。

周新民

抗日战争时期，清华大学、北京大学、南开大学、中法大学等高校迁至昆明，前三校合并组成西南联大，使昆明的文化力量不断壮大。1944 年春，各大学的教授、讲师纷纷参加民盟，成立了昆明支部青年小组。负责组织工作的周新民考虑，当时的民盟还在主张旧民主主义，三党三派的政党同盟情况复杂，不可能在政治上领导纯洁的青年，便找到中共云南省工委书记郑伯克，请示另成立名为“民主青年同盟”（该组织简称“民青”）的组织，由共产党领导。周新民和青年学生共同起草《民主青年同盟章程》，提出：“为实现新民主主义而奋斗为宗旨。”1945 年 1 月民盟在重庆召开全国第一次代表大会，周新民被选为中央委员兼民盟书记处副主任。后来，周新民因时常离开昆明，便不再担任云大教授。

积极争取地方实力派的华岗

华岗 1924 年春加入中国社会主义青年团，1925 年转为中国共产党党员。他长期在国民党统治区从事地下工作，第二次国内革命战争时期曾任河北省委书记、《新华日报》总编辑等职。

1943 年 8 月，云南省政府主席龙云主动寻求与中国共产党建立联

华 岗

系。为了积极争取地方实力派，中共中央南方局指派已在昆明治病的华岗，同龙云建立直接联系。为便于工作，华岗改名为林石斧，经楚图南推荐，到云大社会学系任教授。

华岗在云大两年多的时间里，除了著书立说和教学外，经常去龙云公馆，向龙云讲解党的政策，并将中共中央已经公开发表的文献资料送给龙云。龙云把有些文献资料转给张冲等其他幕僚传阅，这对争取以龙云为首的云南地方实力派产生了重大影响。为了扩大党的影响，争取更多的进步人士，华岗根据周恩来的指示并通过龙云的关系，曾多次对西南地方实力人物刘文辉、潘文华、邓锡侯、王瓒绪等进行统战工作，促使他们靠拢共产党，积极支持抗日民主运动。

龙云多次与华岗畅谈国内外形势。华岗对形势的分析，令龙云非常佩服，他曾对张冲说："华岗的见解，我很折服。"在龙云的帮助下，华岗在昆明建立了《新华日报》分销处，在昆明行营内设立了与中共中央和南方局直接联系的电台，由地下党员掌管。这部电台一直使用到1945 年 10 月 3 日龙云被蒋介石赶下台为止。

华岗在做龙云工作的同时，还与知识分子交朋友，参加他们的集会、论坛。抗战胜利后，他奉命由昆赴渝参加国共谈判工作。

青年学生的严师益友尚钺

尚钺 1927 年 9 月加入中国共产党，1925 年至 1927 年鲁迅和他交往甚密，鲁迅日记中曾记录了和尚钺频繁的会晤、通信、稿件往返。

1932 年，尚钺任中共满洲省委秘书长，因反对"左"倾机会主义

青年时代的尚钺

受到打击，被开除党籍，但他始终保持着共产党员的信仰。为寻找组织颠沛流离。抗战期间他奉党的委派，到昆明做团结知识分子的工作，1942 年任云大文史系教授。

尚钺是青年学生的严师益友。1944 年 7 月 7 日是抗战七周年纪念日，联大壁报联合会、云大、中法、英专的学生自治会，在云大至公堂举办“时事座谈会”，邀请 4 所大学的一些教师出席，尚钺亦被邀请。会上，云大校长熊庆来与西南联大教授闻一多就青年学生前途进行了一场辩论，引起广大同学的深思和抉择。会后云大学生要求尚钺针对辩论谈看法，他认为熊庆来是受人尊敬的学者，但对当局想法太天真，还说熊校长本可避免这种尴尬场面，然而他为人忠厚吃了亏。尚钺希望同学对熊校长这样的人要加分析，学会尊重、团结持不同观点的人。尚钺会后的话让同学们很受启发。从那以后，学生自治会骨干经常去拜访尚钺，从国家大事到个人问题无所不谈，每次他都能提出看法，却从不把自己的观点强加于人。在这种循循善诱下使学生深受教育。1945 年是爱国民主运动走向新高潮的一年，针对形势的变化，他谆谆告诫自治会负责人，要注意言行、“外华内实”，不要“鹤立鸡群”；要生活在群众中，做到同流不合污；广泛交朋友，看人不要一成不变，才能团结更多群众一道前进。他的教诲如同甘露，使学生自治会健康茁壮成长。

尚钺一直与李公朴、闻一多并肩战斗，1946 年“李闻惨案”发生后，他在昆明的处境非常危险，在这年 8 月不得不离开昆明。

机智勇敢的郭佩珊教授

郭佩珊1936年加入中国共产党，“七七事变”后曾任中共武汉大学支部委员、中共湖北农委会组织委员。他从武大毕业后，接受党的指示考入成都空军飞行军士学校。1939年被党派到云南，任中共云南省工委青委会委员，负责联系西南联大、云大等学校的地下党员。1940年9月根据南方局的指示，打入蒋介石严密控制的军工企业，在昆明空军第十飞机修理厂做技术工作。因他技术精湛受到重用，从课员提升为生产总工程师，成为工厂的技术权威。1945年刚组建成立的云大航空系缺少骨干教师，熊庆来获悉郭佩珊的情况后，聘他来云大航空系兼任副教授，1946年3月改聘为专任教授。郭佩珊认为这份兼职能多一个隐蔽所，可以用教授身份更好地从事地下工作，允然接受。

郭佩珊（前排右一）与师生在会泽院

1946 年 7 月“李闻惨案”之后，国民党特务加紧了对民主进步人士、共产党嫌疑人员的盯梢跟踪。一天，中共云南省工委委员刘清被特务跟踪，他走大街、串小巷仍甩不掉“尾巴”，为防止特务发现他的住址，不能直接回住所，便走进进步势力强大的云南大学，想在学生党员李长猛的宿舍躲避，不巧李长猛不在，刘清就在李的宿舍附近等候。那时特务还不敢在云大随意逮人，但仍暗中监视。李长猛回校后，将刘清接到宿舍，并立即通过组织关系向中共云南省工委汇报。第二天，中共云南省工委负责人侯方岳派地下党员陈尚文通知熟悉云大情况的郭佩珊，让他想办法帮助刘清摆脱特务的盯梢。郭佩珊通过陈尚文与刘清约好时间、地点、接头暗号后，在傍晚时分，开着吉普车穿过云大正门，停在学生宿舍附近，刘清迅速跳上吉普车。等盯梢的特务反应过来，汽车已风驰电掣般地由云大北门开出，经环城北路，到达安全地点。

1949 年，中国人民解放军以摧枯拉朽之势，不断胜利前进。国民党统治区人民生活日益困难，人人关心时局。郭佩珊以民主进步教授的身份，公开抨击国民党政府的腐败，宣讲自己的进步观点，赢得不少进步师生的信任和支持，被选为航空工程系和工学院教授代表，参加学校的教授会。后又作为云大教授会的代表，与讲师助教会、职员联合会、系级学生代表会及工警联合会的代表组成云南大学“五联会”，他被选为主席。当时正值反饥饿、反内战、反迫害运动在全国各地此起彼伏。他组织云大师生开展这场运动，并很快扩大到校外，与昆明师范学院等校联合起来，推动昆明市大专院校的革命运动。

1949 年 9 月 9 日，国民党云南绥靖公署及省政府宣布昆明戒严，国民党特务大肆逮捕中共地下党员、民主人士等。13 日宣布解散云大，军警进驻学校。军警进驻的当晚，特务按“黑名单”抓人，郭佩珊是“黑名单”上的第一人。事先得到情报的郭佩珊在党组织和同事们的帮助下，及时转移了放在家中的无线电发报机及重要文件，安全离开昆明到滇东北参加武装斗争。

“马坊部落”纪实

曾作理化学系办公室的马坊王家庙

2009年10月22日，我陪同电视专题《熊庆来》摄制组人员到嵩明马坊镇寻访被称为“马坊部落”的云大抗战时期的办学点——马坊分校。

1940年10月13日，日本侵略者的三十余架飞机再次对昆明狂轰滥炸，其惨烈前所未有，仅向云大就空投炸弹30余枚。校舍多半被破坏，改作学校礼堂的至公堂中弹全毁，师生做实验的大楼——科学馆崩裂，新落成的医学院房屋大部分夷为平地，巍峨宏伟的会泽院屋檐中弹，墙体和门窗破损，教职员及学生宿舍等被震为瓦砾。这是1938年9月28日日寇对昆明空袭以来，云大遭到的第一次轰炸。日寇的狂轰滥炸严重破坏了云大师生正常的教学秩序。为保障师生安全，1941年3月学校接受数学系助教尚学仁的建议，将理学院师生及工学院一年级新生和先修班学生二百多名师生迁到马坊，组成以理学院为主的云大马坊分校，理学院院长赵雁来任分校主任，负责全面工作。直到 1944 年 7 月撤销分校，师生回昆明校本部。

2002 年 6 月，我曾陪同当年理学院的徐绍龄、陈天赐、李中俊、段瑞素等几名老学长，重返马坊寻找当年的校舍。一到马坊，这些满头银发、步履蹒跚的老人就像回到青年时代，他们轻车熟路，很快就找到当年用作教室和学生宿舍的兴隆寺，生物系学生做实验和系办公室用的李家祠堂，理化系学生做实验和办公用的王家庙。老人们见到这些破屋老宅，触景生情，钩沉起许多陈年往事。半个世纪后，兴隆寺庙宇被拆除建成一所小学，李家祠堂改成民房，王家庙残垣断壁，杂草丛生，无人居住，只有大门还是旧模样。我第二次去马坊，虽时隔七八年，但那些曾作过马坊分校校舍的房宇仍然保留着。这使摄制组人员欣喜若狂，拍摄了不少镜头。马坊分校虽然早已人去楼空，但马坊分校师生不畏艰难，为国求学的精神，值得让人继承发扬。

艰苦生活能培养人的精神与友情

马坊分校的学生人数每年都有变动，1940—1941 学年是学生人数最多的一个学年，有近 200 人，其中以理化系的四年级学生最多，共有 20 人，学生中有不少是因家乡被日寇占领，随父母或与同学一起流亡到昆明后考入云大的。1943 年考入工学院土木系的冉邦彦，家在保定，1938 年在北京温泉女中读初中时随父母向南流亡，经豫、鄂、湘、桂到昆明。1943 年从昆明天南中学毕业后考入云大。1938 年正在湖南国立东北中山中学读高中的张文波，因日寇逼近长沙，被迫逃亡，经千辛万苦，长途跋涉，随同学到四川自流井一所中学读书，1942 年考入云大矿冶系。从上海流亡昆明的陈原在街上看到立达补习学校的招生广告，广告注明只招收准备考大学的沦陷区青年，一旦录取可以免费住宿。正在为住处发愁的他，拿着扬州美汉中学高中毕业证去报名登记，如愿进入补习学校学习，1942 年考入云大土木系。像他们这样的学生在云大马坊分校占了相当的比例。按当年教育部规定，国立大学学生免缴学费，但吃住还得自己掏钱。这些流亡学生远离家乡，即便是父母也到了昆明，因是流亡逃难，收入拮据，很难有足够的经费供养一个大学生。有的学生根本没有经济来源，他们或者靠学校发给十分有限的补贴，或者靠朋友帮助，或者通过借贷来维持生计。

在马坊分校大多数学生生活清苦，平素里日子过得紧巴巴的，丝毫不敢奢侈。顺龙桥前有条不过百米的土路，它是马坊镇的一条商贸街，每逢“赶街”，就有不少小吃摊，同学们约着出去打牙祭，在小吃摊上吃上一碟凉白肉、一碗面条，是最大的生活享受。贫困艰难的生活往往是一份财富，它使学生学会坚强，学会生活，学会关爱。

冉邦彦因家庭贫困，进入云大后仅靠贷学金维持生活，连吃饭的费用都不够。为了节省开支，课本向图书馆借用，课堂笔记写在废纸背面，墨水用的是廉价的墨水粉自泡墨水，用蘸水笔书写，穿的是二姑穿过的旧衣服。马坊的冬天比昆明冷得多，她的那床又旧又薄的棉被，盖在身上无法抵御寒冷，晚上冷得翻来覆去不能入睡，即便白天把棉被晒热，晚上稍微暖一点，还是睡不好，同寝室的两个同学实在看不下去，她们就两人合睡一张单人床，合盖两床棉被。腾出一件棉袍让给冉邦彦盖在棉被上。一次下大雨湿透了冉邦彦的布鞋，她又没有再换的鞋子，只好穿着湿鞋子去上课。先修班王遗珠见状非常同情，立即打开箱子，拿出一双新布鞋送给冉。这些小事虽然过去几十年，但患难时期同学的爱心使她终身难忘，时常以这些事例教育子女。从湖北来的土木系学生赵旭初因无钱买衣裤，寒冷的天气造成他关节炎复发，疼痛难忍。同在马坊分校读书的同乡许高俊闻讯立即送来一条裤子，吕秀章教官也给他经济上的接济，使他能看病、吃药。

同学之间的互相关心、互相帮助在马坊分校蔚然成风，学生对其他人员也尽力给予关爱。1943 年暑假结束后，军事教官周华带来一位王小姐，负责管理收发以及为男生洗衣服等杂务。周华在王小姐的住处吃饭，学生都以为王小姐是周华的未婚妻。一些学生有时散步到她的住处坐一坐，之后都成了熟人。1944 年春节过后，周华忽然不见了，放暑假时仍不见他回马坊，而王小姐已有身孕，临近分娩，肚子越来越大，行动困难。这时学校决定利用暑假迁回昆明校本部。学校与四营火车站联系了火车皮，约定一天时间统一装运分校的校具、仪器、师生员工行李等。到了那天，大家都忙着收拾自己的行装，住地一片嘈杂声。细心善良的先修班女生吴家芗发现住在对门的王小姐没有一点动静。她担心王小姐出事，顾不上自己的事，赶紧跑到王小姐的住处探个究竟。她见王小姐默默地守着周围的行李和物品掉眼泪，没有人来帮助她。吴家芗很是同情这位温顺和蔼的王小姐，心想她有何罪？坏就坏在平时对学生板着脸、乱训人的周教官，我们不帮王小姐，谁帮？想到这些，吴家芗二话不说就到村子里去请一个村民帮助王小姐担行李。考虑到住处到火车站要步行六里土路，她又租来一匹马让王小姐骑到火车站。马的主人见是送孕妇，死活不肯出租，原来按当地习俗，孕妇骑过的马，马主人家会倒霉。没有办法，她又去约了四个女同学，由二人搀扶王小姐步行，三人护送大家的行李、物品。她们在泥泞的土路上慢慢地走向火车站。

马坊分校成立后，时值物价飞涨，学生交的伙食费用往往不够开支，伙食越办越差，出了钱吃不饱饭，引起大家不满。理学院 1943 级学生席淑芳自告奋勇帮厨做饭，以此减少厨房开支，提高伙食质量，这个办法也不能从根本上解决问题，实行一段时间就停止了。1943 级有的女同学发现，与男同学交同样的钱，男生饭量大，女生吃得少，不划算。她们提出单独开伙，既可节省开支，又可以填饱肚子，于是在村子里找到一位大嫂当厨师开办云大第一个女生食堂。

马坊远离省垣，生活艰苦，但环境优美，景色迷人。学生学习之余，散步在阡陌之间，一边倾听着农女欢歌，一边欣赏着美丽的晚霞。春到花开的季节，走在田间小道上，嫩绿的麦苗、青青的豆叶一望无垠，油菜花香扑面而来，粉红的野蔷薇弥散着浓郁的香味。在兴隆寺附近有个池塘，水清澈见底，常有野鸭飞到池中戏水，被学生称作“鸳鸯湖”。学生饭后常去池塘边洗衣服、游泳、约会。在去四营煤矿的驼马路半山涧，有一个环山怀抱的坝塘，面积比鸳鸯湖大，风景更优美，被学生称为“茵梦湖”。平时学生也爱去那里游泳，有时他们自带食品到湖边埋锅造饭，吃饵饫醮卤腐，进行野炊。

许多曾在马坊分校读过书的学生，几十年后回忆起这段往事，仍是十分感慨。全国自强模范、全国“三八”红旗手、全国和全军优秀校外辅导员、一等伤残军人的张培英（1926—1991），1943 年曾在分校先修班读书，后升入云大医学院学习。20 世纪 80 年代她在给先修班同学的信中写道：“在马坊分校虽然只是短暂的一年，而且是很艰难的一年，但师生亲密无间，同窗攻读，晨操，灯下，湖边洗衣，四营赶集，值日，帮厨做饭，在钱福生家吃豌豆粉，月下谈心……幕幕难忘的情景如电闪般的在脑中复印出来。”

弦诵不辍的马坊部落

马坊分校虽然远离日机轰炸范围，师生免受跑警报之苦，但生活比在昆明艰苦，缺乏基本教学条件，教室、实验室均设在寺庙里，设备十分简陋。为了美化教室环境，学生将庙宇中的神像用硬纸板遮盖起来，把破损的窗户钉上纸板，免受风雨袭击。教室光线昏暗，常常要点燃汽灯照明。夜晚屋外伸手不见五指，同学们都集中在庙宇的汽灯下看书做作业，教师则在借住的农户家的油灯下批改作业、备课。分校为加强管理，保障学生安全，实行军事化管理，成立由分校主任赵雁来为总队长，数学系主任王士魁，生物系主任崔之兰及军事教官魏巍任副总队的军训总队部。学生除正常的上课，还要进行军事训练，起床、就寝统一进行。

师生在理化系办公室门前合影

马坊分校虽然办学条件差，却聚集了一批著名学者，他们在这里讲授高深的学问，指导学生掌握先进的科学技术。赵雁来教授在主持分校行政事务的同时，仍然孜孜不倦地从事着学术研究。他为理学院理化系编写教材，并主讲过“普通化学”、“有机化学”、“有机分析”、“高等有机”、“燃料化学”、“国防化学”、“酸碱工业”、“化工物理”等课程。熊庆来的高足、留法归来学者庄圻泰博士负责分校的数学系以外学生的“微积分”课程。他教学的特点是每次讲课后布置的作业多达二十余题，学生每次交给庄先生的作业本都是一大摞，但庄先生是每题必改，而且改得很仔细，有时改一道作业要占作业本的大半页。他的严谨学风，给学生留下很深印象，受益终生。著名的史学家尚钺于 1921 年在北大文学系读预科时，就开始从事进步文学活动，写了许多短篇小说，也是《莽原》杂志的主要撰稿人之一，曾得到鲁迅好评。他于1941年到分校任教，担任大一的国文课老师。一口河南腔的尚钺在讲课中，向学生介绍很多新文学知识。他仗义执言，痛骂执政当局全是些脑筋发了霉、从来不愿意吸收新思想的家伙。1943年中共中央派时任《新华日报》总编辑的华岗到云南做上层人士的统战工作，他因而改名林石斧到马坊分校任教。他接任尚钺的国文课程，而尚钺则改教先修班。华岗向学生讲授古代唯物主义者王充的《论衡》。还介绍“生命诚可贵，爱情价更高，若为自由故，两者皆可抛”的著名诗句，分析诗句中的深刻含义。担任物理课程的顾建中老师学术精湛，备课认真，几十年后，听过他课的学生还记得在推导一个物理公式时，用微积分的方法比较简捷，当他听说该班学生还没有学到微积分证明方法时，他立即换用解析函数的方法对该公式进行推导。生物系教授崔之兰用英文给学生讲授专业课，并要求学生用英语记笔记。听过她讲课的杨貌仙老人至今还保存着当年所做的课堂笔记。战争造成了教育发展滞后，学校开出的课程，常常无法为学生提供教材，教师只好用在国外学习的课本来做教材，也没有经费给学生印发讲义，全靠课堂上教师传授知识。艰苦的学习和生活磨炼了学生的意志，使大家更加勤奋学习。一个老学长回忆说：“化学课没有教本，全靠听课时仔细听，勤记笔记，听完三节课就要记密密麻麻的十多页笔记。下课后整理笔记便成为加深课程内容学习的好方法，时间一长，学会速记，也不在意读书没有教材的事。”

莘莘学子在艰苦的环境中学习，也不忘自找娱乐。1943年考入矿冶系的丁醒华，学习基础好，聪明伶俐，他听课领悟快，老师布置的作业，别人要一个晚上做完，他只用一个小时就完成了，学习比别人轻松多了。课余时间他常常用手风琴娴熟地演奏一首又一首西洋古典音乐，吸引不少学生和乡民们驻足倾听。在偏僻的农村，人们看惯了穿着长衫马褂的先生，对穿着一套长年不换的西服、戴着一副深度眼镜的老学究庄圻泰，总是带着好奇的眼光。

熊庆来在校庆27周年纪念文章中，对当年马坊分校师生们的生活情形、学习风貌及学术精神给予十分贴切的描绘：“因时局之剧变，财力艰难，物价狂涨，待遇调整远不能适应需要，同仁物质生活每濒绝境，然弦歌从未中辍，而课外之研究工作继续推动者仍复不少。一般同学……读书情绪至佳，清晨傍晚，于田间林下，均时闻其吟诵之声。”1944年6月25日，美国副总统华莱士参观云南大学后，在至公堂发表演说，对云大在日本侵略者飞机不断轰炸下仍弦诵不辍表示钦佩。

读书不忘救国

偏僻幽静的马坊，为学生营造了一个安宁的读书环境，但他们读书不忘救国，时刻关注着国家安危和抗战局势变化。

理工学院学生在大理演出《放下你的鞭子》

在马坊，云大学生很难见到一份报纸，爱国进步教师的抗日演讲成为他们获取对抗战形势了解、认识的重要途径。思想进步的席淑芳时常邀约同学到华岗老师的宿舍，听华老师谈国内、国际形势，揭露国民党的腐败、四大家族如何互相勾结、国民党内的派系斗争等种种丑闻，讲蒋介石的“攘外必先安内”，给国家和人民带来的灾难。有的学生从华老师那里第一次了解到“西安事变”后，张学良被软禁；有的同学在听华老师对战争局势的分析后，开始关心抗日救亡的前途，留心时事，驳斥“抗日救亡不是青年学生分内的事”的谬论；有的学生主动要求参加抗日救亡的活动。受到爱国进步教师教育的学生，很快行动起来。已停止活动政治色彩较明显的“云大时事研究会”部分成员，绕过国民党、三青团的干涉，以学术团体名义组织“云大化学研究会”，仍然秘密学习共产党出版的刊物和毛泽东著作。利用壁报向当地村民宣传抗日，邀请进步教师楚图南、冯素陶到马坊作抗日演讲。利用课余时间举办夜校，组织当地村民识字，教青少年唱抗日歌曲。云大在马坊办学时还是小学生的当地村民李天华老人，闻讯我们到马坊拍摄云大师生当年在马坊住过的房屋，特意赶到摄制地点，讲述当年云大学生教他们唱歌、识字的往事，他还激动地唱起云大学生教他们唱过的爱国歌曲：“中华，中华，我爱我们中华。中国儿童爱我们中华。”

有的学生在马坊分校受爱国进步教师的熏陶，投笔从戎，到抗日第一线，有的走向革命道路。1942 年考入理学院的王金馨退学到了解放区参加革命，1943 年考入工学院的杨方卿、王季琦参加青年远征军去缅甸、印度。留在学校的学生更加敬仰向他们传授“读书不忘救国”道理的教师，在进步教师周围形成了一股保护力量，对抗特务、军警威胁迫害进步教师。1944 年 7 月军警在嵩明杨林火车站以不给一名特务学生的国文考试及格为借口，将准备返昆明的华岗扣留。消息传到马坊分校后，学生非常气愤，以史永佩为首的几个学生挺身而出，立即奔向火车站。当他们跑到车站时，正遇上军警准备把华岗带走。史永佩情急之下，一边喊着不准带走华老师，一边带头与特务学生、军警厮打起来，这场营救华老师的搏斗，最终迫使军警放人，而史永佩在搏斗中挂彩，头破血流。

云大仅在马坊办学四年，有的学生在那里读书也只有一年时间，却给曾在这个地方生活、学习过的师生留下很深印象。几十年后，1943级理学院学生把席淑芳的家当成了新的“马坊部落”，多次聚会，大家促膝谈心，追忆在马坊的点滴往事，令大家心情激荡。

我作为一名晚学，没有学长的那段经历，但两次去到马坊，都会在我眼前浮现出当年学长在马坊的生活情境。它是那么的近，又是那么的远，近的是我能看到当年他们住过的屋宇，走过的泥泞小道，使我又仿佛回到昨日，远的是他们的身影渐渐离我们远去。对他们的那段经历的认识还是那么肤浅。有机会，我将再次造访马坊，深入挖掘学长留给我们云大人的精神财富，以激励后来人。

不能横渡巴江就不是附中学生

石林县境内最大河流巴江，从北向南蜿蜒流淌，穿越石林镇、板桥镇等处，从大叠水流往境外，汇入南盘江，注入珠江。

附中学生在巴江进行游泳比赛

1938年9月，为躲避日机轰炸，从昆明迁至石林县城的云大附中学生，在体育教师魏徐年的带领下，对巴江流经县城东门外一段河面宽阔、水流平缓的河床，进行淘洗整修，辟为游泳场地，在河堤上建跳台。附中学生受学校倡导“不能横渡巴江就不是附中学生”的激励，每天下午4点放学后，三五成群地走到游泳场，放下书包，跳进巴江，展开双臂，奋力游往对岸。不会游泳的学生在教练指导下，认真训练。为了学会游泳，初学者不知喝过多少江水，遇到过多少挫折，但他们从不动摇横渡巴江的信念。他们要用自己的行动证明自己是一个合格的云大附中学生。学校为鼓励学生学好游泳，根据游泳技能测试，在学生戴的游泳帽上缝上数目不等的红布条，来表示学生掌握游泳技能的程度。一杠红布条表示已学会游泳，三杠红布条表示最高等级。获最高等级的学生不仅游泳速度快，姿势规范，而且会跳台跳水。每年 4 月 20 日的校庆日，学校举行水上运动会，各类游泳比赛令人眼花缭乱。附中学生扛着校旗、班旗，列队横渡巴江的表演性游泳更是吸引观众的眼球。每到开水上运动会，石林县城万人空巷，男女老幼都赶到附中游泳场观看游泳健儿的比赛和水上表演。1943 年附中迁至昆明龙头村后，学生仍然坚持每天到盘龙江游泳。

云大附中注重长期开展游泳活动，培养了一大批游泳爱好者，为学生到大江、大河里游泳打下良好的基础。许多附中学生一生都与游泳结下不解之缘。他们一辈子无论身处何职都坚持游泳。他们不仅到游泳池游泳，还去大江、大海搏击。如今他们已是七八十岁的迟暮老人，还仍旧坚持游泳的大有人在。年近 80 的附中老校友王朝阳、邓子俊游泳成瘾，无论是炎热的夏天，还是严寒的隆冬，都坚持每月去抚仙湖游泳。曾在文化部工作过的陈浩飞每天早晚都要游泳，20 世纪 80 年代还参加在成都举办的全国老年游泳比赛。

附中在巴江开辟游泳场，不仅首创了石林县有史以来的第一个游泳场，游泳活动也起到了移风易俗、改变陈腐观念的作用。20 世纪三四十年代，封建思想还严重禁锢着人们。乡民看到有那么多男女生同在巴江游泳，前所未闻。今天看来女生穿上游泳衣在河中游泳，是一件很平常的事，在当时看来是天大的新闻. 乡民们纷纷投来好奇的目光。

曾在石林读书的附中学生，对附中倡导的“不能横渡巴江就不是附中学生”如今有了更深的认识。附中坚持开展游泳活动进行体育锻炼，不仅增强了学生的体质，而且培养了学生坚强的意志、乐观合作的精神。长期在河里游泳而被太阳晒得黝黑的附中学生穿上校服个个显得生龙活虎，精神抖擞，走在路上形成一道靓丽的风景线，给过往行人留下很好印象。附中学生不仅身体健康，而且学习成绩特别优秀。1940 年夏恢复全省高中学生会考，附中学生成绩名列榜首。全省免试上大学的 17 人中附中学生占了 7 人。大多数附中学生毕业后都考上了西南联大、云大等知名大学。云大附中成为中学生向往、家长推崇的学校。有不少的家庭是兄妹多人在附中读书，难怪附中校友开会被戏称为“兄妹聚会”。

附中不仅游泳活动在全省闻名遐迩，其他课外活动也是非常活跃。壁报、画报、营火会、话剧等样样开展得热火朝天。学生成立自己社团组织，自己管理自己。话剧组自编、自演节目，自己动手做服装、道具，从演员到舞台监督都由学生负责。被称之为“红药水医生”的医学组成员每逢赶街义务为乡民看病。医学组成员苏连后来就读云大医学院，是我省著名的医学专家。助学组成员走进村寨办夜校，帮助村民识字。为唤起工农大众抗日热忱，附中学生利用星期天及假期到村寨进行抗日救亡宣传，慰问抗日阵亡家属。在星期天学生上街进行抗日演讲，教群众唱抗日歌曲，向过往行人发放宣传画。一系列生动活泼的社会活动培育了附中学生的社会责任感。国立云南大学附中从 1938 年成立至 1948 年解散，10 年间涌现出 30 多位烈士，他们中有的牺牲在抗日战场，有的为新中国成立献出宝贵的生命。

从“不能横渡巴江就不是附中学生”到培育学生有强烈社会责任感，都体现了“积极的、奋发的、民主的、自觉的、社会的、现实的”云大附中精神。它纠正了当时云南教育的萎靡不振、奴性十足，对学生一味高压，一切教学脱离实际，只知有己，不知有社会的现象。云大附中精神具有鲜明的时代特征及进步意义，值得今日办教育者学习、借鉴。

黉宫投却班超笔　胜利偿君不朽名

李维恭纪念碑

1943年，世界反法西斯战争由战略防御转入战略进攻，英国、美国等组成的盟军在太平洋战争中取得了决定性的胜利。11月召开英、美、中三国首脑会议，作出三国在缅甸北部发动对日进攻的战略部署，以及战后剥夺第一次世界大战以来日本在太平洋所夺得或占领的一切岛屿，把日本侵占中国的领土归还中国等决定。

为配合英美盟军收复缅北、支援盟军在东南亚作战，1944年4月，国民政府决定在昆明各大学应届毕业生中征兵，充当盟军翻译。当时，各大报刊都刊出了“学生应征当译员，配合盟军反攻复国”的号召。云大为做好动员工作，邀请西南联大和本校的几名教授，如闻一多、潘光旦、吴晗等，向师生宣讲翻译员配合盟军反攻复国的重大意义，希望他们服从大局，将学到的知识发挥在抗战的伟业中。经过动员，不仅有应届毕业生应征入伍，低年级的同学亦要求参军。熊庆来深受感动，支持低年级学生参军并亲笔写信勉励，还作出保留他们的学籍的决定，希望他们复员后，返校继续学业。李维恭就是积极响应号召应征入伍的应届毕业生之一。

李维恭 1920 年出生于大理一户工商业家庭，1939 年从家乡到云大附中读高中，毕业后考入云大矿冶系。他聪明能干，学习努力，各科成绩良好，爱好文艺，擅长胡琴。在云大附中学习期间，受进步教师楚图南、杨春洲等的影响，积极参加抗日救国的文艺演出。尽管昆明是抗日后方，但时常遭遇到日机空袭。为保护学生安全，1940 年云大矿冶系迁到会泽县，师生在破庙内生活、上课。李维恭与其他同学历经磨炼，在生活极其艰苦的环境下完成四年学业。他入伍参军一事，遭到亲友的竭力反对，希望他大学毕业后出国继续深造。但李维恭憎恨那些通过权势留在后方、逃避抗日的富家子弟，“以爱国情殷，不负国家及师长之使命，期冀早日胜利，得游海外，力求深造，而毅然从军。”

被批准入伍的云大学生，先去西站附近的昆明译训班受训。译训班由西南联大的教授吴泽霖、潘际昌、戴世光主持日常事务，教师由各大学、科研部门的专家、教授及美军军官组成。著名的生物学家汤佩松负责李维恭所在班。1944 年秋，李维恭在第三期译训班接受近三个月以军事英语为主的听、讲、读、写突击训练和紧张的军训后，分配到美军第十四航空队三二二战队任翻译官。该部队驻扎昆明时，他的任务是给美军教官当翻译。1945 年初，李维恭所在部队参与滇东地区迎击从湘西向贵州进犯敌人后，调往湖南芷江机场。芷江是抗日战争的军事战略重镇，战斗频繁、残酷。当日军侵犯湖南新化，抗日部队与日军展开激战，他随美军联络组参战，负责地面与空中盟军飞机的联络。5 月 21 日，李维恭在阵地上被炮火击中，弹片穿过左胸殉职。

噩耗传到云南，如晴天霹雳，李维恭的祖父母、母亲及年仅 19 岁的妻子怀抱未满周岁的遗孤痛不欲生。其父李汉勋先生深明大义，认为儿子“取义以成仁，对国家固已尽一国民之天职”。只希望将爱子的遗体搬运回昆明安葬，“以慰幽魂，而免悬念素仰”。云大师生为失去一个好学生、好学长而惋惜，学校专门成立“李维恭同学阵亡办理善后事宜委员会”，多次召开会议。校方认为：“李维恭系本省一有为青年，在校尚志笃学，素为师长所器重，入伍服务则为盟友所称许。不幸遇难，实堪惋惜。”决定由校方制作一牌位，送省忠烈祠入祀，以慰忠魂。允许其遗孀以公费待遇入云大就读，建议省府筹办李维恭小学，设立奖学金，立纪念碑。为表彰其抗日功勋，国民政府中央军事委员会追认其为烈士。

为纪念我校唯一一名抗战中为国捐躯的在籍学生，激励学子，1947年学校在会泽院正门的东侧，修建李维恭纪念碑。纪念碑下埋有李维恭用过的一套呢子军装、一顶船形帽。纪念碑上刻有熊校长亲笔题词“岘首同高”及挽诗一首：“烽火卢沟一夕惊，同仇敌忾志成城。黉宫投却班超笔，胜利偿君不朽名。”熊校长高度赞扬了李维恭为民族解放投笔从戎、效命疆场的爱国主义精神。1990 年 10 月，学校举办“云南大学革命烈士事迹展览”，展出李维恭烈士照片、事迹，后将其事迹收入 1993 年出版的《云南大学志・英烈传》。

李维恭纪念碑在 20 世纪五六十年代不幸被毁。2007 年，学校在旧址上重新修复，增添了我校的爱国主义教育景点。

“一二·一”运动前后的云南大学

震惊中外的“一二·一”运动，从1945年11月25日的反内战时事晚会起，到1946年3月17日四烈士出殡大游行止，历时近4个月，是“一二·九”运动以来最深入、最持久、规模最大的一次爱国民主运动。云大进步师生职工在“一二·一”运动中发扬了中国人民不畏强暴，为争取民主无所畏惧的革命传统，发挥了地方大学的作用，成为与西南联大等校进步力量紧密配合的不可或缺的坚强战斗队伍。

“一二·一”运动时昆明“罢联委”送给云大医院的锦旗

1945年8月，抗战胜利在望。此时的云南，历经数次爱国民主运动的斗争锻炼，进步力量大大增强，昆明已成为蒋介石统治区的“民主堡垒”。这时的云大，爱国民主力量也有了很大发展。8 月 13 日，云南大学、西南联大、中法大学三校的学生自治会和昆明《自由论坛》、《民主周刊》、《大路周刊》、《人民周刊》、中苏友协昆明分会联合发表《昆明八大文化团体迎接胜利，反对内战通电》，指出，胜利在即，谁再想进行内战，谁就是人民的公敌，全国人民必群起而攻之。8 月 15 日，日本帝国主义宣布无条件投降，西南联大、云南大学、中法大学等校学生自治会，在联大举行“从胜利到和平”的时事晚会，尚钺、周新民、刘思慕、吴晗、闻一多等发表演讲，分析时局，强调争民主、反内战。

国民党政府不顾民意，很快撕毁《双十协定》，发动全面内战。11 月出动 80 余万的正规军进攻解放区。11 月 5 日，中共中央号召“全国人民动员起来，用一切方法制止内战”。19 日，重庆各界成立反内战联合会。昆明学生积极酝酿，与之响应。在中共云南省工委的支持领导下，西南联合大学、云南大学、中法大学和省立英语专科学校四所大学的学生自治会决定 25 日在云大至公堂举办反内战时事演讲会。

在云南的国民党反动派代理人、省政府代主席李宗黄和省警备司令关麟征闻讯后，立即召开党政军联席会议，于 24 日布告：“凡各团体学校一切集会或游行，若未经本省党政军机关核准，一律严以禁止。”并强迫云大校方不准借给会场。借不到云大会场，难不倒进步学生。四校自治会决定把会场移到联大草坪。改地点的通知，通过各校学生自治会迅速传达到告每个同学。25 日晚，时事晚会改在西南联大图书馆前的大草坪举行。到会的大中学学生、社会人士约 6 000 人，钱端升、伍启元、费孝通（云大社会学系）、潘大逵（云大政治系）4 位教授以“内战研究”、“内战与美国”、“如何制止内战”、“从经济财政学观点论内战必须避免”为题发表演讲，主张“迅速制止内战，成立民主联合政府”。国民党政府获悉学生开会的消息后，连忙调第 5 军包围联大校本部，并发射机关枪和小钢炮进行恫吓威胁，特务切断电源，企图引起混乱。由于晚会组织严密，事先已做好应付破坏的准备，电灯熄灭后又点亮煤气灯继续演讲。敌人不甘心失败，又派特务冒充老百姓混入会场强行登台捣乱，听众及时揭穿阴谋，将他们轰出会场。散会后，参加开会的师生走出联大校门，才知道外面已戒严。附近的城墙上、凤翥街和大西门的路口架起了机枪，还不时向空中射击，迫使师生返回联大，几千名衣服单薄的青年人，在初冬的寒风中坐在联大草坪上。后来有同学发现联大围墙一个缺口可通向云大农场，部分学生沿缺口回到云大，亦有学生坐到天亮才回校。

第二天，国民党“中央社”以《西郊匪警，昨夜枪声》为题发表了一条造谣惑众的消息，不仅诬蔑学生为匪，而且欺骗市民是学生鸣枪。国民党军警的威胁和颠倒黑白的宣传使大家义愤填膺，当晚，联大新校舍的学生发起罢课抗议，签名单从一个宿舍传到另一个宿舍。消息传到云大，罢课的准备工作随即展开。在云南地下党的领导下，各校成立了罢委会，在此基础上又成立了昆明市中等以上学校学生罢课联合委员会。云大罢委会以云大学生自治会为基础，是昆明罢委会常委之一，其主要负责人是侯澄、李继昌、蒋永尊、潘汝谦等。

为让群众了解事实真相、戳穿反动派的阴谋，罢委会组织了 100 多个宣传队到街头、工厂、郊区、农村作宣传演讲，各大中学校的墙壁、走廊、教室、宿舍、食堂等处贴满反对内战、抗议暴行、驳斥造谣消息的标语、墙报和传单。云大罢委会和联大罢委会的宣传队自 29 日起同时出动到市内宣传，云大宣传队赶制了巨幅《人民壁报》和《云大快报》，张贴在近日楼及云大校门口，揭露反动派造谣惑众的险恶用心，宣传学生集会和罢课的正义性。国民党军警对学生的宣传十分害怕，采用暴力阻拦上街宣传的学生。在光华街上作宣传的云大学生刘美菊、秦学柳等，遭殴打后被关到宪兵十三团；在福照街、正义路、武成路、报国街作宣传的学生也遭到毒打。

12 月 1 日上午 9 点多，由特务、军警组成的 80 多个暴徒冲进云大，撕毁墙报、标语，砸烂校岗警亭和募捐用的桌椅、木箱并抢走捐款，打伤了席德籍、何作绵、董治安等几个同学。驻守在会泽院附近的学生发现后，利用居高临下的地形奋勇抵抗，暴徒未能得逞悻悻而去。云大罢委会立刻将情况通知联大，让联大作好戒备。不一会，就有暴徒借口要看壁报，强行冲进联大，殴打同学和校警。同学们把暴徒撵出校门后，一些同学用桌椅顶住校门，一些同学敲盆鸣警，暴徒见此情况竟向校门投掷手榴弹。路过联大的南菁中学教师、中共党员于再见势态危急扑上去制止，手榴弹当即爆炸，炸伤了他的头部，于再在送往医院途中牺牲。暴徒并未就此罢休，他们更加疯狂地冲击校园，用石头、棍棒打伤学生。云大学生闻讯后赶到联大增援，再次将暴徒赶出校门。另一伙暴徒闯入龙翔街的联大师范学院，肆意行凶，用手榴弹将退到隔壁的昆华工校学生李鲁连、联大学生张昌华、潘琰（女，中共党员）炸死，联大学生缪祥烈被炸伤后截去左腿。这就是震惊中外的“一二·一”惨案。

噩耗传到云大后，绝大多数同学立即集中到至公堂开会。人们怀着无比悲愤的心情控诉反动派的罪行，一致提出坚决罢课，誓为死难烈士报仇。为防止敌人再次攻打云大，罢委会组织了云大学生纠察队，负责把守学校前后门及各处低矮墙垣。参加纠察队随时有生命危险，但学生报名踊跃，很快100多人的纠察队就组成了。纠察队分为20多个小组，分3班守护云大前后门等地点，还有1个游动组负责联络各组。

“一二·一”惨案发生后，敌人气焰依旧嚣张，特务每晚开车到各大中学校校门贴标语、扔石头、砸大门后呼啸叫骂而去。纠察队员斗志高昂，丝毫不敢放松警惕，人人手持垒球棒和用纸包好的石灰袋准备对付来犯者。纠察队每天召开两次会议，布置白天、夜间的工作。学生的爱国热情使教师深受感动，住校的一些教师和家人一连几天都送红糖稀饭给值勤的纠察队员。大多数教师支持学生行动，并联合发表共同声明。

在守护好校园的同时，学校每天派出若干个宣传队，每队30多人，上街宣传、演讲、发传单。各宣传队的任务是向社会各界人士说明“一二·一”惨案发生的经过，揭露、控诉蒋介石发动内战，屠杀革命学生的法西斯暴行。文艺宣传队在街头演唱《团结就是力量》等反内战歌曲、演出《茶馆小调》等活报剧。宣传队抬着反内战、争民主的标语沿街唱歌，散发张贴传单，高喊“反对蒋介石挑动内战”、“反对蒋介石屠杀爱国学生的法西斯暴行”、“镇压学运没有好下场”、“惩办关麟征、李宗黄”等口号。云大罢委会还派出学生骨干到昆女师、求实中学等校，负责传达罢联的工作安排，了解各校工作进展，协助中学解决棘手问题。还通过组织歌咏队、文艺活动、时事座谈会等方式广泛联系群众。

罢课期间，云大罢委会通过骨干和积极分子，举办系、年级的壁报社、诗社、歌咏团等，人数较多的是“哈哈合唱团”、“南风合唱团”，有七八十人。罢委会还经常组织文艺晚会、诗朗诵会、时事晚会，气氛非常活跃。各社团都由地下党员、民青成员及学运积极分子组成。正因为有这样一批经过“一二·一”运动锻炼的学生，使联大北上后昆明学运仍能坚持到全国胜利。在“一二·一”惨案发生以后的第八天，周恩来就指出：“昆明惨案就是新的‘一二·九’。‘五四’青年运动未完成的任务，由今天的青年运动继承起来。”

1946 年 3 月 17 日，学联举行四烈士出殡大游行，并指定云大纠察队负责第二路游行队伍的秩序，中共地下党员、云大学生董治安任第二路总指挥。游行队伍准备了一口大钟和供出殡游行用的黑袖套，印制了数千份布标、横幅、对联，数百名联络员组成庞大的自行车队。在一阵鞭炮声后，参加出殡大游行的 3 万多学生和各界人士（包括教士、和尚、警察）从联大分几路向市中心出发；云大所在第二路经大西门、青云路、华山西路、武成路、福照街、光华街转正义路，出大南城、金碧路到达小南门。这一天昆明几乎是倾城出动、万人空巷，几十万市民拥塞在街道两旁，肃穆为烈士哀悼告别。

出殡大游行后，西南联大开始北迁复校，昆明学联的重点转到云大，云大学生自治会成为昆明学联的重要支柱。

到山那边去

战斗在革命武装斗争中的云大女学生

《山那边是个好地方》是当时流传的一首民歌，也表达云大进步师生反对蒋介石统治、向往已建立革命政权的山区农村的心情。很多师生唱着这首歌，到山区参加共产党领导的革命队伍，与国民党部队、地方土匪恶霸展开武装斗争。

从 1947—1949 年底，云大有 600 多名师生到山区农村参加革命武装斗争，人数约占在校师生人数的 1/3。活跃在云南的中国人民解放军滇黔桂边纵队的每个支队，都有云大学生。他们在军事、政治等方面起到重要作用，其中 100 余人担任连以上军政领导职务，最高的是支队级（即师级）指挥员。在与敌人作战或建立新生政权中，他们发扬大无畏的革命精神，冲锋陷阵，不怕吃苦，不怕流血牺牲，负伤后仍不离开战场，有的甚至献出年轻的生命。被正式追认为烈士的达50人，加上其他时期牺牲的，云大共有68位革命烈士，烈士的总数在全国各大学中，仅次于北京大学。

云大革命师生到山区进行武装斗争，主要集中在三个阶段：

在1945年“一二·一”爱国民主运动、1946年“反饥饿、反内战、反迫害”罢课示威游行、抗议美军强奸北平女生的罢课游行、学生的人权保障运动中，表现十分活跃的云大学生自治会骨干杨守笃、牛琨、尹宜公、杨实、张继骞等，被列入反动当局公布的黑名单。为保存革命力量，中共云南省工委指示他们尽快转移到农村，开展敌后武装斗争。他们成为第一批去山区农村从事武装革命的学生。

1948年“七一五”运动后，国民党政府大规模逮捕进步师生，近千名师生被捕，有的被关进特种刑事监狱，受到严刑拷打。为保存革命实力，中共云南省工委将营救出的部分师生转移到农村参加武装斗争。

1949年4月21日，中国人民解放军突破国民党长江防线，打响了渡江战役。在解放战争即将取得全国胜利的形势下，中共云南省工委为迎接云南解放，决定大力开展武装斗争，从6月开始有组织、有计划地选派经过革命锻炼的云大地下党员、“民青”成员、进步师生，到山区农村加强武装斗争和根据地的建设。这次去的师生比前两次多得多。

到山区农村的师生有的直接参加由共产党领导的“云南人民讨蒋自救军”，有的以教书为掩护、学校为工作地点，与当地的地下党员一起发动群众、发展党的秘密武装，准备武装起义。他们通过成立党的外围组织，以帮助解决困难为名吸收学生参加。随着形势的发展，到山区农村的老师越来越多、分布范围越来越广、工作更为深入，远远超过教师的职业范围。有的地方无须再用教师身份作掩护，公开组织领导当地政治、军事活动；有的则以这些老师为首，组成游击队，开展瓦解地主武装的斗争。1949年1月，中国人民解放军滇黔桂边区纵队成立后，革命武装力量得到空前加强壮大，云大师生组织领导的游击队被编入“边纵”，在部队的统一领导下，与国民党军队作战。解放军占领南京后，蒋介石不甘心失败，妄想继续盘踞西南地区，把云南作为大陆最后一个反共、反人民根据地。为粉碎蒋介石的阴谋，中央命令野战军迅速向西南挺进，追歼残敌。参加“边纵”的云大师生依照上级的指示，开展迎接野战军阻击国民党残敌的战斗任务。1949 年 12 月 9 日，卢汉在昆明起义后，他们带领队伍攻打由国民党顽固派占领的县城，接管敌政权。新生革命政权建立后，他们动员群众组织农会、儿童团、妇救会，锄奸防特，清匪反霸，维护社会秩序。

“一二·一”和“七一五”运动考验过的云大革命师生，转到农村开展武装斗争后，继续发扬不怕吃苦、不怕流血牺牲的革命精神。手中的刀枪使他们如虎添翼，很快成长为英勇无畏的战士。他们在雨天泥泞的山坡上急行军，摔得像泥猴一样，仍唱着：“跌倒算什么？我们骨头硬，爬起来再前进!”以革命乐观主义精神面对战斗生活中的艰难困苦。在敌强我弱的战斗中他们总是冲锋在前，撤退在后，英勇杀敌，危难时候挺身而出，不惜牺牲宝贵的生命，换来战斗的胜利。

云大的学生党员傅发焜下乡后，在地下党掌握的学校任党支部书记，到部队任政治教导员。在一次突围的战斗中，他一马当先，手持卡宾枪，带着 3 名战士勇猛冲向村口，击毙数名敌人，夺得村口阵地。为部队顺利突围打开了缺口，而他不幸牺牲。

云大附中学生何宏年 1948 年被党组织派往景谷，做开明人士的统战工作，准备开展武装斗争。他团结大批爱国反蒋上层人士，参加反蒋反美斗争，建立景谷、澜沧、六顺军政委员会，任副主任委员，后成立“云南人民自卫军普光部队”，任指挥员。1949 年 2 月 11 日，在解放思茅的战斗中英勇牺牲。

1948 年 11 月，党组织决定派云大附中学生王金英到滇西参加游击工作。17 岁的她留下“我到山那边去了，请父母和哥哥不必挂念”的纸条，毅然离家踏上武装斗争的征途。1950 年 3 月，新生的革命政权开始征收公粮，累进制的政策触动了大户的利益，出现地主、恶霸武装叛乱。5 月 8 日，已任楚雄县委委员、宣传部长兼哨区区委书记的王金英和任楚雄县长、中共党员的云大附中学生陈海，在哨区向干部布置征粮工作中，被叛匪绑架。12 日，叛匪把打得遍体鳞伤的王金英和陈海押到刑场，临刑前，王金英昂首挺胸、大义凛然，痛斥敌人："反对共产党绝没有好下场，反动派的日子不会长了，当土匪没有好下场。"后来她被称为刘胡兰式的女英雄。

正是有像傅发焜、何宏年、王金英、陈海烈士这样的大批知识分子干部，才能以模范行动带出一支能征善战的坚强队伍。

云大从 1925 年有了党的活动，至 1950 年 3 月云南全境解放，在 25 年的血与火斗争中，革命师生忧国忧民、追求真理、勇于献身，为新中国的建立、云南各族人民的翻身解放，不惜牺牲个人利益，投笔从戎参加武装斗争，做出了不朽业绩。

云大“五联会”始末

新中国成立后的60多年，云大从之前的五院、十八系、一千多学生，发展到有二十三个学院、几十个系、二万多学生。当我们欢庆学校的巨大变化时，怎能忘记为建成新云大作出突出贡献的“五联会。”

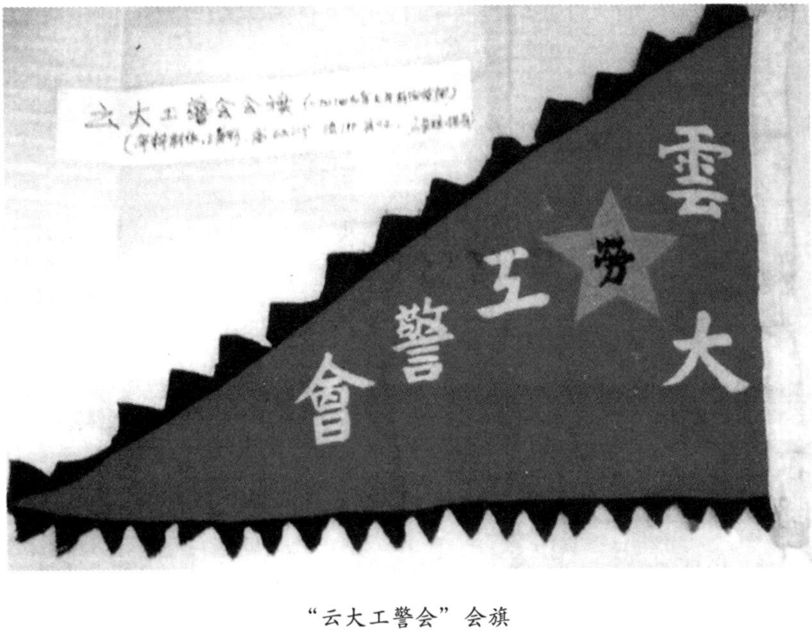

“云大工警会”会旗

1949年，中国人民解放军势如破竹，对国民党军队发起猛烈进攻，解放了全国大部分地区。国民党政府摇摇欲坠，民心向背一目了然，蒋介石统治灭亡已是大势所趋。国民党统治下的国立云南大学，亦随之而去。学校当局无法维持现状，校长被迫辞职，学校被勒令解散。云大经过“七一五”爱国民主运动后，很多处在观望动摇的师生对国民党卖国、独裁、残虐人民的本质有了认识，对其不再抱有幻想，积极参加到反蒋行列中。进步师生经过斗争考验政治上更加成熟，他们积极寻找中共和“民青”地下组织。广大师生为了生存，都盼望新云大的早日到来。云大地下党组织通过一段时间的组织发动，学生中“民青”成员有所增加，有许多教职工加入党的外围组织——“新民主主义者联盟”和“民主工人同盟”。

为推翻蒋介石统治，建立新中国，学校地下党按照中共云南省工委的指示，更加广泛团结师生员工，加强对“教授会”和“学生系级常委会”的教育、领导工作。这两个组织“七一五”惨案发生后，仍公开在学校活动。

“教授会”成立可追溯到1947年。当时云大受外省大学影响，成立“教授会”，但“教授会”不是以推翻旧政权为宗旨，而是把协助学校发展作为主要任务。“系级学生代表会”则是在学生自治会基础上成立的。长期以来，学生自治会主要成员都是进步学生主持，他们曾与国民党反动政府进行过无数次斗争，学生自治会几次被反动派强行解散。但学生仍用各种组织形式，进行合理斗争。“系级学生代表会”是在“七一五”惨案后，自治会被解散的情况下成立的。学校地下党组织除加强这两个组织工作外，还要求教职工中的党员、盟员推动讲师、助教、职员、工警成立自己的组织，以便把他们中间一切可团结的人都团结起来，为打倒蒋介石迎接全国解放而战斗。

1949年2月，云大、师院两校职工因工资欠发面临断炊。22日，云大教授李吟秋、杨堃、方国瑜等八人召开记者会，揭露云大教职工断炊问题系由国民党中央银行昆明分行代理经理张鼎及现任经理武镛扣压中央银行下发的追加款造成的。3月，“教授会”致电国民党教育部，要求解决教职工生活问题，否则全体请假。职员因生活无着于3月31日总请假3天，不办注册手续。“学生系级常委会”于2月19日后多次投书报社，为教职工濒临饥饿边缘向社会呼吁，请示救济。通过斗争，讲师、助教及教职工中的进步同志都有组织起来的愿望。3—4月，以教职工中的中共党员、“新联”、“工盟”成员为骨干，在讲师、助教、职员、工警中组成了“讲师助教会”、“职员联谊会”、“工警会”。

“讲师助教会”1949年4月2日成立。它的工作重心是团结全校讲师、助教和争取同仁福利。在金圆券剧烈贬值的时期，讲师、助教一个月的薪水，只合半开一元上下，为此，曾对反动政府的疯狂剥削提出严重抗议，发表了反对摧残教育的宣言，并实行罢教，用实际行动表示愤怒。针对学校经费不公开，提出改革学校行政的具体意见，建议学校当局成立各单位都有代表参加的福利委员会。

“职员会”成立于1949年3月20日，并立即展开斗争。首先为了生存，请假3天，提出合理的待遇要求，向反动政府开了第一炮，同时也打开了昆明自1948年“七一五”以来的沉闷气氛。接着是联合“讲师助教会”、“工警会”，以2.5元半开赔款为题，揭穿学校的弊端与腐化，促使学校的经费公开。

“工警会”成立于1949年3月。最初为避免校内外反动爪牙的注意，只是通过夜校的方式来加强组织和联系。7月发动了一次工警大罢工，主要是反对学校压迫工警，要求提高待遇，得到学生和教师的支持。

1949年5月，以进步教授为骨干的新教授会成立。中旬，由学生“系级常委会”和上述四会正式组成“云南大学五联会”，各会选出代表，组成“五联会”。“教授会”代表为秦瓒、张瑞纶、郭佩珊；“讲师助教会”代表为曹诚一、杨朝梁、胡秀荃；“职员会”代表为陈云蒲、赵谦；“工警会”代表为李金祥等；“学生系级常委会”代表为舒炯等。“五联会”发表会章，选郭佩珊为主席。“五联会”的主要成员郭佩珊、曹诚一、杨朝梁、赵谦等，都是地下党员或民青、工盟青成员。地下党通过“五联会”，在教职工中组织“读书会”，从政治上提高他们的觉悟，发动教职工开展提高生活待遇的斗争。5 月中旬，“五联会”邀请爱国人士、省参议员和记者在至公堂举行招待会，要求动用国民党政府中央银行所存的黄金、白银，拯救学校、拯救教育危机，要求省政府解决云大、师院两校的经费和教职工生活问题。学生代表慷慨陈词，揭露蒋介石集团为垂死挣扎，筹划收缴云南财政结余和库存的黄金、白银，指出云南财政结余只能用于稳定云南经济、解救云南人民的饥饿。这个发言既成为地方当局的后盾，又造成民意。地方当局借重视这个舆论和声势，抵制国民党中央，保住了云南的库存黄金、白银。“学生系级常委会”为救济贫病教师，在 2 月发动了“一把米”运动，6 月又进行义卖演出。

6 月，“云大五联会”与师院教职工发表宣言，坚决反对桂军入滇将云南作为“反共基地”。6—7 月，五联会与师院六联会联合向教育部特派员刘求南、参事刘英士请愿，要求政府迅速解决两校经费问题。在中共云南省工委“迎接解放，走向社会”的号召下，云大学生运动出现一个新的高潮，进步同学纷纷走向社会。9 月初，“系级学生常委会”组织社会服务：文史系同学范诗、张宁生等到呈贡扫盲，在学校的呈贡农场办工人夜校；先修班、医学院、农学院师生组织了“云大农村服务团”，送医、送药到农村，帮助生产、扫盲及宣传形势；法律系同学到法院、监狱作罪犯调查。

1949 年 9 月，国民党云南省政府主席卢汉答应蒋介石“整肃”云南民主力量、让国民党中央势力进入云南的要求。9 日卢汉发表《告云南人民书》等，宣布昆明戒严。当晚，开始了对共产党人、民主人士的大肆逮捕。13 日，军警进驻云大，宣布解散云大，教职工一律听候甄选，成立所谓的“整理委员会”。学校解聘了“五联会”主要成员及其他进步教职工上百人，施行空前的独裁行政制度，迫使秦瓒、郭佩珊、杨朝梁等“五联会”成员离开云大。

1949年12月9日卢汉起义，旧政权土崩瓦解，学校原有行政机构停止运转，校行政管理一度空白。25日，云南临时军政委员会文教处长姜亮夫接见“五联会”代表，授意在过渡时期由“五联会”负责校务工作、希望早日恢复学校秩序。为完成建设新云大的任务，“教授会”1950年1月11日重新改组，代表由各系、科、组推选24人组成，共分4个组：秘书组、学术组、福利组、联络组。“教授会”的工作，除协助“五联会”共同推进校务之外，其基本任务在于学习。这年2月9日学术组成立新哲学研究会，将135名教授分成18个小组，另推选常务干事5人组成干事会，负责搜集学习资料和一切会务事宜。各小组的总结，由小组长提交干事会，常务干事会负责再作总结，随时公开，让大家讨论。

1950年1月3日云南临时军政委员会指示，云南大学“整理委员会”即日结束，在过渡时期“五联会”负责维持校务，直到人民政府正式接收学校。“五联会”随即开会协商维持校务的具体办法，提出四项意见：一、为执行过渡时期的校务，拟组织云南大学临时校务执行委员会。二、组织原则：1. 有关本校财产、公物、档案文卷，仍由原负责人严密保管，听候人民政府派员接收；2. 原有各处、组、院系负责人员，仍应照常负责，听候人民政府接管，不得擅离或旷废职守；3. 在过渡期间的本校经费暂由文教处负责，由临时校务执行委员会按期核实具领应用。三、临委会人选由“五联会”提名，每单位2人，并共同提出2人担任正副主任委员，计11人。四、临时执行委员会职权：1. “五联会”为最高决策机构；2. 临时执行委员会有督导本校原有各处、组、院、系、室人员推动校务之权；3. 临时执行委员会有执行“五联会”有关校务协议之义务；4. 临时执行委员会得提出有关改进校务之计划，交“五联会”协议施行；5. 临时执行委员会遇有执行校务方案困难时，得提交“五联会”复议之。

15 日，通过《云南大学临时校务执行委员会章程》，规定："五联会"为校务决策机构，执委会为执行机构，由执委会主任委员负责对内对外一切事项。21 日，云南大学临时校务执行委员会正式成立，秦瓒任主任委员，杜棻、方国瑜、胡维菁、熊锡元、袁恒昌、廖子宜、林毓桃、张宁生、夏茂生、李金祥等为委员。28 日，云南临时军政委员会发给"云南大学临时校务执行委员会"印章一枚，并开始启用。"临委会"成立后，云大很快恢复了正常秩序，各项工作有条不紊开始运转。

1950 年 3 月 4 日，中国人民解放军西南军区昆明市军事管制委员会成立后，下设 7 个部，其中有文教接管部。军管会认为云大绝大多数教职员工和学生，多年来积极参加反美蒋的人民民主运动，有着光荣、英勇斗争的历史。因而 3 月 6 日全市开始接管工作后，云大未派军事代表接管，学校仍由原来的云大临时校务执行委员会负责维持。3 月 21 日，"教授会"提出拥护人民币和推行公债的两项公约，号召全体会员共同遵守；在关于拥护人民币的公约中提出坚决拒用银币，打击银元贩子，不抢购物资；在关于推行国家发行的胜利折实公债的公约中提出厉行节约，购买公债，每个会员至少购买 1 份，向亲友尽力推销。还组织了一个宣传组，负责宣传事宜。这年 3 月，云大遵照军管会文教接管部的指示精神，有计划、有步骤地进行整顿改革。废除了国民党党义、伦理学和宣扬唯心主义的哲学概论等课程，着手筹划开设"新民主主义论"、"社会发展简史"、"中国革命史"等课程。各院系也本着这一精神对课程、内容作了调整和改革，法律系取消国民党政府制定的"刑法"和"民法"等课程，新开设"中国人民政治协商会议共同纲领"、"土地改革法"、新"婚姻法"和"苏联宪法"等课程，同时撤销训导处，实行教导合一。4 月 12 日，云南解放后的第一个学期开学上课。

1950 年 4 月 20 日，云南大学举行 28 周年校庆大会，到会的有中共云南省委第一书记、云南省军政委员会副主任宋任穷，省委第二书记、军管会主任陈赓，军管会副主任周保中，文教接管部主任袁勃及全校师生员工。宋任穷、周保中在会上发表讲话，对云大全体师生员工多年来艰苦奋斗和在民主斗争中所表现的英勇精神表示赞许和敬意，勉励大家保持和发扬光荣革命传统，朝着毛主席所指示的“民族的、科学的、大众的文化教育”道路前进。学习马列主义、毛主席的思想方法，培养爱祖国、爱人民、爱劳动、爱科学、爱护公共财产的美德。“五联会”代表张瑞纶和校友会代表等也在大会上相继发言。

为庆祝校庆，20—21 日举行了田径和球类运动会以及丰富多彩的文艺晚会。同日，云南大学校庆特刊编辑委员会编印出版《云南大学 28 周年校庆特刊》。秦瓒写了《发刊词》。《发刊词》说，当我们在进行建设新教育的里程中，校庆的日子到临了！今年是解放后的第一次校庆，特别值得纪念与庆祝，所以大家都充满了快愉和新生的情绪。过去反动统治时期，云南大学一向被称为“云南民主堡垒”，为什么有这种称号呢？就是因为我们全体同仁与同学一向爱好民主，本着民主的精神，不屈不挠地向反动势力作坚决的斗争。尤其是“七一五”以后，我们不避任何威胁，不断领导学运，予反动政府以有力打击，完成了我们每个人的光荣任务。也就是因为我们要求实现民主，才引起反动势力的加紧压迫、遣散、整理，逼迫着学校陷入半停顿状态，直到现在这一条深刻的伤痕，并没有完全洗净。现在，云南的革命秩序已建立起来，我们的任务是由战斗转入建设。我们都要根据《共同纲领》，以新教育的良好经验为基础，吸收旧教育的某些有用经验，特别要借助苏联教育的先进经验，建设我们的“以提高人民文化水平，培养国家建设人才，肃清封建的买办的法西斯主义的思想，发展为人民服务的思想为主要任务的新民主主义教育”。今年的校庆日，也正是我们履行新任务的开始。我们必须克服一切困难，继续搞好自己的这一当前课题，以期完成改造旧教育和建设新教育的这一艰巨任务。

5 月 26 日，遵照教育部《关于高等学校 1950 年度暑期招考新生的规定》，云大认真贯彻执行为工农开门的方针，规定有 3 年以上工龄的产业工人，参加工作 3 年以上的革命干部及革命军人、兄弟民族学生、华侨学生从宽录取。6 月 3 日，政务院成立 1950 年暑期高等学校毕业生工作分配委员会，管理全国公私立高等学校 18000 名毕业生的工作分配事宜。云大这年的应届毕业生由分配委员会统一分配。7 月 15 日，昆明市教育工作者工会云大工作委员会筹备委员会经由教授会、讲师助教会、职员会、工警会选举产生，由 13 人组成，赵崇汉任主任委员。1951 年 5 月 15 日，中国教育工会昆明市云南大学委员会正式成立。8 月 2 日，政务院颁布第 43 次政务院会议批准的《关于实施高等学校课程改革的决定》。云大本着有计划、有步骤地改革的精神，在各系课程设置实行适当的专门化和精简原则，对课程设置和内容及师资提高等问题进行讨论和研究，采取一些改革措施。8 月，云大农学院增设园艺、畜牧兽医两系。

这年 9 月，昆明市军管会文教接管部派联络员来云大，依照接管步骤组成“云大临时校务管理委员会”，秦瓒任主任委员。临时校务管理委员会下设教务处、总务处、秘书室、人事室等行政机构，还设有聘任委员会、经济委员会、图书委员会、教学研究委员会、修建委员会、人民助学金评议委员会、工资评议委员会等机构。11 月 10 日云大“五联会”结束活动，而由它产生的临时校务管理委员会继续执行校务。直到 1951 年 10 月 5 日，政务院任命云南省人民政府副主席周保中兼云大校长，云大临时校务管理委员会宣布结束。

“五联会”从成立到结束不到三年，但它在云大历史上有很大作用。云大能顺利完成新旧政权过渡时期的任务，与“五联会”密切相关，正因为有了这个经过革命斗争考验的组织，使大批进步师生受到了锻炼，才会有新中国成立后党和政府充分依靠“五联会”管理校务，维持学校秩序。“五联会”在云大历史上的功绩将永远载入史册。

昆明保卫战中的云南大学

1949年12月9日，卢汉率部队起义，成立临时军政委员会。昆明人民盼望已久的翻身求解放的愿望终于实现了。10日，五华山冉冉升起了第一面五星红旗。消息传到云大，整个校园一片沸腾。进步师生们强压在心底已久的欢呼声终于迸发了出来，“共产党万岁！”“毛主席万岁！”“新中国万岁！”的口号在校园中回荡。

参加“昆明保卫战”的云大教师自卫队员

卢汉起义激怒了蒋介石，国民党政府在10日派飞机飞临昆明上空，抛撒传单，要卢汉“回头是岸”，声称要炸平昆明，任命陆军副总司令汤尧指挥以第8军、第26军为主力组成的第8兵团攻打昆明。

当时起义部队只有10个保安团和一些警察武装，无论从战斗力还是装配上都远不及第8兵团。在敌我力量悬殊很大的情况下，要打赢这场保卫战的关键就是动员人民共同抗敌。

中共云大总支根据市委指示，在起义的第二天上午，召集党和“民青”分支委以上干部三十余人，在小吉坡一个学生家中开会。总支书记董坤德向大家传达市委指示，介绍卢汉起义经过，分析昆明和平解放后的形势。指出目前面临着一场极其复杂和艰苦的斗争。要求大家紧急动员起来，支持以卢汉为首的临时军政委员会，做好昆明保卫战的准备。

云大“五联会”（即教授会、讲师助教会、职员会、工警会、学生系级常委会）立即响应号召，动员师生员工投入保卫战。为支援起义部队抵抗敌军反扑，保卫学校财产和师生安全，“五联会”号召住在城墙外西宿舍、北宿舍的师生搬进城墙内，组织师生抬土、搬石头连夜奋战修筑工事，加厚城墙，堵塞经过校内的一道城门，组织纠察队昼夜巡逻。根据市委关于肃清市区特务的指示，按照掌握的情况，抓捕潜伏在校内的特务及可疑分子，并将他们交给警察三分局关押。根据市委指示召集昆明的39所大中学校190名代表，在云大至公堂举行恢复昆明学联大会，会议决定将学联设在云大，推选云大为主席单位。云大学生余定清任学联主席，夏昭负责文艺，张宁生、朱宜初负责宣传。当时，市委还处在地下，没有公开。昆明学联成立后，一切由学联出面组织，这就便于市委通过学联指挥全市学生参加保卫战。

15日，昆明全市大中学生在云大民主广场集会，庆祝昆明起义和学联恢复，声讨反动军队反扑昆明。会后整队上街游行，游行学生高呼“动员起来，保卫昆明”“打倒蒋介石”“誓死保卫昆明”的口号，气势浩荡。同日，第8兵团从东、南两个方向对昆明进行反扑。次日，敌军突破盘龙江第二道防线，南边打到火车南站、云南纺纱厂、豆腐营、状元楼一带，北边敌军已占领北校场。昆明城内可以听到激烈的枪炮声。敌军扬言“攻入昆明放假三天”，任其反动官兵对人民进行蹂躏、屠杀。学校的一些反动教授准备好了欢迎第8兵团的旗帜、横幅。昆明城池随时都有可能被攻破，二十万市民忧心如焚，而二野四兵团还在广西一带消灭敌人，远离昆明，“边纵”连夜突进昆明，亦是远水不能救近火，昆明岌岌可危。

在这万分紧急关头，云大总支根据市委“放手发动群众，武装群众，保卫昆明”的指示，动员云大进步师生拿起武器参加战斗。学校的进步师生意识到云大一直是民主堡垒、反蒋斗争的前沿，昆明被攻破首当其冲的就是进云大抓人。与其束手待毙，不如奋起参加保卫昆明的战斗，与起义军一起打、一起撤。在校学生、青年职工积极响应市委号召，踊跃报名参加昆明义勇自卫队。仅15日一个下午，就有上百人报名参战。学联也发出号召，动员大中学校学生报名，随即就有数千名校内外学生集中到云大待命。参战的教职工在学校整队集合，到设在景星小学的义勇自卫队总队领枪。总队发给每个参战人员一支步枪、50发子弹、一个标志昆明义勇自卫队的袖套。部分教工参战人员由李家宝、赵谦率队负责云大至大兴坡、圆通山、青云街、华山东路一带的警戒工作。在戒严期间，任何人不准在街上游动，以防坏人破坏。这些平时连扳机都不会扣动的教职工于16日被分配到指定地点站岗、巡逻后，有的又被派到云南纺纱厂等处去挖战壕，有的被派到小东门去阻击敌人。文史系老教授朱杰勤和云大医院老总务主任陈云蒲见年轻的同事参战，自己也不甘落后，一同参加了保卫战。医学院的部分职工还组织了两个救护队，投入到救护作战受伤官兵的战斗中；留校职工在王烈祖、张宝昌等的率领下，投入护校工作。参加义勇自卫队的学生段发和、杨治平、杨锐、汤元年等人调到总队担任领导工作。为了鼓励前线作战的起义官兵士气，市委决定从云大学生中抽调一批骨干到起义部队做政治宣传工作。医学院的唐昆珍、苏琏等，在起义部队一直工作到1950年初才返校复学。土木学系“民青”组织还动员了一些本校同学与中学生组成20多人的政治宣传队到起义的保安二团做政治宣传工作。为了促使在滇西的保安部队火速增援昆明，11日，理学院学生会负责人、地下党员林毓桃奉市委书记陈盛年的命令，与同班同学李帜乘吉普车连夜到楚雄、漾濞游击区送重要情报。从昆明到大理的道路崎岖不平，沿途还会遇到各种武装人员的袭击，随时都有车毁人亡的危险。为了保卫昆明，他们不顾个人安危，三天三夜没合过眼，克服重重困难终于完成了任务。为鼓励前线作战官兵，有的学生参加了昆明学联在云大成立的慰问团，他们在会泽院三楼专门腾出一间办公室接待送来慰问品的各界人士，并存放收到的慰问品。学生带着经清点、登记的慰问品与妇联等支前服务团开往前线，把慰问品分发给在战壕中作战的官兵，这极大地鼓舞了前线官兵。在战斗最紧张的时候，云大130多名学生与昆明师范学院的50多名学生，在云南临时军政委员会文教处的同志率领下，分别参加了东郊黑土凹和龙头村的战斗。

由于起义部队的顽强抵抗，义勇自卫队的积极配合，昆明人民的英勇参战和边纵的大力支援，特别是二野四兵团由贵州星夜驰援，围攻昆明的第8兵团见大势已去，于22日向南逃窜，昆明保卫战胜利结束。在这场保卫战中，仅参加“义勇自卫队”的云大学生就多达300余人，占在校学生约三分之一。平时手无缚鸡之力的师生都踊跃参加昆明保卫战，这不仅提高了参战官兵的士气，而且也证明昆明保卫战是一场人民的战争，无论敌人的力量多么强大，只要他们失去了人心，就必然要失败。云大师生在革命生死关头，不怕流血牺牲的大无畏精神，值得发扬光大。

庆解放——云大理学院演出《白毛女》

《白毛女》这场戏对今天的人们来说不算陌生，而在1950年，当《白毛女》歌剧在昆明第一次演出时，立即引起极大轰动。当时能买到一张票不容易，人们见面议论最多的是这场戏的剧情。几十年过去了，仍有一些老昆明人记得当年看演出的场面。更令人惊奇的是，参加演出的不是专业剧团的演员，而是云大的师生，他们中的大多数还是第一次登台表演。之所以取得成功，与当时的历史原因及演员对革命的热情分不开。

《白毛女》演出的广告

早在卢汉起义前，云大理学院师生就开始做准备。1949年春，昆明天祥中学车铭老师送给理学院系联会负责人林毓桃一册《白毛女》剧本。林毓桃读后深为剧中情节所感动，产生刻印剧本、向师生宣传剧情的念头。他的想法得到“民青”成员和同学们的支持，决定用办高考补习的经费购买纸张、油墨、印刷工具，刻印《白毛女》歌剧油印本。王文亮负责刻蜡纸，李炽、戴维华、董俊修和林毓桃等负责印刷、装订。经过十几天夜以继日的工作，印出上千册《白毛女》剧本。8月中旬，在校内出售，尽管剧本售价较贵，人们仍争相购买。9月，反动当局发动了“九九”整肃，13日宣布云大解散。在撤出学校前，理学院系联会同学分头把尚未售出的剧本收藏起来，一时无法带走的剧本藏于训导长黄国赢家中。

《白毛女》演出的剧组照

1949年12月9日，卢汉率部起义，昆明和平解放，人们盼望已久的愿望终于实现了。形势的急转，使云大革命师生无比兴奋。12月22日昆明保卫战结束后，云大恢复上课。云大理学院系级学生联合会（简称“系联会”）在“民青”组织的支持下，翻出《白毛女》的剧本，决定演出《白毛女》，并开始排练歌剧《白毛女》。遇到的第一个问题是选择演员。当时理学院有化学、物理、数学、生物4个系，约150余人，彼此又熟悉，根据每个人的性格和言谈举止，最后选中李炽扮演杨白劳，朱定铭扮演黄世仁，李德修扮演穆仁智，方贤秀扮演黄母，唯有喜儿角色找不到合适人选，最后只有到外校聘请小学教师朱英柏、谢雪梅和化学系的陈道新共同担任，并以朱英柏为主。

选中演员后，考虑谁来当导演？大家意识到没有好导演再好的戏都会演砸。经过多方征求意见，决定聘请昆明高校教师和演艺界名人方于、吴宝善、李丹、范启新、易蓝、曹孟浪、黄相泉、曾祥莘、杨其栋、谢熙湘、蒋同式等12人组成导演团，其中昆明著名导演范启新为执行导演。当时被邀请者虽对演出有不同看法，但在新人、新事、新社会这样一个崭新的大好形势面前，大家都应聘参加。

舞台布景亦是演出中的重要环节，选定由林茹负责设计并组织制作，小提琴伴奏由云大外语系教授李丹担任，钢琴伴奏黄祥泉，手风琴伴奏叶竞松，理学院学生组成合唱团，昆明师院艺术系教授方于负责声乐，农学院学生张赣生担任乐队指挥，物理系讲师胡维菁负责联系演出场地，以后又担任后台主任，前台主任由“骆驼剧社”负责。“骆驼剧社”的解德馨负责化妆，刘庆娴负责服装管理，财务与后勤由李家骅负责。

排练、演出中，近百人的队伍各负其责，有条不紊。由于有充足的《白毛女》剧本油印本，导演、演员、伴奏、布景、指挥及工作人员，凡需要者均能人手一册，这对排练与后期的准备工作十分有利。

1950年1月中旬开始彩排，2月进入高潮。20日在会泽院物理系教室进行彩排过程中，朱英柏扮演的喜儿进入角色，当场流泪，消息传出，演职人员备受鼓舞。经过一个月集中排练，演员的台词、唱词，音乐的伴奏，配合剧情的幕后大合唱，已较为熟练，唯有对布景、音响、灯光心中无底。为保证在最短时间内切换布景，导演采取拆、装两套人马，音响效果由“骆驼剧社”派出最有经验的人操作，灯光由专人负责。

演出条件一切具备后，1950年2月25日正式公演，地点选在昆华女中礼堂。演出前，经请示，中共昆明市委同意，决定以云南临时军政委员会文教处和昆明学生联合会为演出单位，在《正义报》、《云南人民日报》头版头条的显著位置刊登演出广告。广告写道："自2月25日开始演出5幕70场新型歌剧《白毛女》，这是个有血有肉的故事！这是篇悲愤欢欣的美诗！有使人恐怖的场面！有感人肺腑的音乐！"另外还专门设计印制了入场券：正面左上角印有演出单位，右下角印有演出者名称，中间印有美术体"白毛女"三个大字，背面印有剧中人物与扮演者姓名（多为笔名）。入场券有几种颜色，每天所用颜色不同以示区别。入场券分甲、乙两种，甲种券为半开1元，乙种券为半开5角。

首场演出主要招待中国人民解放军二野四兵团的官兵，以及云南军政首长和学联、新闻界各方人士。演出中演职人员配合默契，没有出任何差错。灯光、布景、音响效果极佳，仅一两分钟就完成切换布景。当演到白毛女偷吃供果，与进庙避雨的黄世仁、穆仁智相遇时，由灯光、布景、音响制造的闪电雷鸣突发，吓得台下看戏的小孩大声哭叫，霎时台上、台下融为一体，扣人心弦。最后一场是《太阳出来了》的合唱，歌声嘹亮，观众随着剧情进入"把鬼变成人"的新社会，歌剧达到高潮，观众掌声经久不息。

由于剧本故事情节真实感人，歌曲中的曲调贴近人民生活，加上演员及后台工作人员的努力，演出十分逼真，观众深为剧情所感动，深得昆明百姓的好评。大家争先购票，场场爆满。每天中午在昆华女中门口售票，不到两小时就全部卖光。原定演出3月13日结束，观众纷纷致函请求续演，"系联会"为答谢各界盛情，直到学校开学才停止演出。

首场演出后，有观众反映听不清歌词，"系联会"即刻借来物理系的幻灯机，在剧场内搭台放映幻灯字幕。为让昆明人民更多地了解《白毛女》演出情况与故事内容，在昆华女中大门上贴出大副醒目对联"旧社会把人变成鬼，新社会把鬼变成人"。那时还没录音机，能用扩音喇叭就算时髦了。"系联会"在剧场门口架上喇叭，每到中午，一部分同学集中在后台，轮番唱《白毛女》剧中歌曲。歌声通过喇叭传出，引来不少人驻足倾听，有的市民每天专门来听歌。

虽然演出火爆，收入可观，然而全部演职人员都是义务劳动，不但没有报酬，就连排练准备期间的吃饭问题都自己解决，只有演出后才免费就餐。“骆驼剧社”是一个职业剧团，长期义务劳动，对他们来讲会有一定的经济压力，为此专门为“骆驼剧社”演出了两场，收入用来支持剧团。

1950 年 4 月，在昆明召开云南省首届农民代表大会。为启发农民的阶级觉悟，配合即将开始的减租退押运动，大会秘书处邀请《白毛女》剧组全班人马为大会代表演出。尽管当时学生学习压力大，他们仍接受邀请并圆满完成了任务。

在知识分子要向工农学习、与工农结合的思想指导下，暑假前，学校要求《白毛女》剧组恢复活动，到海口为兵工厂的工人演出。全体演职人员住在厂区，白天参观工厂，与工人交朋友，晚上演出。剧组在一周时间内连续演出了几场，这也是剧组的最后一次演出活动。演出结束后，中央戏剧学院致电文教处和学联，祝贺《白毛女》演出成功。

云大《白毛女》剧组的演出，给社会各界带来极大震动，其他剧团也纷纷效仿，出现了由金素秋、吴枫导演的花灯剧《白毛女》。《云南人民日报》还连载《白毛女》剧本内容。正因如此，《白毛女》很快传开，成为教育人民、激发人民斗志的革命现代戏。

东陆印象

“会泽院”名称来由

唐继尧

云大将主楼命名为“会泽院”，与时任省长、东陆大学创始人唐继尧热心建校有关。

20 世纪初，云南各界人士竭力主张在本省成立大学，但实现愿望是在唐继尧主滇期间。唐继尧出生书香门第，1904 年考取官费留学日本。在日本加入同盟会，积极参加反清民主革命运动，历经辛亥革命、护国运动、护法运动。曾先后出任贵州都督，云南都督、督军、省长等职。

1919 年省议员大会审议通过龚自知等人提出的“本省筹办大学请愿书”。时任云南督军兼省长的唐继尧审时度势，于当年 9 月以云南督军公署、省长公署之名告知省议会，表示“大学之设，必期于成”。

当时云南中等学校有了较快发展，到 1920 年仅昆明就有中等学校十余所，学生超三千，要求升入大学以求深造者日益增多，社会各界对兴办大学“颇为迫望”。唐继尧顺应历史潮流，打出“废督裁兵、振兴实业”和“交流东西文化”的旗号，开展筹备办学之事。10 月 22 日，他致函省参议员王九龄和军都督府秘书官董泽，提出“拟办私立大学一所，名曰东陆大学”。王、董受命后具体操办筹备工作。1921 年 2 月，唐继尧的部下顾品珍倒戈起兵反唐。唐被迫辞职出走香港，董泽等也随之同往，办学筹备工作因之搁浅。

1922 年 3 月唐继尧回滇重新执政。再令王九龄、董泽继续筹建大学，并任命董泽为筹备处长。8 月，他批准筹备处拟定的学校组织大纲，令省府根据筹备处建议拨具有历史意义的贡院旧址为大学校舍，还将圆通山西部 113 亩桑园划为东陆大学。为筹集资金，他要求公营企事业捐助一定份额，将停办的企事业、学校资产、设备和经费拨归东陆大学作为校产和建校后的经费，令省公署定期、定额拨给经费，命大中小县按等级每年分别交纳规定的银额，作为学校给各县大学生的奖学金。他还率先捐款 1 万元（旧滇币）作筹备费，后又捐 50 万元。经过紧张的筹备工作，大学成立的条件臻于成熟。1922 年 11 月，筹备处投票决定校领导人员，唐继尧和王九龄当选名誉校长，董泽为校长。

学校为纪念唐继尧倡导教育、创办东陆大学的功绩，决定以他命名新建的主楼。旧时，人们出于对名人的尊重，习惯以名人家乡地名为其别称。主楼故以唐继尧别称“会泽唐公”之“会泽”命名。筹备人员在唐继尧别号后用“楼”或“堂”或“院”也煞费苦心。考虑到主楼建在明远楼旧址，为区别新楼与旧建筑，不用“楼”；主楼紧挨贡院的衡鉴堂、至公堂，也不再用“堂”。最后用泛指一般屋宇建筑的“院”字，并将“会泽院”三个字镌刻在主楼前后门的门楣之上。

会泽院因此得名。

张邦翰设计会泽院

张邦翰

1922年8月，当时的省署正式批准贡院为东陆大学校址后，筹备处立即投入校舍营建工作。因此，成立了由杨克嵘为总理、肖扬勋为协理、张邦翰为工程师、法国人商索尔为工程顾问、杨维俊为工程事务的建筑事务所。经缜密策划与协商，决定新建办公教学主楼、理化室、实验工厂，并改造旧房为礼堂、宿舍、食堂等，其中新建主楼即会泽院是建设的重中之重。建筑事务所把建盖会泽院的设计工作交给张邦翰。

张邦翰（1885—1958），字西林，云南镇雄人。1909年到法国巴黎留学，后又到比利时首都布鲁塞尔研习建筑。曾加入同盟会，追随孙中山，奔走于南洋及我国香港、澳门之间。任新加坡《中兴报》、中国香港《中国报》的主笔，与保皇派报刊展开激烈论战。后被云南军政府都督蔡锷任命为云南军政府外交司司长。唐继尧执政后，被任命为无线电报局长、东陆大学筹备处筹备员等职。龙云主政云南，他先后任过云南省政府委员、建设厅厅长，东陆大学建成后被聘为教授。

张邦翰在法国、比利时学习生活多年，熟悉西洋建筑风格，因而极为推崇教学主楼（即会泽院）仿照西洋式建筑。当时昆明只有少量西洋风格民宅，在缺少资料的条件下，要设计出昆明第一幢大型西洋风格的建筑，难度相当大。事务所人员大多为我省第一批留学归来的学子，对他的设想给予极大的支持。为寻找资料做好设计工作，他呕心沥血，在短时间内设计出多套方案供大家讨论。其中有融会中西建筑特点的，也有仿国外建筑的两种设计方案。建校筹备处最后采纳他提出的仿照建于1253年的巴黎大学主楼建筑特点的建筑进行设计。按他的设计方案建盖的会泽院，基层为“H”形，占地163方丈，坐北朝南，东西走向，楼高二层，楼底设有地下室。上层为校长与各部主任的办公室及会议室、教员预备室、图书室等，为学校的首脑机关用房。下层有12间教室，可容学生400余人。大楼的南门为正门，北门为后门，东西二门为侧门，可谓四通八达。楼的墙脚、墙角，上下隔层，窗框四周，屋顶四沿，均用上等优质白色石块砌成，坚固厚实，加之木质地板，室内有冬暖夏凉的感觉。会泽院正门安有四扇西式栅栏铁门，门上铸有多种图案。进门左右两侧分别装有优质木门各一道，门上亦都刻有雕饰。两门之间为一大厅，大厅与平台、圆形内走道均铺有花砖，厅的正北为一内亭。会泽院外观设计为典型的法式建筑，墙面颜色为法国流行的驼红色，其正面的平台上竖立的四根希腊多立克式圆柱支撑起一个巨型阳台。

会泽院与95级青石台阶及两侧的空心围栏浑然一体，更显出会泽院的外观设计雄伟壮观，给人以强烈的视觉冲击。站在二楼阳台上登高远眺，大有“绮窗洞开，吞云纳海”之势。安卧在西山的“睡美人”，粼粼的滇池波，碧绿的翠湖水，突兀的五华山，蜿蜒的长虫山，隐隐约约的碧鸡关等，滇中名胜尽收眼底，令人心旷神怡。

1946年大修会泽院，工程设计负责人工学院教授王景贤按学校的授意在会泽院房顶加盖了三楼，取名“仰止楼”。这就是今日见到的会泽院。

会泽院与云南高等教育

1923年4月20日，东陆大学（即云大的前身）举行盛况空前的会泽院奠基仪式和开学典礼。“省长及各机关长官，各友邦领事，昆明各学校师生，各公团来宾约千人”参加庆典活动。省长公署特派航空处飞机在东陆大学上空盘旋，撒书面祝词。全城市民翘首仰望，一睹为快。从此云南有了自己的高等教育院校，实现了云南青年在家乡接受高等教育的梦想。

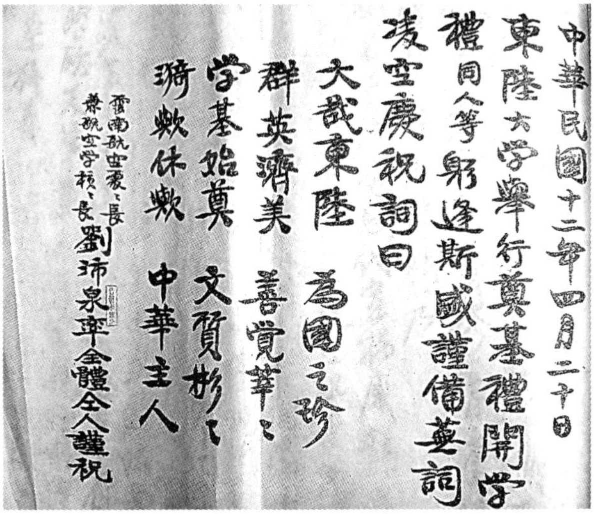
中華民國十二年四月二十日
東陸大學舉行奠基禮開学
禮同人等躬逢斯盛謹備華詞
凌空慶祝詞曰
大哉東陸 為國之珍
群英濟美 善覺華華
学基始奠 文質彬彬
猗歟休歟 中華主人
雲南航空處處長
兼航空学校校長劉沛泉率全體同人謹祝

飞机上撒下的祝词

在近代云南历史上，教育事业的发展引人注目。为适应地方政治、经济、文化的需要。1902 年以后，云南设立了方言学堂（学习英文和法文）、东文学堂（学习日文）、政法学堂、工矿学堂（民国后改为工业学校）、师范学堂、农业学堂、蚕桑学堂、速成铁路学堂等。1908 年开办女子职业学堂，1912 年民国政府改组或开办一些中等专业和职业学校。各州、县普遍建了小学，有些州县还办了中学。新学堂的课程，除学习传统“四书五经”外，增加了社会科学和自然科学，部分学校还开设英、法、日文课程，或聘请外国老师授课。20 世纪初，昆明先后开办一些军事学校，如武备学堂、陆军小学堂、陆军讲武堂、军医学堂等，培养一批军事人才，其中 1909 年重建的云南陆军讲武堂，在全国享有较高的声誉。但直至 1922 年以前，云南青年要想接受高等教育，必须到省外或国外学习。

云南虽地处边疆，文化教育落后，但蕴藏着丰富的矿产资源，民间早已有从事采掘业的商人和矿主。近代以来，外国资本家的经济掠夺，分解了云南的自然经济，使云南人民遭受帝国主义和封建主义的双重剥削，这刺激了民族资本在 20 世纪的出现和发展。云南先后开办官商合办的东川矿务公司、个旧锡务公司等，然而在兴建、投产过程中因缺少技术和设备，不得不完全依赖外国资本家，处处受到支配和剥削。面对残酷事实，云南民族资本的代表及厂商为摆脱束缚，迫切希望培养地方高级专门人才。1915 年 2 月全国教育行政会议召开之时，云南代表带着自办大学计划赴会，此为云南议立大学之始。旋因护国运动爆发、讨袁战争方殷，筹备大学之事遂至搁置。1918 年，滇、川、黔三省召开联合会议，也曾建议在云南建立一所联合大学，又因故不成。1919 年五四运动爆发后，民主、科学之风吹遍全国。云南自办大学之声复炽，省垣昆明各界人士、学者名流，“或请愿议会，或建议政府，亦纷纷以（创办大学）为言”。如《尚志》社龚自知等再次请愿省议会，要求即办大学。几经周折，1922 年 12 月 8 日云南省长公署终于正式批准东陆大学成立。大学筹建处在明清云南贡院旧址上营建校舍，在贡院的明远楼址处建盖办公、教学主楼，即会泽院。主楼附近建礼堂、宿舍、食堂、实习工厂等。在会泽院奠基仪式活动中，唐继尧亲临奠基，奠基石上镶其亲笔手书“东陆大学奠基纪念”八个大字。首任校长董泽致奠基词：“今举行奠基礼，即胚胎文化作育人才之第一日，东陆大学亿万斯年，即以此为始基。”东陆大学的成立是云南历史上的一件大事，在云南教育史上占有重要地位，标志着云南近现代高等教育的开始。云大把 4 月 20 日定为校庆日。

陈荣昌与会泽院铜碑

会泽院一楼大厅正中的北墙上，镶着一块书有《会泽唐公创办东陆大学记》的大型铜碑。人们走进会泽院，往往在此驻足观赏其碑文的书法艺术、了解云大的历史。弄清其书法的作者、立碑的原因及几十年来如何保护，更有助于加深对碑的认识。

1927 年 5 月唐继尧病逝，为纪念东陆大学的这位创始人，学校邀请著名的书法家、教育家、知名学者陈荣昌书写《会泽唐公创办东陆大学记》。

陈荣昌（1860—1936），字小圃，号虚斋，晚号困叟，昆明人，进士出身。他的书法以颜真卿为宗，造诣甚高，其篆隶碑榜、真行草书无不见精。他学书经三正（结构稳正）、三乱（笔势险绝），变易笔调而成自家笔法。他写字一丝不苟、工整、大方，笔画间架非常匀称，字的结构圆满、大气磅礴。他的文学功底深厚，写字快，文章多，云南城市、乡村的多处名胜古迹有他留下的墨迹。他曾在清末年间任翰林院编修、国史馆协修官、山东及贵州提学使、云南经正书院山长（院长）、云南高等学堂总教练（校长）、云南劝学所所长、云南教育总会会长等职。民国以后从事学术研究和文化教育。他处在教育制度和教育思想大变革时代，但能跟上时代潮流，具有革新精神。他主持云南高等学堂教学工作时，除重视中国传统文化教育外，还主张吸收西方科学技术，先

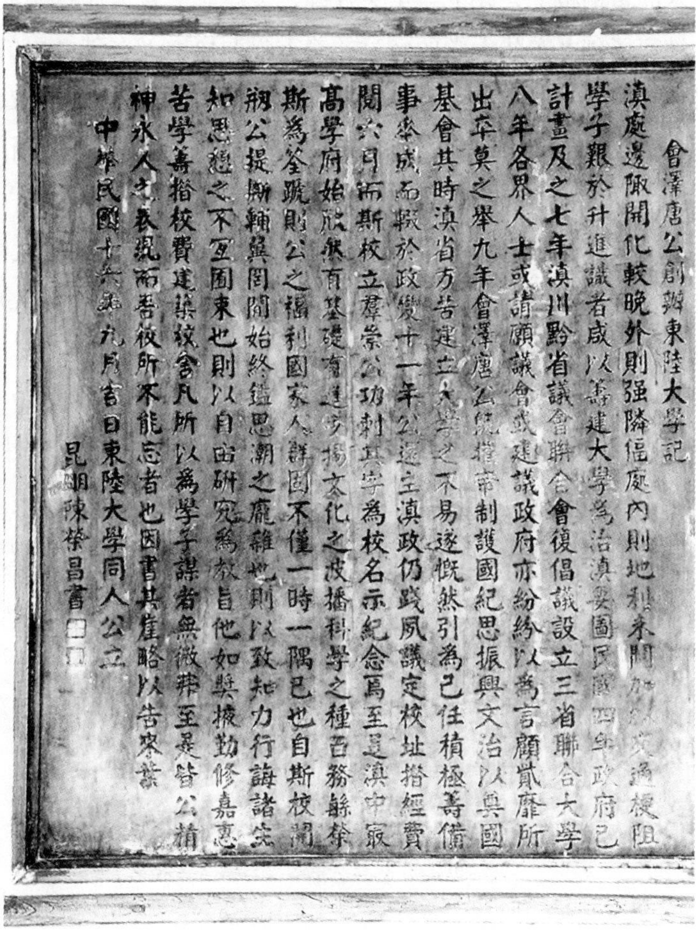

陈荣昌书写的碑文

后开设数学、物理、化学、植物、法律等学科。师资不够，他建议当局派遣留学生，并亲自到日本考察教育，回国后写了《西学杂记》，认为中国教育必须吸收西方教育经验和科学技术，才能有新的发展。他一生刻苦读书，研究中国传统文化，写过大量论著和文稿。

陈荣昌写好《会泽唐公创办东陆大学记》后，学校的教职员工共同出资按陈荣昌的字体把它铸在一块高约 155 厘米、宽约 137 厘米、厚约 2 厘米的黄铜板上，并于当年 9 月镶在会泽院一楼大厅正中北墙上。铜碑上镌写了创办东陆大学的经过，着重强调唐继尧在创办中的功绩，碑文最后写道：“他如奖掖勤修，嘉惠苦学，筹措校费，建设校舍，凡所以为学子谋者，无微弗至，是皆公精神永久之表现，而吾校所不能忘者也。因书其崖，略以告来叶。”

整篇文章不过三四百字，但简明扼要地记述了创办东陆大学的原因、过程及唐继尧在创办中所发挥的作用。铜碑的树立使会泽院增光添彩，更具有历史纪念意义。

铜碑同中国人民一样，饱经战争破坏。“文革”初期，红卫兵把很多文物都视为“四旧”或没收或砸烂。云大至公堂原来立了不少石碑，有的厚有 30 多厘米，但都被统统砸烂。会泽院难逃厄运，它被改名为红卫楼，这块铜碑亦视为“四旧”，从墙上取下准备砸烂。幸被一贯爱校如家的学校总务处老工人孟永福看见，他趁人不注意把它藏了起来。“文革”结束后不久，云大图书馆副馆长张传撰文呼吁恢复会泽院名称，找出铜碑镶于原处。这引起学校的重视，并很快恢复了会泽院原名，找回了铜碑，使它重见天日。

蒋介石驻跸会泽院

1935 年蒋介石驻跸会泽院，把堂堂的一所云南最高学府当成他的行辕，这在中国历史上很少见。

1934 年 10 月，中国工农红军在第五次反围剿失败后，被迫离开江西中央革命根据地，实行战略转移，开始万里长征。当蒋介石获知中央红军已全部渡过金沙江甚为懊丧，决定率随员飞往昆明，检查、督促“堵截”、“围剿”长征中的红军。

对蒋介石来云南，省政府主席龙云顾虑重重，怕借“剿共”吃掉自己的地盘，但表面上还是做了许多隆重欢迎的准备。将迎接蒋介石到昆的筹备工作，交给时任省府委员兼教育厅厅长的龚自知操办。龚自知先后召开 10 多次筹备会，详细讨论了迎接蒋介石的参加人员、保卫、食宿等事项。

当时昆明的建筑十分落后，大多为低矮的平房，只有建在五华山上的原云南优级师范一幢两层的教学大楼和云大的会泽院显得较为气派。但五华山上的大楼已成为省府的办公楼，腾出来给蒋介石住困难大，而云大会泽院紧靠翠湖边，风景宜人，筹备会认为腾出会泽院作蒋介石的行辕更为合适。于是政府把云大学生赶到云大医学专修科所在的忠烈祠（现在的连云宾馆）上课，还加强对学生的控制和校禁；在校东边侧门悬挂上“国民政府军事委员会委员长行辕”的标牌。据目击者、原市政协文史资料委员何开明先生回忆，为隆重欢迎蒋介石驻跸会泽院，特意请书法家书写了唐代王勃作的《滕王阁序》中的两句诗："棨戟遥临，襜帷暂驻"八个字缝在红布上，挂于学校东西两侧门的腾蛟坊、起凤坊上。在至公堂与会泽院间的空地铺上厚厚一层青松毛，周围用彩布围起，上面还搭了篷布用来遮阳避雨，将会泽院二楼正中几间教室、办公室改造成蒋介石夫妇的卧室、办公地点。当时电话被称为稀有之物，全校只有两部，但将其中一部移到蒋介石夫妇的卧室内，成为他对外联络、指挥战争的通讯工具。

5 月 10 日下午五时，蒋介石及同行的宋美龄、吴稚晖等乘飞机到巫家坝机场后坐车直奔云大。当晚即在云大举行提灯欢迎晚会，昆明各小学的学生手提各式各样的灯笼在会泽院前聚集，蒋介石、宋美龄、龙云等坐于会泽院的月台上观看，蒋介石还发表"训词"，接见了驻滇的各国使节。蒋介石驻跸会泽院后，亲自调集 10 余万兵力，策划围剿红军的大渡河会战。并两次乘飞机到前线上空，利用信袋向各部队指挥官投下"手谕"，指示机宜，以表示他亲临前线督战和官兵"同甘共苦"。然而，红军却兵分两路从安顺场和泸定桥渡过了大渡河，使蒋介石围剿计划落空。这使他大为惊慌，留下宋美龄乘飞机赶往贵阳。"行辕"的标牌直到 5 月 24 日，宋美龄离开会泽院到重庆才摘掉。

蒋介石驻跸云大会泽院期间，于 5 月 15 日接见昆明大、中学校校长，又于当天下午单独召见云大校长何瑶。蒋介石对云大矿冶系特表"关怀"，叹息经费太少，允拨中英庚款补助，"慰勉"何瑶，要他加强理工科人才的培养。蒋介石离开云南后不久，云大先后得到几笔庚款，这是蒋介石驻跸云大后给学校的"恩赐"。

日寇飞机轰炸会泽院

抗战期间，昆明虽是全国的大后方，但仍多次遭到日机轰炸。依山傍水、巍峨宏伟的大型西洋建筑会泽院，在当时的昆明格外醒目，成为日寇飞机轰炸的主要目标。

日机轰炸中受损的科学馆

1940年10月13日，日本侵略者30余架飞机空袭昆明，狂轰滥炸，造成大量人员伤亡。云大在这次空袭中首次遭到轰炸。日机在校园内投下30余枚炸弹，半数校舍遭到破坏。会泽院屋檐中弹，墙体四面损坏，门窗破损，院内的图书仪器、桌椅、黑板等教具大多被毁坏。会泽院、至公堂、学生食堂、科学馆、印刷室、医学院的教室等都不同程度地遭到毁坏，一名职员、两名工友被炸伤。学校被炸后，当时的教育厅、省政府、兄弟院校、社会各界纷纷来电慰问，谴责日寇的暴行。

1941年5月12日，日寇15架飞机又一次肆虐轰炸昆明。云大校内中弹10多枚，会泽院再遭轰炸，墙倾梁曲，沙石脱落。其中一弹落在会泽院正中，洞穿屋顶，所幸的是这枚炸弹威力较小，只把屋顶炸了一个大窟窿，屋顶的围栏被炸坏。医学院教室及实验室遭到的破坏最重，大部分被毁。一颗炸弹落在新建的女生宿舍前面，使这部分房屋崩塌。校内图书、仪器、教具等器物均遭惨重损失，一名校工被炸伤。被炸房屋还未修复，仅过三个月即8月14日，日本飞机再度轰炸校园。位于会泽院附近的实习工厂屋顶被炸坏，学校的围墙倒塌，一名工人受伤后死亡。还有一枚哑弹钻进会泽院与至公堂间的空地里，直到新中国成立之初才清除。会泽院在这次轰炸中虽未中弹，却有数弹落于周围，造成墙体开裂。

1941年学校用社会各界的赈款，对会泽院进行40多天的临时修补。但因会泽院建在斜坡上，正门方向的土壤松软，经雨水冲刷后大量流失，整幢楼出现地基下陷的状况。支撑阳台的四根圆柱的水泥脱落，钢筋外露变形，楼顶多处漏水，虽经多次修补仍不能解决。抗战胜利后，熊庆来校长用教育部拨给的修缮款大修会泽院，并聘土木工程系王景贤教授负责设计和监工。由于工程浩大，物资短缺，物价猛涨，1946年动工到1948年5月才竣工。经过这次修复会泽院重放异彩，还增高一层楼，但日寇飞机轰炸留下的隐患直到20世纪80年代，经过再次大修加固才彻底根除。然而其墙上仍留有日机轰炸后的一道道弹痕，这是日本侵略中国的罪证。

“七一五”运动中会泽院的“自卫反击战”

1948 年在昆明爆发的“七一五”反美扶日运动，是继“一二·一”运动之后一场具有重大意义和深远影响的学生运动。在中共云南省工委领导下，广大青年学生面对宪警的血腥镇压，进行了英勇顽强、艰苦卓越的斗争，谱写了云南青年运动史上的光辉篇章。

“七一五”运动中宪兵、警察围攻会泽院

云大会泽院自卫反击战是这场运动中战斗最艰苦、斗争最激烈、场面最壮烈的一幕。

1948 年 6 月，昆明市各大中学校响应中共中央和全国学联的号召，继上海、南京、北平之后于 17 日举行集会和示威游行，反对美帝国主义扶植日本侵略势力复活（简称“反美扶日”），抗议国民党政府对上海、南京学生“反美扶日”爱国运动的暴行和迫害。昆明学生的爱国行动使国民党反动派惊恐不安。他们竭力破坏学生运动，秘密逮捕参加运动的学生。反动当局的迫害，不仅没有吓倒进步学生，反而使学生更加团结。昆明学联在会泽院公开成立“昆明学生反美扶日、反迫害联合会”，中共云南省、昆明市工委和学联党组的决定，都以这个公开组织向全市各校传达贯彻。这引起国民党当局对会泽院内学生组织的仇视，他们派出特务监视会泽院的学生。

7 月 9 日，在得到蒋介石“即饬宪警进入云大逮捕奸党”的命令后，反动当局为迫使学生放弃“反美扶日”运动，准备武装镇压爱国进步学生，并把进攻重点放在云大会泽院。昆明学生“反美扶日”、反迫害联合会负责人得到消息后，很快做好了保卫会泽院的战斗。将参加运动的几百名各校学生集中住在会泽院，搬进大量砖石、木棍等作为自卫武器，派人昼夜把守会泽院各楼层窗口。

7 月 15 日凌晨 2 时，宪警二千余人分别包围了云大、南菁中学，其中进攻云大的宪警有 1200 人。他们翻墙越壁，从四面八方冲入学校，包围了会泽院。5 时，宪警开始攻击手无寸铁的学生，他们破窗而入，占领一楼，又集中力量向二楼进攻，用消防火钩扒开堵住楼口的障碍物。宪警冲进二楼后毒打来不及撤退的学生，还抓走 20 多人。到早上 8 点多，会泽院二楼被宪警占领。三楼有 300 多名学生，他们搬来粗大的条石砸断通往三楼的唯一楼梯，并坚守楼口和阳台四周。宪警不能顺楼道进攻，遂用高压水枪冲击守卫学生，企图借烟幕弹的烟雾作掩护架梯爬上三楼。学生识破宪警诡计后，冒着呛人的烟雾，用石块石灰击退了宪警的多次进攻。为了威胁守卫学生，气急败坏的宪警用机枪向会泽院屋顶扫射并出动飞机侦察。学生面对猖狂的敌人并不胆怯，他们使劲敲打汽油桶和脸盆，以鼓舞士气，并用铁皮做成的土喇叭向市民控诉反动当局的法西斯罪行，高呼“学生无罪”的口号。

学生悲壮激昂的行动震撼了昆明市民，许多父老兄妹赶到云大并谴责宪警的暴行，有的还想冲过国民党宪警的包围，去营救守卫会泽院的学生。反动当局见强攻不能得逞，就改变手段，16 日下午，省主席卢汉到会泽院二楼与学生代表谈判，假惺惺地同意学生提出的条件，然而学生下楼后却将他们全部逮捕。反动当局以为“只要把云大、南菁攻下来，就可把云南的共产党一网打尽”。他们攻占会泽院后，对楼内的一张纸片都不放过，进行严格的清查，妄图从中找到共产党组织的线索，但阴谋失败了。1948 年 7 月，昆明学联将会泽院自卫反击战称为“七一五惨案”，发布告全国同胞书。

会泽院学生自卫反击战是昆明“反美扶日”运动中，学生受伤、被抓最多的一次战斗。爱国进步学生用血肉之躯与国民党反动派的武装力量进行了一次短兵相接的正义斗争，因而昆明“反美扶日”运动又被称为“七一五”运动。

1983 年，云南省政协主席、原边纵司令员朱家璧与当年参加守卫战的部分学生在会泽院三楼召开座谈会，回忆当年战斗情景。1988 年 7 月，专程从北京到昆明参加纪念“七一五”运动 40 周年活动的原省工委书记郑伯克登上会泽院三楼。这位当年领导云南学运的老人站在会泽院三楼阳台上，心潮澎湃。1998 年 7 月，云南省委在云大举办了“纪念（七一五）反美扶日运动 50 周年”展览。

云南第一天文点的由来

在云大校园内的士林道一侧，竖立着一块昆明市人民政府1994年立的石碑，“云南第一天文点”几个大字格外引人注目。该天文点是云南省人民政府1993年公布的第四批省级重点文物保护单位。在石碑下有一块长240厘米、宽180厘米、高50厘米的基石，它的造型像一只倒放在地上的大乌龟。

1934年，正在云大天文点做天文观测的工作人员

为什么云南第一天文点会定在这个地方呢？1999 年我拜访了当年参加观测工作的浦光宗，他此时已是 96 岁高龄的老人，但对当初建点的经过仍然记忆犹新。

浦光宗 1928 年毕业于东陆大学土木工程系，是云大第一届毕业生，曾在云大任教。

他回忆说：根据有关史料记载，早在元代，全国就有 27 个天文观测所，云南滇池观测所是其中之一。清康熙四十九年至五十七年（1710 年至 1718 年），为完成《皇舆全图》，曾在全国 640 处进行天文测量，其中云南有 30 处，但已无迹可寻。1934 年冬，由云南省政府教育厅、省教育经费委员会、云南通志馆、云南大学、昆明一得测候所发起复测。

云南大学校长何瑶先生主其事。测量是从 1934 年 12 月 19 日夜 9 时开始的。在会泽院西侧的校内球场边（现文津楼前），用 60 度等高仪、天文时计、无线电收音机进行测量。以后又连续进行了三个晚上，共计测得二百多个数据。此次复测的观镜者是南京天文台派来的天文学家沈文侯先生，读表者是一得测候所所长、气象天文学家陈一得先生。浦老被学校派去参加做记录，并负责建天文观测点台基。后来测得的数据就存放在台基中央。台基南面刻有何瑶校长题写的“云南第一天文点”，台基背面刻有观测经过简记。

为什么选择在云大校内球场边进行这次观测？

浦老告诉我：当初曾考虑过几个观测点，经过比较，认为云南大学校内球场最为适宜，这里是昆明城区一个较高的地点。由于当时昆明城区内建筑物既少又矮，从球场往远处眺望，可清楚地看到昆明四周山脉的走向和地形的变化，是最佳的观测点。所以当时就选择了这个地方。

但为什么说这个观测点就是云南第一天文点？浦老说：“康熙年间测量昆明的经纬度是北极 25 度 6 分，京师偏西 13 度 38 分。而 1934 年在云大测量的经纬度是东经 102 度 41 分 58.88 秒，北纬 25 度 3 分

21. 19 秒。两次测量的结果不尽相同，而后者更为精确。在其他处测得的数据与历史上测得的数据相差很大。再参考有关的文献资料后，于1934 年就将该天文点定为云南第一天文点。这是我国除北京观象台外，唯一原测昆明经纬度确切点，这也是我国第一次新法测绘最早、最准确的昆明经纬度基测，具有重要的科学价值和历史价值。”

浦老的一番谈话，我们弄清了云南第一天文点的由来和昆明所在地的确切经纬度，增长了天文地理知识。如今，该点已成为云南大学内一处有名的人文景观。

云大铜炮历史渊源之考察

云大铜炮

巍峨的云大会泽院让参观校园的宾客赞叹不已，每当学生毕业离校时，就有不少毕业生聚集在会泽院95级台阶前合影留念。在这座具有标志性建筑物的西侧，安放的一门铜炮更增添了会泽院的庄严。

一些20世纪三四十年代学生回忆当年云大的学习生活时，总会拿出在铜炮旁照的相片，津津有味地讲述铜炮所在地发生的故事。

遗憾的是，这门铜炮在20世纪50年代的“大战钢铁”运动中被送进了炼钢小高炉。安放铜炮的地方只留下青石基座。改革开放后，老校友老教师就不断呼吁重建铜炮。2006年，铜炮在原来的位置恢复重建。

这门只有炮筒而无炮架的铜炮的渊源众说纷纭。一些人认为这门炮是中法战争中缴获法军的战利品，也有人反驳说，当年法军使用的火炮比这个先进，这个炮筒不是法军用过的。对何时安放在会泽院，有人认为是在1923年建会泽院的同时就安放了这门铜炮。

2005年，我在编写《东陆回眸》时，曾采访过几位老学长，根据他们的回忆，推测安放的时间是20世纪30年代末。对于谁是谁非，因无具体的史料加以论证，无法达成共识。

近年来，在云南省档案馆查阅云大档案时，发现了有关铜炮的档案，使我终于解开了这个谜团。

1929年，云大第一届本科毕业生离校时，送给学校一具日晷作为毕业的纪念品。它的意义在于高等学校是培育具有科学知识人才的场所，这给后来的毕业生留下了好的榜样。1931年11月，第三届（即省立东陆大学第三班）毕业生何非、沈桑等在毕业之际也打算给学校送一件纪念品，以表达感谢学校培育之恩，但要送什么礼物一直定不下来。带着这问题，他们参加了毕业生出省考察。当时正值“九一八”事变发生不久，日本军国主义的对华侵略扩张激发了中华民族的觉醒。北平、上海、南京、广州、武汉等地的学生、工人和市民群情激奋，纷纷游行示威，罢课、罢工，发表通电，强烈要求政府抗日。参加考察的何非等毕业生，深感“值此国难临头，举国愤慨之秋，须有以振作民族精神者，庶可以激发国民同仇敌忾之心，（吾等学）生深受高等教育则应有之使命”。为此，他们决定送一件能体现“振作民气”之纪念物。回滇后，他们四处探访，了解到在云南军械局存放着中法战争留下的一门开花炮，认为能把这门开花炮移到学校是给学校最好的纪念品。

1882年，法军攻占河内后，把侵略矛头指向中国。1884年7月15日，法国“远征”舰队在孤拔率领下到达福建海域。8月23日，法军舰队向福建舰队发起猛烈进攻。在短短二十多分钟的战斗中，福建海军军舰就被击沉7艘，官兵死伤七百余人。第二天法舰又炸毁马尾造船厂，摧毁了马江沿岸的炮台和民房。马尾海战的惨败，激起全国人民的极大愤慨，在全国范围内掀起了反对法国侵略者的浪潮。清政府被迫于8月26日下诏对法宣战。在中法战争中，云南的李云珍、书云清等所率领的军队配合在越南与法军作战的黑旗军，支持越南人民的义勇队，在临洮大败法军。

何非等人认为："中法安南（越南）之役，吾省以一省之力，而歼法将孤拔，实我国光荣之历史，为吾滇所不能忘者，且战胜而割地，实吾中华民族之奇耻。"当他们看见曾用来抗击法国侵略者的开花炮"已被弃于乱草丛之中，斑驳损缺，已成废物，若任其湮没，殊为可惜！大学为文化泽源地，保存古物亦职所当然"。随即联名写信给时任云大校长华秀升，请华校长"转呈省府饬令军械局拨给补修，陈列大学本部，俾触目惊醒，因物兴感，唤醒其历史观念，激发其爱国热诚，裨益后进不少，而于该役死难健儿亦可少吐其气于九泉矣！"华校长对学生的建议深感佩服，立即提笔呈文省府，请求将留存在军械局的开花炮移拨云大。华校长担心军械局不肯移拨，又致函军械局郑局长：

敝校第三班毕业学生呈请转呈省府，饬由贵局将安南战役奏凯归来留存之开花炮拨给敝校，修补陈列，以唤醒历史观念，激发爱国热忱，以呈请核示。此种开花炮对于吾滇历史颇有价值，任其弃置，未免可惜。台端关心文化，爱重古物，一俟省府令行到局，尚希曲予成全，藉以存续此光荣之历史。敝校领到此物，当叙述原委，将台端赞助盛意郑重入文，以作纪念也。专此奉恳，顺颂台安。

乡弟华秀升　谨启

（民国二十年）十一月二十四日

在华校长的积极运作下，开花炮很快移拨给了云大。学校为展示开花炮的风采，发挥其爱国主义教育作用，将修补后的开花炮放在学校最显眼的位置——会泽院西侧的一个空旷的地方，并用上乘的青石制成炮的基座及炮架，将炮筒放置其上，使其与会泽院相得益彰。因开花炮为铜浇铸而成，后来便称之为铜炮。

通过查阅云南省档案馆的档案，我们查清了这门铜炮的由来，它是我国军队在中法战争中使用过的，而不是缴获的战利品。它记载着我国人民不畏列强的民族精神，也使我们理解老校友如此怀念这门铜炮的原因。为了使世人记住它的由来，建议将铜炮的历史渊源及意义镌刻于铜炮基座，以利于教育一代代的云大学子。

云南的第一台计算机

云南大学是一所历史悠久的大学，20 世纪 50 年代曾聚集了一批著名的专家、教授，当时学校就想研制计算机，并组成了研制小组，20 世纪 50 年代，数学系派出师生莫孜中、杨明芳、王心平、龚世生等 10 余人到吉林大学、中国科学院、北京大学学习计算机原理及其应用。20 世纪 60 年代初，数学系成立了计算数学专门化组，用手摇计算机对学生进行教学。使用上真正的电子计算机是广大师生梦寐以求的。

数学系教师观看第一台计算机运行

20世纪70年代初，数学系计算数学教研组组长莫孜中从一个分配到北京无线电三厂的毕业生那里了解到该厂生产了五台DJS—5计算机，其中3台已售出，还剩下2台。他把这一消息告诉了校系老领导杨桂宫、卫念祖两位教授，并提出购机意图。当时不仅云大，就全省也没有一台计算机。云大首先使用计算机，当然是一件好事。两位教授非常支持莫孜中的意见。通过他们的努力，学校很快落实了22万元专款用于购买计算机，并且委托莫孜中负责组成购机小组。学校明确指出，购机小组的任务不仅是要从北京买回计算机，更主要的是学会维修、使用这台机器。考虑到计算机维修工作，购机小组除了数学系教师莫孜中、王国栋、保明堂外，还派出了物理系教师曾吉荣参加。

莫孜中等4人接受任务后，于1971年7月启程前往北京。他们在北京住在离厂较近的一家简陋旅店。4人挤在仅有10多平方米的客房里，一盏40瓦的白炽灯、4张床，没有一把椅子、一张桌子。为了尽快掌握这台计算机的操作原理，他们做了分工，莫孜中、王国栋负责运控，曾吉荣负责外部设备，保明堂负责内存。他们白天去工厂向工人、技术员讨教技术，晚上回到旅店把收集到的有关资料铺在床上，以床当桌，分析、研究这台计算机的性能、操作规则等。

这台计算机分主机、操作台、电源机、磁带机四部分。主机由100多块晶体管插件板式元件组成，像个大铁柜，长1.5米，高2米，宽0.8米。电源柜和磁带机就像两个小铁柜，长0.5米，宽0.5米，高1米。操作台如同一张写字桌，它的左边放着一个电传打字机，电传打字机旁边又放着一个火花快速输出机；操作台的右边放着一个光电纸输入机。整套设备约占四五十平方米。操作者用二进制代码编写程序，通过光电器输入数据，主机接到光电机信号后经过运算在电传机上或者火花机上输出结果。虽然这是我国首批生产的第二代计算机，但计算机的内存很小，运算速度非常慢，每秒只能运算一千次，和现在的个人电脑相比真是天壤之别，但在当时它的运算速度已相当可观了。

经过几个月的学习，他们摸清这台计算机的脾气后，于1971年12月将DJS－5计算机运到云大北院。当年没有专门的搬运工，没有学生，也没有搬运工具，要把装有计算机的货运箱搬进外语系楼，只有出动全系教师。这么笨重庞大的货运箱，如何搬进去，大家动了一番脑筋，还真的找到一个好办法。他们找来了几根圆木，铺在地上，撬起装机器的货运箱的一头，再把圆木塞在箱底，拉的拉，推的推，一步一步地把货运箱移进外语系大楼。

计算机到校后，在校内外引起了轰动，参观者络绎不绝，每天要接待五六批，高峰时一天接待一二百人。参观者的到来，打破了云大北院往日的宁静。出于安全原因，参观者要办理各种手续，在数学系计算机房门前贴过这样一个告示："凡参观计算机的来访者，需持本单位革命委员会的证明。"能一睹DJS－5计算机的风采也非易事，有些远道而来的参观者不得不托人"开后门"。机房一时间成了名副其实的"展览厅"。

每批来访者踏进机房，首先听到从主机传出悦耳的《东方红》乐曲。这是工作人员事先把《东方红》乐曲编成程序输入电传机中，每接待一批来访者，就运行一遍。然后工作人员再简单介绍一下这台计算机的结构和操作，参观就告结束了。就是这样简单的参观，也足以使来访者感到惊奇。

计算机到校后，数学系不少教师要求改行学习计算机。我省计算机专家、云大原校长朱维华也就是这个时候从偏微方程教研组调到计算数学教研组。数学系计算数学教研组因人员增加，学校又十分重视，由教研组升为教研室。

学习计算机技术在当时是一件相当艰苦的工作。杨明芳教授回忆当时的学习情景，深有感触地说："当时编一个程序要在穿孔机上进行大量穿孔工作。穿错一个孔，机器便不会运行，就要对成百上千个只有针尖大小的孔一一进行检查，很费时间。为了尽快地算出结果，经常是顾不上吃饭、做家务，甚至小孩生病了也没有时间送医院。”就凭这样顽强的精神，教研室的全体教师不仅很快掌握了这台机器的操作原理，而且对这台机器的内存和外存进行了改进，编制了一个 ALGOL 语言系统软件，在外部设备上，又添置了一个快速打印输出设备，使计算机运算起来既快速又简便。

当时我省的计算机使用刚刚起步，云南大学的这台计算机又是我省购进的第一台计算机，许多企事业单位纷纷派人来云大数学系机房学习和进行工程设计计算。因此，先后举办了“测量电算班”、“数学地质电算班”等，为全国冶金、地质、测量、水文等专业培训了结合专业使用计算机的工程技术人员近千人。江苏农机学院、贵州山地农机研究所与数学系邹举、王国栋、王重光合作的“倾斜动线形成犁曲面”国家课题的所有数据运算都是在这台机器上实现的。王学仁教授首创的数学地质的许多运算程序和结果也来自于这台机器。这两项成果均在 1978 年获得了全国科学大会三等奖。在物探、冶金、水电等方面的许多获奖科研课题的计算也是在这台机器上实现的。

这台计算机的购置，充实了数学系计算数学的教学设备。1972 经国家批准，云大成立计算数学专业，7 月份招收了第一批学生。在恢复高考制度后，云大数学系计算数学专业被国家教委批准为首批具有硕士授予权的专业，1978 年，招收了第一届硕士研究生。我省不少计算机专家学习计算机技术都是从这台计算机起步的。1984 年，学校抽调数学系计算数学专业的部分教师，成立了计算机科学系和计算中心。

如今，计算机有了飞跃的发展，曾为我省计算机启蒙教育作出贡献的 DJS－5 于 20 世纪 80 年代初就已被淘汰，但它为云大乃至全省的计算机发展翻开了新的篇章。这是重提这台计算机的意义所在。

独具特色的王九龄旧居

王九龄（1880—1951），字竹村，云龙县石门镇人，他在日本留学期间加入同盟会，追随孙中山从事反帝、反清的革命运动。中华民国成立后，他成为唐继尧的幕僚，在云南军都督府、督军署担任政务、军事、外交、财政等方面的重要职务。其后，积极投身讨伐袁世凯的护国运动，为推翻帝制、建立共和竭尽全力，曾被北洋政府任命为教育总长。但他一生主要活动都在云南，是云南近代史上的重要人物。

王九龄（前排右1）一家在旧居合影

王九龄重视云南的文化教育，1920年，他支持唐继尧创办东陆大学（即今天的云南大学），并参与筹备工作。1922年，被任命为东陆大学名誉校长，并连续担任三届校董事会董事。

1925年，他在东陆大学学校大门对面建盖了一院住宅。其住宅由正房和厢房构成了一个大天井，两边厢房与大门两侧的房屋之间各组成一个小天井。正房五间二层，每层都有走廊，构成重檐屋顶。两边厢房各为三间二层，各层层面互不相接。正房屋面高于厢房，厢房上层屋面正好插入正房的上下两层屋面间隙中，厢房下层屋面在正房下层屋面下。正房房顶稍高，厢房屋顶为不对称的硬山式，分长短坡，长坡向内院；在外墙外作一小转折成短坡，坡向墙外。外墙封闭，仅在二楼的正房有两个小窗口。房屋的门窗、梁柱雕刻有花鸟。房屋两层的挑头上雕有龙头，二楼走廊的屋檐下还有16棵灯笼荷花柱。门窗刷上铁红漆，天花板刷白漆，雕刻的部分漆金粉。原来的正房和两边的厢房柱有诸多名家书写的楹联，陈荣昌手书“三槐荫远”的横匾悬挂堂屋前。院内外栽种茶花、菊花、梅花、海棠树等树木花卉，院外有一口水井。整院住宅富丽雅致。

王九龄旧居

昆明汉族住宅的特点是，围着天井的楼房层数一样，每层楼都是四面相通，围墙的高度到达厢房上层檐口。在院内任意角度，人的视线都被高墙挡住，形成一个与外界封闭的独家独院。从高空俯视住宅如“一颗印”。王九龄的旧居吸收了苏州著名的沧浪亭建筑的特点，适当改变了传统的“一颗印”建筑结构，使住宅与翠湖的自然风光融为一体。王九龄将面对翠湖方向的房屋只建一层，这一层有三间，其中有一间作大门，其余三面为外走廊式的二层楼房，二楼走廊只有三面相通。大门这边高度降低后，站在二楼，正面可观赏翠湖风光，东南方能望见五华山，西南方远眺西山睡美人，昆明的美景尽收眼底。一般的“一颗印”住宅围墙正中有一扇大门，无侧门或后门。然而这院住宅除正中一扇大门外，两边还各设一个拱形暗门。正房底层与地面间隔一米多，既防潮又防险。若遇紧急情况，推开其中的活动地板可从后墙隐蔽洞口逃生。较多的“一颗印”住宅只有一把楼梯，而这院住宅在正房两边各有一把转角楼梯。不仅更显阔气，也方便行走。

1930 至 1935 年，王九龄携家眷到北京任职期间，这院住宅曾一度为法国驻昆明领事馆。抗战时期，吴晗、施蛰存、王士魁等一批文化名人，曾租住该院内。

1952 年 1 月，云大购买了王九龄旧居。1953 年，辟为国学大师、云大教授刘文典的研究室。刘文典在这所住宅里整理历代学者研究杜甫的文献资料，编撰《杜甫年谱》等著作。

因该院住宅具有重要的历史价值和传统建筑风貌特色，受到政府重视。2002 年 9 月，被昆明市政府列为第一批历史文化遗产保护建筑。

袁嘉谷旧居的石碑出土与校园文化

袁嘉谷

袁嘉谷先生，光绪癸卯（1903 年）科取二甲第 62 名进士，同年取得经济特科一等第 1 名。云南自中国科举取士一千三百年间，名魁天下者，唯其一人而已。1923 年云南省创办东陆大学，校长董泽聘请他主讲国学，从此他在云大讲学不断，直到终年。

坐落在翠湖北路的袁嘉谷旧居，建于 1920 年，1951 年归云大所有。2006 年 6 月 8 日，学校资产处经营科科长许忠和在巡查袁嘉谷旧居修复工程的工地时，看见一块长方形的黑色石板正被工人填埋，工人说这是一块从旧居门外 2 米处地下挖出的无用处的水泥板，嫌它碍事准备回埋。许科长怀疑工人的话，唯恐是袁嘉谷留下的石碑被扔掉。工人抬出石板，用水冲洗后证实这不是水泥板而是青石作成的碑。其碑面呈现“五十自寿，四首”、“嘉穀並識”等字样。略通诗文的许科长，一眼就认出这是袁嘉谷当年所写的碑文！

他一阵惊喜后不想就此作罢，猜想这里曾是袁先生专门立碑的地方，想再找出几块碑。果不其然，工人在发现石碑的地方又挖出一块石碑，碑面刻有袁嘉谷手书的“赞佛偈”全文。经测量，“五十自寿”碑长70厘米、宽48厘米、厚6厘米，“赞佛偈”碑长46厘米、宽25厘米、厚3厘米，两块碑用材均为青石。“五十自寿”碑虽未残缺，但碑面的大部分字迹已模糊不清，“赞佛偈”碑完好无损，碑面字迹清晰可见。

笔者事后调查，“五十自寿，四首”为五言律诗，刻于1922年，其中2首是写袁嘉谷晚年的人生感悟，另2首书写旧居的情景，均收入《袁嘉谷文集》中的“卧雪堂诗集卷”。“赞佛偈”是一首七言律诗，是宋代浙江僧人择英所撰，袁嘉谷书写，另一著名居士孙乐斋刻石，但无刻碑时间记载。袁嘉谷的碑刻在昆明保留不多，翠湖旁的袁嘉谷旧居出土碑刻还是第一次！据袁氏后人介绍，发现碑刻地点原来是旧居的花园，花园墙壁镶有碑刻，估计这两块碑是在拆除花园墙壁时被填埋到地下的。

袁嘉谷旧居

石碑的发现看似偶然，实则是许科长了解袁嘉谷其人其事，具有文物保护意识。20 世纪 90 年代初期，在维修袁嘉谷旧居时就因缺少许科长这样的人，挖出的一块石碑被砸烂后，当做建筑垃圾丢弃！

袁嘉谷旧居是云大校园的一部分。校园是大学文化和大学精神的载体，是培养高素质创造型人才的摇篮。袁嘉谷是文化名人，他的影响超越了校园围墙。他的旧居，成为校园的一个亮点。保护名人旧居、古建筑及标志性历史遗迹，就是保留一段历史文化。政府一向重视这类文物的保护，将我校校园内的袁嘉谷、熊庆来、李广田、王九龄旧居及明清贡院的考棚、会泽院等，列为重点文物保护单位。名人旧居、古建筑及标志性历史遗迹，是校园文化形象塑造的重要内容。它们对社会文化，特别是区域文化产生着重要的影响，对整个社会文化传统的树立也有重要影响，同时造就了高校校园文化的传统底蕴。世界一流大学极为重视利用校园内的名人旧居、古建筑及标志性历史遗迹，提升学校的对外形象和教育功能。中山大学原党委书记李延保教授在撰写的《现代大学文化精神与历史传承》一文中写道："当我们身处在牛津大学、剑桥大学的校园，看到的虽然是一幢幢古朴的建筑，但我们会感到心灵的震撼，我们和历史伟人同在。正是在这些古老的建筑里，培养出那么多影响社会、影响世界的伟人。"因此，在塑造高校校园人文文化特色时，各所大学十分重视本校名人旧居、古建筑及标志性历史遗迹的保护和利用，将其作为宣传学校、教育师生的名片。

袁嘉谷旧居不仅是名人住过的地方，而且其旧居中过去还有不少袁嘉谷所写或友人赠送的匾联，使旧居更显浓厚的文化氛围。匾联虽已荡然无存，幸运的是其中不少对联、诗文收入《袁嘉谷文集》。为研究袁嘉谷的学术思想和书法艺术，学校决定将重修后的袁嘉谷旧居的一部分，作为袁嘉谷陈列室。许科长发现的石碑，为即将开馆的陈列室提供了有价值的实物，为研究袁嘉谷的书法艺术提供了难得的碑刻真迹。

寻访农学院呈贡旧址记

熊庆来校长来云大后认为“吾滇现为后方重镇，农业人才之培植及生产方式之改进，尤为不可缓之要图”，提出建农学院。为稳步推进农学院筹建工作，1938年学校先建农场。考虑到扩充用地需要及避免日机空袭，决定农场办在昆明远郊。派员前往东郊呈贡火车站一带实地查勘后，认为该地“土地宽阔，地势平坦，土质攸宜，环境优良”，离昆明仅12公里，建有铁路，交通便利，拟在该处附近征购500亩作为农场。“其四周界址，计东自碓臼村后，至火车站对面镇屋后面之横小道为界，南自呈贡车站至县城大道上止，西以水沟为界，北与建设厅呈贡果树园艺试验场为界。”省政府指令：“应予照准。”但实际仅征得300余亩，其中约50余亩用于建农学院院舍。1939年7月农学院成立前，已在征地处建起平房一院，楼房一座，农学院设农艺、森林两学系，于1939年招生。1940年添办桑蚕专修科，新建学生宿舍10间，每间可容学生10人，学生食堂5间，围墙80丈。1941年9月，学校与协记建筑公司订立《国立云南大学农学院建筑临时礼堂、教室、蚕室工程合同》。同年还盖起茅草房16间作教职员宿舍。1943年周润苍、杨镜涵捐赠巨款，建农学院“仙舟图书馆”。经过五年建设，到1945年农学院先后在呈贡建盖礼堂、实验室、操场、果园、农林试验场等，已粗具办学规模。1946年秋农学院迁昆明，在原西南联大借用的地址（即今日的熙苑）上课，留下农场用于栽桑养蚕，供蚕桑专修科（1949 年改为蚕桑学系）教学实习之用。1953 年 3 月，高等教育部、西南军政委员会文教部联合发文决定：云大农学院园艺、蚕桑两系并入重庆西南农学院，农场失去存在的意义。经西南高教局批复同意，1954 年学校将农场所有土地、房舍、树苗等全部移交给呈贡县政府。1958 年农学院独立建院，农学院呈贡旧址淡出云大人的视线，只有封存的历史档案还保留着对它的记录。现在情况更是无法知晓。

呈贡农学院

2009 年 8 月，为协助电视专题片《熊庆来》制作组摄制农学院呈贡旧址，我从曾参加编写《云南农业大学志》的原云南农大党办主任魏国瑞老师那里获知云大农学院校址后来成为部队营房，2005 年未建成昆明至呈贡的彩云路之前，乘 12 路公交车，在一个叫农学院的站点

三校友在介绍呈贡农学院

下车就到了。但他只是路过没有下车进去过。当听到这消息时我喜出望外，以为不费多少时间，就可找到农学院呈贡旧址。我将此事告诉正在进行文物普查的呈贡县文物所李志敏所长。热心的李所长很快就与部队取得联系。根据部队档案资料记载，部队驻地原为农校校址。1956 年农校迁往跑马山，这块地就由部队接收。农校何时征用这块地无记录，部队的档案也不能证明营房是云大农学院的旧址。几张农学院校舍老照片与现存的几栋旧房对照也对不上。部队同志持疑营房是云大农学院旧址，使我感到很意外。若将非云大农学院旧址搬上银幕，会给严谨的历史体裁的专题片带来负面影响。因此，摄制组希望我把部队营房是否为当年农学院的旧址弄清楚。曾在呈贡农学院读过书的李爱源老人听说我们遇到困难，非常乐意陪我们去寻找农学院旧址。为了更好地回忆六十多年前的往事，她邀约了曾在农学院读过书的老校友李开荣、陆元芳同行。他们是亲历者，由他们来辨认农学院旧址，更有说服力。六十多年的沧桑岁月，时变境迁。2009 年 12 月 2 日，当三位老校友进入营房，辨不清方向，就找不到北了，连学校大门在什么位置也说不清。在他们的印象中，学校大门旁有一颗大榕树，从火车站往学校方向走，远远就能望见这棵榕树，当时只要问大榕树在哪里，路人都会告诉你去的方向。“大榕树”成了农学院的代名词，三个老人对它有着特殊的感情。他们围着营房的两道门转来转去，却没有见到这棵大榕树。而那条从县城流往滇池的被称为马料河的小河尚在，被他们认出来了。为了找到学院大门，他们又到最熟悉的呈贡火车站。火车站虽然变了，但火车站旁几幢老宅则被他们一眼就认出来了。火车站这个地方是当年最“繁华”的地方，学生们晚上吃过饭后，常散步到这里。有时还在这里解馋，吃烧饵钬、豌豆粉。他们沿着这条老路走过去，就到了部队营房。于是他们用肯定的口气告诉我们，部队营房就是云大农学院旧址。

据老校友回忆，农学院正门面朝东，南侧几栋平房是当时的男生宿舍，北侧的几栋平房是女生宿舍和食堂，中间是实验室、教室、操场，东侧是教师宿舍、图书馆、礼堂，西侧是养蚕场和桑树林。至今很多旧房已被拆除，新楼拔地而起，绿荫成林的桑树亦不在了。即便是剩下的几间旧房，也进行了改建，很难再现当年的旧模样。在三位老校友的依稀记忆中，只辨认出当年的几间宿舍、食堂和图书馆。

在这块承载过农学院的土地上，曾经聚集过一批中国优秀的知识分子，他们为国家的农业兴旺，推动云南教育、经济发展作出了杰出的贡献。首任农学院院长的汤惠荪曾任北京农业大学、浙江大学等校教授，豫、陕、甘三省农务处处长，中央农业实验所技正，中央土地专门委员会委员等职，后任院长张福延毕业于日本东京帝国大学农学部林学科，曾任全国经济计划委员会委员，北京农政专门学校、南京中央大学教授，两位院长都是我国的有名教授。熊庆来当年邀请张福延到云大筹建林学系时称：“吾兄林界硕望。”对我国林业“极佩卓识，将来林学系发展可操左券”。两任院长在办学过程中，遵照熊庆来的办学思想，慎选师资，并提出具体标准是：“学问确有专长，人品足为师表，学术上多所表现，教授颇有经验。”注重教师的真才实学。先后聘任汤佩松、郑万钧、金善宝、秦仁昌、吴中伦、诸宝楚、徐天骝、徐永椿、肖常斐、蔡克华等著名学者、专家到农学院任教。汤佩松、金善宝、秦仁昌、吴中伦等在中华人民共和国成立初期当选为中科院学部委员（即院士），是国内农林学科的权威人士。农学院提倡学术研究，教授除在课堂讲授及带领学生实习外，还须根据自身的专长和条件，进行调查研究，潜心钻研，提高科研水平。在农学院任教期间成就显著的有秦仁昌的蕨类植物研究、郑万钧的树木分类学、徐天骝的云南美种烟草之研究、瞿明宙的农业合作事业推广试验、曾勉主持的云南果树资源调查等。为提高学生的实际工作能力，印证课堂讲授的理论，建院后还在呈贡等地建立了农场、林场、木棉场、蔬菜园艺场等，这些基地既为学生实习提供场所，又从事一些经营性的生产活动。基地实行多种经营，全面发展，主要经营粮食作物、蔬菜、花卉、树苗、酿造、种畜繁殖、茶叶、蚕桑、特种经济林木等，都有较好的经济收益。农学院在抓好教学、科研及基本建设的同时，还开展学术交流活动，邀请省内外著名学者以讲座形式进行学术交流。1943 年举办“云南食用菌类之研究”、“云南稻作问题”、“云南果品之产销问题”、“云南棉作问题及其实验”等学术交流活动。此外，农学院还与国内外一些大学和农场保持业务上的交流，相互寄送农作物、优良树种、花卉、禽兽等优质资源材料。经过十年的建设，到 20 世纪 40 年代后期，农学院已发展成为西南地区一所著名的培养高级农林技术人才的学院。

云大农学院学生几十年后谈到自己受到一批杰出学者、教授的培育，感到十分庆幸。他们怀念农学院的学习生活，至今讲起往事仍然津津乐道。三位老校友告诉我们，农学院虽然实行男女生同校，但张海秋院长受封建传统的男女授受不亲观念影响，严禁男女生课后约会，更不准男生去女生宿舍，并作出规定，若有违反者，第一次记大过，第二次取消公费助学金，第三次开除学籍。严厉的规定对一般学生起到了震慑作用。农学院地处荒郊野外，平时又很少开展娱乐活动，日子长了，耐不住单调、枯燥生活的男女生偷偷约会，为了防止被捉到，他们观察张院长行踪。因张院长家在昆明，又常去校本部处理公务，调皮的学生发现，张院长宿舍门上挂一把锁就是他没有离开学院，两把锁就是去了昆明。见张院长宿舍门挂上两锁时，男生就敢去女生宿舍串门闲聊。一次几个男生去了一间女生宿舍打桥牌，正玩在兴头上，忽然听到人报信说张院长回来了，吓得跳后窗逃跑。一个忙着收牌的男生来不及跳窗，看见衣帽架上挂着一件女生的长大衣，慌不择路的男生赶紧用大衣裹起来，以为可以蒙混过关。当张院长进到宿舍，环顾四周，看见衣帽架下露着一双脚，这下什么都明白了，他厉声呵斥躲在大衣里的男生出来。当场捉住的男生吓得连连认错。事后该名男生受到记过的处分，停发当年的助学金。此后，学生约会更加小心，不敢轻易去女生宿舍。他们发现院墙外有个小池塘，池塘的周围生长着茂密的柳树，因为这里既清静又安全，即便被张院长发现也容易逃跑，是那些处于恋爱中的学生最爱去的地方，后来同学们给它取了个好听的名字“莫愁湖”。当年的“莫愁湖”今何在？三位老校友再回故地时也没能找到。

三位老校友还记得每周一早上全院学生都要到礼堂集合，首先向孙中山遗像三鞠躬，尔后诵总理遗嘱，唱校歌，最后张院长训话，散会后上课。由于每周都要唱校歌，几十年后李爱源老人还能唱完由熊庆来作词、赵元任作曲的校歌：

> 太华巍巍，拔海千寻；滇池森森，万山为襟。卓哉吾校，其与同高深。北极低悬赤道近，节候宜物复宜人。四时读书好，探研境界更无垠。努力求新，以作我民；努力求真，文明允臻。以作我民，文明允臻。

國立雲南大學校歌
熊慶來作詞
趙元任作曲
有精神的（不可太慢）
太華巍巍，拔海千尋；滇池森森，萬山爲襟，
卓我吾校，其與同高深，北極低懸赤道近，節候宜物復宜人，
rit
a tempo
四時讀書好，探研境界更無垠，努力求新，以作我民；
努力求真，文明允臻，以作我民，文明允臻。

摘自1947年出版的《云南大学一览》的“国立云南大学校歌”

这铿锵而激昂的歌声久久回响在我耳边。

三位老校友寻访农学院呈贡旧址那种激动不已的心情，使我深刻地领悟到触景生情的含义。农学院呈贡旧址留下的几栋旧校舍，不仅寄托着云大人的情怀，而且见证了云大创业发展的历史。在这块热土上，云南大学为云南农业高等教育作出了非凡的贡献，培养了一批杰出的农业科技人才。这也是电视专题片《熊庆来》摄制组所要寻访农学院呈贡旧址的目的。

后　　记

笔者从事党史校史工作的十余年间，查阅过大量的学校历史档案，看过不少先贤用智慧和激情克服重重困难治学、办校的记录，拜访过不少学长、校友，倾听他们讲述难以忘怀的往事。在一个又一个栩栩如生的人物和意味深长的故事中，有讲述著名教授学有专长、各怀绝学、善疑善创、刚健笃实、器大声宏、志高意远的学术风范；有讲述云大师生在 1945 年昆明爆发的争民主、反内战的“一二・一”运动中可歌可泣的英勇事迹。1948 年 7 月云大师生与全国人民一起掀起“反美扶日”运动，国民党反动派出动大批军警围攻学校会泽院和南菁中学，制造了轰动全国的“七一五”事件等。

一幕幕云大往事深深感动了笔者，曾操笔写过一些拙文来表达对老云大人的敬慕之心，其中有的文章曾刊载于报刊。为更好地继承和发扬老云大人为人、为学的精神，加强校园文化建设，为正在建设的区域高水平研究型综合大学尽绵薄之力，将这些文章重新梳理，对一些史实再次考证，编写了《云大拾英》，以补正史之不足。在编写中，力求做到史实可靠，无征不言，文采斐然，可读性强，图文并茂，相得益彰。

在建校近九十年中，留下了说不尽的故事。本书所讲到的人和事，仅为其中一部分，还有许许多多的往事，留待云大人继续讲述。

由于学识有限，本书不当之处，敬请读者不吝赐教，予以斧正。在编写本书过程中得到学校领导及学校档案馆同仁的大力支持，校党委书记刘绍怀教授在百忙中为本书作序，著名学者张文勋教授抱病为本书题写书名，历史系研究生朱军协助查阅档案及文字录入，谨向他们致以衷心感谢！

刘兴育

2010年8月20日